天水师范学院省级重点学科"专门史"、天水师范学院校级重点培育项目"西北社会经济史"联合资助项目
甘肃省高等学校协同创新团队项目"甘肃远古文化与华夏文明起源研究协同创新团队"（2018C-24）阶段性
成果

中国古代北方地区端午风俗研究

晏　波◎著

科学出版社

北　京

# 内 容 简 介

端午起源于魏晋时期的荆楚地区，是融合北方五月五日禁忌风俗与南方竞渡纪念屈原传说的产物。端午风俗自魏晋产生以来，历史时期经历了由驱邪祈福节日向兼有纪念屈原、娱乐庆祝等多重功能的演变，迄今仍然是中国乃至东亚地区重要的传统节日。本书运用民俗学、历史地理学、文化地理学的相关理论和方法，就北方京津地区、河北、河南、山东、陕西、山西、宁夏、甘肃等地区的汉族主要传统节日——端午节进行区域比较研究。梳理明清以前北方端午风俗起源、流变的历史过程，以个案研究的形式着重探讨清代至民国端午风俗的基本和变异两种形态，勾勒射柳、竞渡、插柳、点高山及自然环境多样的陕西端午风俗几个类型的主要表现，分析它们形成的历史地理基础，以及呈现不同发展态势的原因，讨论了风俗类型与地域自然、人文、社会经济之间的关系问题。

本书适合历史学、民俗学专业及文史爱好者参阅。

**图书在版编目（CIP）数据**

中国古代北方地区端午风俗研究 / 晏波著. —北京：科学出版社，2019.6

ISBN 978-7-03-061318-9

Ⅰ. ①中… Ⅱ. ①晏… Ⅲ. ①端午节-风俗习惯-研究-北方地区-古代 Ⅳ. ①K892.1

中国版本图书馆 CIP 数据核字（2019）第 107788 号

责任编辑：王 媛 范鹏伟 李秉乾 / 责任校对：王晓茜
责任印制：徐晓晨 / 封面设计：润一文化

科 学 出 版 社 出版

北京东黄城根北街 16 号
邮政编码：100717
http://www.sciencep.com

涿州市京南印刷厂 印刷

科学出版社发行 各地新华书店经销

\*

2019 年 6 月第 一 版 开本：720×1000 B5
2019 年 6 月第一次印刷 印张：12
字数：210 000

**定价：97.00 元**

（如有印装质量问题，我社负责调换）

# 目　　录

# 第一章　端午研究的现状及其理论与方法

## 第一节　三十余年来端午研究的现状与思考

改革开放以来，随着西方文化的强势冲击，民族传统文化日益边缘化，这引起了国人的普遍关注，传统节日的湮没无闻便是其中之一。因西历的推行以及商业的炒作，西方的圣诞节、情人节等节日日益在许多城市的广大市民、学生当中流行，中国传统节日春节依然是举国欢庆的节日，其他传统节日因不如春节内容丰富多样，有逐渐被人们，尤其是年轻的一代淡忘的趋势。然而在学界，尤其是民俗学界，对传统节日的研究仍然十分重视，端午节也不例外。

随着 2007 年年底颁布"国家法定节假日调整方案"，增设清明、端午、中秋等传统节日为法定节日，自 2008 年起方案实施以来，结束了近百年来传统节日被排除在国家制度之外的历史。端午节 2009 年更是作为中国传统节日的代表，入选联合国教科文组织《人类非物质文化遗产代表作名录》，这更加凸显了端午节的重要地位。2017 年元月，中共中央办公厅、国务院办公厅印发了《关于实施中华优秀传统文化传承发展工程的意见》，并发出通知，要求各地区、各部门结合实际认真贯彻落实。其中就有深入开展"我们的节日"主题活动，实施中国传统节日振兴工程。要求丰富春节、元宵、清明、端午、七夕、中秋、重阳等传统节日的文化内涵，形成新的节日风俗。加强对传统历法、节气、生肖、饮食、医药等的研究阐释和活态利用，使有益的文化价值深度嵌入百姓生活。这是在国家层面再次对传统节日加以重视并加强研究和振兴的重大举措。此外，还要求助推中华优秀传统文化的国际传播，支持中国节日等具有中华传统文化代表性的项目走出去。因此，不论是从学术研究还是从利用的角度，端午节作为中华民族的传统节日乃至人类非物质文化遗产的代表作，很有必要对其研究现状进行梳理，以把握它的学术研究脉络。

任何节日风俗都是各项民俗事象的综合展现，如节日服饰、饮食、家庭活动、礼仪仪式、亲友的社交往来、多种娱乐活动等。它属于岁时节日与信仰风俗的研究范畴，其研究自 20 世纪 80 年代中国民俗学复兴以来，就不曾间断（中国民俗学成立于 19 世纪 20 年代，当时已经有学者涉及节日的部分事象，但民俗学的研究只是起步阶段，其间中断）。[①]作为本书研究的基础，笔者主要收集、整理三十余年来关于端午研究各个层面的研究情况，就节日起源研究、节日娱乐活动、节日饮食风俗以及区域研究、通代和断代研究等几个方面作简单梳理，并试图分析今后研究的着力点。[②]可能挂一漏万，不足之处还请方家指正。

## 一、研究现状述评

### （一）端午起源研究

端午节的起源众说纷纭，综合各家观点，有十余种之多，但仍有值得商榷的余地。

（1）吴越民族龙图腾祭祀说。早在民国时期，闻一多先生在《端午考》一文中作了很详细的论证，他着眼于端午节龙舟竞渡风俗，认为端午节起源于吴越民族龙图腾祭祀，是龙的节日。[③]孙适民在《屈原、端午与龙舟文化》[④]一

---

① 本研究综述不曾涉及的内容，请参考刘晓峰主编：《中国端午节·研究卷》，桂林：广西师范大学出版社，2013 年。该书前言部分有主编者所写"端午节研究的历史回顾"，主体部分收录有 38 篇有关端午节研究的论文。此外，还有刘晓峰的《端午节研究的百年历史回顾》，收录在罗杨主编的《端午与屈原——中国端午节俗与屈原文化学术研讨会论文集》一书中（北京：中国社会出版社，2016 年）。

② 关于端午节的研究综述，笔者所见有黄珍：《20 世纪 80 年代以来端午节俗研究述评》，《苏州科技学院学报（社会科学版）》2007 年第 3 期。该文与笔者在中国期刊网收录的 2006 年硕士学位论文《历史时期中国北方地区端午风俗研究》（陕西师范大学）在关于端午节研究现状方面有许多相似之处。当前呈现在读者面前的这篇述评是在原来硕士学位论文相应章节基础上增加了 2006 年以来的研究成果，并且对某些问题重新进行了思考。

③ 该文原载于《文学杂志》1947 年第 2 卷第 3 期，后收入《闻一多全集》，武汉：湖北人民出版社，1993 年，第 31—46 页。

④ 孙适民：《屈原、端午与龙舟文化》，《邵阳学院学报（社会科学版）》2003 年第 1 期。

文中持同样的观点，认为端午节是祭祀图腾之物——龙的节日。

（2）夏至说。这一理论是现代神话学者黄石的结论，他认为端午是夏至的节日，在秦汉时期所用夏历五月又称午月，属夏至临界的月份。端午节因夏至而起。①刘德谦在《"端午"始源又一说》一文中认为"有文字可考的端午始源应该是夏至"，他从端午风俗内容入手，如吃粽子不在五月五日，而在夏至这一天；"踏百草""斗百草""采杂药""以五彩丝系臂"等均和屈原无关，否定了起源于纪念屈原的说法。②作者解释了正阳、仲夏，意思是端午节正是夏季之中，太阳正合于正阳的位置，此就是端午为何又被称作天中节的原因。这种说法提出以后，一些学者同意这种说法，但从不同的角度对其进行了补充论证，如宋兆麟、李露露也认可"端午来源于夏至"一说③；赞同这种说法的还有萧晓阳，他认为端午原是岁时节气，并非因人而设，也和龙图腾无关④。汉代《太初历》的推行，使五月五日被固定下来，一些历史人物如介子推、屈原、伍子胥等也与五月五日联系起来，节日风俗丰富，成为一个社会性的节日。

人类学的神话与仪式研究思维也被引入端午节起源及其相关问题中。李亦园认为端午屈原投水这一传说，是夏至从水的季节性仪式表现，其中包含阴阳、水火等结构对比关系。⑤刘晓峰认为，端午节真正的起源，最早应当是夏至节。随着古代历法知识的发展，古人认识到夏至这一自然现象，并围绕这一自然现象形成一系列具有文化意义的活动，这是端午节俗的肇始。春秋战国时期，阴阳五行思想流行，"五"被神圣化，"午"也和火联系起来，五月五日和午月午日分别与夏至的阴阳变化观念结合，形成了端午节俗的基础。⑥人类学神话思维的二元对立，不仅可以解释因屈原投水而举行龙舟竞赛是阴阳转换和季节交替容易导致人类出现疾病瘟疫而采取的避邪驱灾性的仪式，佩戴五色丝

---

① 黄石：《端午名称考》，刘晓峰主编：《中国端午节·研究卷》，桂林：广西师范大学出版社，2013年，第378—386页。

② 刘德谦：《"端午"始源又一说》，《文史知识》1983年第5期。

③ 宋兆麟、李露露：《中国古代节日文化·代序》，北京：文物出版社，1991年，第4页。

④ 萧晓阳：《端午考原》，《苏州大学学报（哲学社会科学版）》2005年第4期。

⑤ 李亦园、李少园：《端午与屈原：传说与仪式的结构关系再探》，汉学研究中心编：《中国神话与传说学术研讨会论文集》，台北：汉学研究中心，1996年，第319—336页。

⑥ 刘晓峰：《节俗如何结构了特殊的文化空间——从端午节俗间的内在逻辑联系谈起》，《文化艺术研究》2009年第3期。

线、五毒符也有类似作用；还可以解释端午节吃粽子是在阴阳交替的关键季节里，人们通过这种仪式行为促进宇宙阴阳交替的完成。[①]

（3）"恶日"说。欧阳飞云提出，早在20世纪30年代，他考察了历史时期和当时端午节的各种民俗活动，指出端午节主要是辟邪、避兵、辟鬼等活动，端午节在民间老百姓的心中是非常危险的一天。[②]20世纪80年代以来，张心勤的《端午节非因屈原考》又重申了这一观点。第一，作者认为把端午的起源归于纪念屈原是后人的附会，其起源应当是恶日。他列举了《风俗通义》《后汉书》等"不举五月子"的事例，认为五月生的孩子对父母不利，视五月为"恶月"，战国孟尝君、东汉王镇恶等都是五月五日生，因五月五日为"恶日"，而为父母所忌。第二，吃粽子、插艾草等开始都不是在端午节，它们都与夏季炎热而导致的疾病有关，这是人们对恶月、恶日的应对。第三，在魏晋以前，端午节纪念的历史人物除屈原外，还有介子推、伍子胥等，故其并不是起源于纪念屈原，但是屈原的爱国精神受到南北方人们的尊敬，其在人们心中的地位日益突出，因此端午节俗便附会为纪念屈原。[③]

（4）纪念屈原说。这是在民间广为流传的一种说法，至今普通民众依然深信不疑。早在南梁时期，吴均《续齐谐记》记载，屈原五月五日投汨罗水，楚人哀之，至此日以竹筒贮米，投水以祭之。这估计是端午用粽子祭祀屈原的最早说法，后来又有竞渡祭祀屈原的说法（见《荆楚岁时记》），此种起源的流传起于魏晋南北朝时期，隋唐以后逐渐被人们普遍接受，影响至今。端午节作为中华民族的传统节日，它有多重文化意义。关于节俗在历史的演变过程中淘汰了其他传说与风俗，最终与屈原联系在一起的现象，孟修祥和陈亮军做了详细论证。[④]作者简单列举了关于端午起源的几种说法，如纪念屈原、介子推、曹娥、越王勾践，祭龙，恶日说，夏至说等，并逐个分析其随着历史的发展，因新文化的介入，这些说法都湮灭无闻，唯独纪念屈原的说法广为流传。其原因在于屈原代表了民族整体文化价值的取向，他的作品及其精神唤起了民

---

① 叶舒宪：《从神话历史视角解读端午》，罗杨主编：《端午与屈原——中国端午节俗与屈原文化学术研讨会论文集》，北京：中国社会出版社，2016年，第95—105页。

② 欧阳飞云：《端午"恶日"考》，《逸经》1937年第25—26期。

③ 张心勤：《端午节非因屈原考》，《齐鲁学刊》1982年第1期。

④ 孟修祥、陈亮军：《端午节文化意义的淘汰与选择》，《荆州师范学院学报》1999年第3期。

众的集体意识。饶学刚等从端午龙舟竞渡考察，同时论及了纪念屈原的历史和心理因素，也承认端午节的起源是为纪念屈原的说法。[①]

（5）保持公共卫生驱邪避疫说。最早见之于民俗学家江绍原先生的《端午竞渡本意考》。[②]他收集整理了历代关于竞渡的文献资料，认为在魏晋时期把竞渡归于屈原之前，就有将污秽灾乱等集中起来，由纸船送往远处的做法，端午竞渡是"用一种法术处理公共卫生事业"，驱灾、送灾是端午竞渡的本意。此观点得到一些学者的认可，如乌丙安先生认为，"端午节的主要内容在古代一些杂记中记载为祭屈原，为屈原招魂，但从大量的民俗文献及地方志记述中又看到这个节日是避兵鬼、止病瘟的驱邪禳灾节日"[③]。钟敬文先生也主张"究其根源，端午节的初始之意当是驱瘟、除邪、止恶气，汉代还是如此"[④]。肖芸和宋雪茜认为端午节的起源尽管有很多的说法，但它的本质在于驱毒避邪。[⑤]她们从端午节日的主要活动如划龙舟、吃粽子、插艾草、喝雄黄酒等风俗入手，从端午节发生的时间考察，得出了这一结论。宋亦萧和刘琴认为大自然在五月的阴阳时序转换，它构成了死神神话产生的自然背景。夏至日为死神诞辰或下界日，被民间认为是"恶月""毒月""死月"，围绕这一月份产生了许多辟邪避死的民俗事象，经过演变后逐渐更多地集中于五月五日即端午日，各种利用动植物开展的端午节俗活动恰恰又反映了"保生促生多生"的生殖崇拜主题。[⑥]与驱邪消灾这一观点类似，李道和另辟蹊径，回顾一些传统说法后，从端午节风俗中相关人物如屈原、曹娥、伍子胥等水死的盛传和溺水觅尸传说而成为水神，其死亡和对其祭祀过程中人们认为蛟龙覆舟、噬人等具体情况，暗示了以龙舟竞渡为主的端午风俗是因消弭覆溺之灾而来，可能是对蛟龙实施的厌胜性驱逐和斗杀。[⑦]

① 饶学刚：《龙舟竞渡：民族精神的史诗——兼论"纪念屈原说"历史的和心理的成因》，《殷都学刊》1996 年第 4 期。

② 王文宝、江小蕙编：《江绍原民俗学论集》，上海：上海文艺出版社，1998 年，第 203—229 页，原载于《晨报副刊》1926 年 2 月 10 日、2 月 11 日、2 月 20 日。

③ 乌丙安：《中国民俗学》（新版），沈阳：辽宁大学出版社，1985 年，第 334 页。

④ 钟敬文主编：《民俗学概论》，上海：上海文艺出版社，1998 年，第 142 页。

⑤ 肖芸、宋雪茜：《端午节驱邪避毒的内涵》，《成都教育学院学报》2004 年第 12 期。

⑥ 宋亦萧、刘琴：《端午节俗起源新探》，《中原文化研究》2016 年第 2 期。

⑦ 李道和：《岁时民俗与古小说研究》，天津：天津古籍出版社，2004 年，第 162 页。

（6）纪念伍子胥说。最早见于东汉邯郸淳《曹娥碑》："五月五日时，迎伍君，逆涛而上"的记载。现代学者戈春源进一步论证了此说。①他认为，首先，苏州是端午节的重要发源地之一，赋予端午节纪念意义的应首推伍子胥，而不是屈原。因伍子胥比屈原早 200 多年，正史（如《史记》等）有江边祭祀他及他逐渐化作江神的记录，人们用竞渡的方式祭祀是很自然的。其次，从端午的其他风俗（斗百草、采草药、吃粽子、系百索等）上来看，很多起源于伍子胥所在的吴地，而屈原被重视则只是"流"而不是"源"。

（7）季节适应说。陈久金、卢莲蓉持此说。②他们主要从端午节发生的时间来考察，在古代，人们十分重视"二至"（夏至、冬至），认为这是季节转换的时候，人们为了适应夏至以后因气候变化而带来的瘟疫与疾病，通过巫术、灵符、中药知识等禳解，于是端午节就因适应季节的需要而产生。与此相似的观点还有萧放，他在《〈荆楚岁时记〉研究——兼论传统中国民众生活中的时间观念》一书中认为端午是远古人们对节气的一种应对。③

（8）祭祀祖先说。此说属于张启成的观点。④他剖析了端午与重阳之间内在的联系，因古代人们认为五月五日是一个阴阳相争的时刻，人类与其他生灵都在半生半死的状态中，此时由于五毒的出现及恶气的冲击，死去的亡灵与阴魂最容易在这一天出现，通过祭祀名人、神仙鬼怪、祖先来祛除瘟疫。他还分析了少数民族地区的端午同样有祭祀的风俗，重阳也有关于祀先和避瘟驱毒的活动。故端午起源于龙图腾祭祀和纪念屈原的说法是值得商榷的。

（9）南北融合说。韩养民和郭兴文持此说⑤，他们认为，端午节五月五日是北方的如系五彩线、食角黍、纪念介子推等风俗和南方的纪念屈原、龙舟竞渡风俗等融合的结果，形成于魏晋南北朝时期。都春屏认为，春秋战国时期各国历法不一，五月五日禁忌原是北方晋、齐等国的风俗，后来才影响到全国，它原本与屈原没有关系。在汉末至南北朝时期，北方厌胜之术与南方救屈原结

① 戈春源：《端午节起源于伍子胥考》，《苏州科技学院学报（社会科学版）》2004 年第 4 期。
② 陈久金、卢莲蓉：《中国节庆及其起源》，上海：上海科技教育出版社，1989 年，第 99—109 页。
③ 萧放：《〈荆楚岁时记〉研究——兼论传统中国民众生活中的时间观念》，北京：北京师范大学出版社，2000 年。
④ 张启成：《端午探源——兼论重阳》，《贵州文史丛刊》2002 年第 2 期。
⑤ 韩养民、郭兴文：《中国古代节日风俗》，西安：陕西人民出版社，1987 年，第 175 页。

合起来，才形成了完整的端午风俗。①

（10）祭天祈年说。范红通过对北方端午登山风俗的考证得出了这一结论。②她认为，登山风俗远比龙舟竞渡要早，夏代因为五月干旱，人们在夏至祈天求雨，夏至与端午时间很近，随着时间的演变，端午风俗日益丰富，夏至的风俗逐渐被取代。作者还分析了古人在高山、河流等处祈年的象征意义，以及用赛龙舟的方式的心理影响因素。他得出结论：端午节是由北方向南方传播的，北方的中原文明孕育了端午节始初生命，南方的荆楚文化赋予了端午节新的内容，使之臻于成熟。

（11）祈求生育的成人节说。关童认为端午节作为中国传统最重要的节日之一，在民俗语源的阐释中，逐渐被淹没了深层的原义。③他立足于传统的节日系统，从宇宙创生的数理序列来论述端午节的原型意蕴，并从习俗的两个层面——"恶日"和"续命"角度进行论证，揭示出端午节的生命原型就是天地交合之时，人们祈求能够借机"男女构精，化生万物"以有所成的"成人节"。在物的创生时期，也是人之创生的"精华"准备期，从积极的心态——即巫术手段的运用来看，这就形成了"恶日"避忌和"续命"祈愿的双重行为模式。于是有端午节俗龙舟竞渡、系五色丝、吃粽子、簪榴花等风俗，形成了祈求生育—禁忌—续命的民俗模式。端午节祈求生育的这种生殖崇拜心理与死神神话密切相关，促成端午节最初的形态，也为一些学者所认可。④

（二）端午节日娱乐活动的研究

端午节的娱乐活动主要有赛龙舟、射柳、斗百草、登山等几种，其余如扎艾人、系五色丝、插杨柳、点高山（旋鼓舞）等风俗，它们在风俗初始阶段具有很强的象征意义，主要是避瘟疫、驱邪、祈求平安与健康，但随着时间的流逝，这种象征意义逐渐淡化，故笔者将其归纳为节日的娱乐活动。

---

① 都春屏：《屈原与五月五日——端午的渊源及意义》，《三峡大学学报（人文社会科学版）》2003 年第 4 期。
② 范红：《端午节起源新考》，《广西民族学院学报（哲学社会科学版）》2003 年第 3 期。
③ 关童：《端午新考》，《杭州师范学院学报（自然科学版）》2003 年第 6 期。
④ 宋亦箫、刘琴：《端午节俗起源新探》，《中原文化研究》2016 年第 2 期。

1. 龙舟竞渡

就目前的研究现状来看，端午娱乐活动涉及最多的是龙舟竞渡，包括龙舟竞渡的起源研究、地区性的竞渡研究、断代性的竞渡研究、当代的龙舟竞渡研究、龙舟竞渡的整体性研究等几个方面。

（1）龙舟竞渡的起源研究。端午龙舟竞渡分布地区广泛，从古至今从未间断。然而，龙舟竞渡到底是如何起源的？前文已叙述，早在民国时期，著名民俗学家江绍原先生就认为端午竞渡本意为送灾、禳灾，一般意义上主要是纪念屈原或者开展娱乐活动。容观琼认为，龙舟竞渡起源于古越族的图腾祭祀，赞同民国年间闻一多先生关于端午竞渡的研究，指出竞渡在古越族所在的江浙一带，最早是在春季里举行，并不在端午；利用历史文献、地方志再加上考古出土文物——铜鼓船纹的分析，得出了竞渡产生于江河之畔的古越族民族风俗。[①]梁光桂对端午竞渡起源进行了详细的考证，他从《武陵竞渡略》入手，检索《古今图书集成》竞渡文献，提出竞渡来源于送灾，我国各地划船送灾的风俗，都脱胎于"命舟送灾"。[②]这一观点和江绍原先生的观点类似。韦晓康通过考古资料和文献资料的挖掘整理，用人类学的方法研究了竞渡的起源。[③]"各有种姓"的百越，置身于华南水乡泽国的生产生活中，"陆事寡水事众"，舟楫成为他们日常生活和生产活动中的重要工具，龙舟文化应当是在这样的人文环境里孕育而生的。

此外，有学者认为竞渡并不是一种原生性的体育活动，它是从史前社会的"魂舟"演化而来的。[④]源于我国南方船棺葬等风俗，开始不是"龙"舟，而是代表南方少数民族的鸟图腾的"鸟"舟，也是借助鸟的飞翔能力使亡魂飞入天堂。由于龙信仰风俗逐渐被强化，成为农耕民族的普遍信仰，鸟形舟便成为龙形舟。"魂舟"逐渐演化为单纯的竞渡之舟，竞渡风俗和屈原联系起来后，逐步在中国古代社会流传。向军和方千华也认为龙舟的前身是鸟龙舟，集祭祀

---

① 容观琼：《竞渡传风俗——古代越族文化史片断》，《中央民族大学学报（哲学社会科学版）》1981年第1期。

② 梁光桂：《端午竞渡说源》，《体育文史》1991年第3期。

③ 韦晓康：《龙舟竞渡运动的起源》，《体育文化导刊》2002年第1期。

④ 万建中：《龙舟竞渡活动的历史渊源》，《体育文史》1995年第3期。

神器、巫术法器和娱乐工具等功能为一体。①他提出"东汉时期端午纪念屈原的过程中产生了竞渡"的假说，起源地点在荆楚汨罗；端午竞渡先于端午龙舟竞渡；祭祀屈原、仲夏端午风俗都是竞渡产生的外部环境，内部原因实为地方主义竞争；确切的龙舟造型始于东汉，仅作为神仙坐骑，现实竞渡中仍使用鸟龙舟；确切的龙舟用于竞渡始于唐代初期，举办时间主要在端午节；竞渡用龙舟是因为龙的显著地位及其象征意义；端午竞渡纪念屈原说早于纪念伍子胥、勾践、曹娥等说法。将龙舟和竞渡分开来阐述，并考察它们之间结合形成龙舟竞渡风俗，也是揭示龙舟竞渡起源的一种极好的思路。王若光和刘旻航认为龙舟和竞渡本是两种事物，但两者都根植于中国古代的农耕文化，龙舟竞渡中"龙"的产生与上古先民对"苍龙七宿"的星象崇拜有关，龙舟与竞渡的真正结合是在初唐和中唐之间，龙舟竞渡中隐含天人合一、天人相应的核心文化思想。②

姚正曙和何根海认为，龙舟竞渡起源是多方面因素耦合的结果。③他们认为，龙舟竞渡活动起源隐含在中国古代先民崇龙祭龙模仿龙、驱旱求雨或止雨祈晴、祈求丰收增产、驱邪厌胜、祈子求嗣这五种仪式中，是和先民特定的生产、生活、信仰风俗密切相关的，呈现出多元复合的特征。赵东玉另辟蹊径，从端午节产生和发展的文化背景探索了龙舟竞渡的起源。④他归纳了竞渡起源的几种说法，认为端午节的龙舟竞渡节俗之起因虽有各地的具体原因，但其受到端午节早期节日性质的选择是确切存在的。龙舟竞渡风俗以其逐恶驱疫之功能为端午节所接纳，又以其游艺之潜在特性影响到整个节日的性质，实现了其对节日文化的选择。近年来也有学者提出，龙舟竞渡作为中国古代重要的节庆活动，其起源与早期的军事活动密切相关。传统的龙舟竞渡属于速度性竞渡，其中包含众多的军事性因素，起源于洞庭湖边的巴陵地区，形成于汉末三国时期，其直接源头是东吴的水军操练和检阅。⑤

---

① 向军、方千华：《端午龙舟竞渡滥觞之解谜》，《南京体育学院学报（社会科学版）》2015 年第 4 期。

② 王若光、刘旻航：《"飞龙在天"——端午龙舟竞渡习俗考源》，《民俗研究》2013 年第 6 期。

③ 姚正曙、何根海：《龙舟竞渡的起源探析》，《成都体育学院学报》2000 年第 6 期。

④ 赵东玉：《端午龙舟竞渡民俗的文化选择》，《华中科技大学学报（社会科学版）》2001 年第 3 期。

⑤ 蔡堂根：《论中国龙舟竞渡的起源》，《杭州电子科技大学学报（社会科学版）》2015 年第 1 期。

（2）地区性的竞渡研究。赵永康对四川的龙舟竞渡做了个案考察。[①]其认为在晚唐时期忠州已经很盛行竞渡了，南宋时期成都附近江边上就出现了为纪念浣花夫人而观水嬉、竞渡的情况。明代由于特务机构的设置，严禁因竞渡聚众闹事，所以竞渡不太被提倡。四川由于偏远，依然年年举行，但也有因竞渡被官府抓获的实例。清代以后，竞渡的风俗在四川境内很流行，甚至一些小的乡镇几乎年年举行，形成了自己的龙舟队伍。此时组织者已经不再是官府，而是商帮、哥老会等，官府也很支持。作者还详细介绍了龙舟的各个部位，大青龙、老龙等十几个代表队的情况，以及"抢兆""搬梢"等风俗，还涉及清末哥老会以竞渡方式掀起辛亥革命的细节。就笔者所见，这是研究历史时期地方竞渡演变过程最为详尽、深入的一篇文章。在贵州东南的清水江流域，端午节在五月二十日开始，独木龙舟竞渡已成为国家非物质文化遗产。龙舟竞渡活动中包含苗族的礼物交换、婚姻互惠等文化规则与仪式过程，传统体育活动中礼俗文化属性值得关注。[②]云南大理白族也有龙舟竞渡，它起源于黄木龙战胜在洱海兴风作浪的黑龙的传说，是白族渔猎文化、龙神本主信仰及节日娱乐活动多元结合的体现。[③]

张维一对古代（唐至明）江南的龙舟竞渡做了论述。[④]他提出了和赵永康不同的观点，认为虽然竞渡是古代江南民间开展得极为活跃的一项民俗活动（相传是为纪念楚国的爱国诗人屈原），但早在唐代，它便已经发展到使人如痴如狂的地步。唐人对胜负"死生以求"，极尽其能。延至明代，竞渡活动已非常完备。此时造船材料、选桡方法、划船节奏、赛船技巧等都有讲究，社会影响也非同一般。清代北方民族入主中原，竞渡活动就自然消沉，再难见到其昔日的规模和声势了。竞渡相传为纪念屈原，汨罗江竞渡也备受关注。民俗体育的现代化和地域特色及体育的国际化无疑提升了汨罗龙舟竞渡的影响力，但是原有的竞渡风俗却被剥离得支离破碎。[⑤]此外，钟扬波从祈年娱神、悼屈

① 赵永康：《四川的龙舟竞渡》，《四川师范大学学报（社会科学版）》1988年第3期。

② 朱琳、徐晓光：《"独木龙舟活动"隐含的故事——黔东南清水江流域苗族的社会规则及礼物互惠》，《体育与科学》2016年第2期。

③ 史红强、李雯：《白族龙舟竞渡文化研究》，《大理学院学报（综合版）》2015年第6期。

④ 张维一：《古代江南的竞渡活动》，《成都体育学院学报》1998年第3期。

⑤ 罗湘林、刘亚云、谢玉：《从故事到赛事——汨罗龙舟竞渡的底层视角》，《体育与科学》2015年第1期。

原、约定俗成的赛龙舟规矩、荆楚龙舟歌等几个方面对荆楚地区的端午竞渡做了介绍。①邻近荆楚的陕西安康地区龙舟竞渡也十分盛行，近代以来龙舟竞渡中的祭祀、竞渡过程及其文化也受到学界的关注。②明清时期江苏常州白云溪的龙舟竞渡也引起学人的重视，如讨论当地端午竞渡民俗事项、研究传统社会中节日民俗的多重内涵、探讨节日民俗所体现的大众文化与精英世界之间的冲突与互动。从白云溪龙舟竞渡文化景观中可以看出，它既是文人的心灵家园，又是大众纸醉金迷的狂欢场，两者得到了和谐的共存，这恰恰是城市文化中商业化、娱乐化、世俗化因素日渐浓重的反映。③岭南龙舟竞渡的发生、发展及文化传播也受到学者的关注。④不仅文献中有岭南竞渡的记载，广西左江流域岩画中也反映了汉代骆越族的龙舟竞渡文化信息。⑤

不同民族间龙舟竞渡的比较。汉族龙舟竞渡从祭龙神转为对英雄人物的纪念，成为端午节的民俗活动；苗族、傣族龙舟竞渡受汉族龙文化的影响，主要是祭龙祈年，成为各自龙舟节、泼水节的活动内容。⑥贵州苗族独木龙舟文化活动的功能特征更多地表现为一种血亲伦理、一种地位表征以及一种特色教育，从而使自己民族的社会结构更加紧密与稳定。竞渡活动的举办，体现出苗族在娱神、敬神的仪式过程中，获得神灵保佑年年好收成，表达对本民族英雄的崇拜，释放一种英雄的情怀，表征本民族性格。⑦

从以上中国各个地区的竞渡研究来看，端午竞渡绝大多数在南方呈现，北方仅在历史时期的一些都城如唐代长安（今西安）、洛阳，北宋东京（今开封），明清北京等地方出现，主要由宫廷组织，但事实并非完全如此。

（3）断代性的竞渡研究。唐宋以来，对竞渡的研究比较丰富。王永平对唐代端午的龙舟竞渡做了论述。⑧他认为，唐代的帝王和民间百姓都很喜欢这项竞技性和趣味性很强的娱乐活动，各地的官员也投皇帝之好，积极倡导。除

---

① 钟扬波：《荆楚端午节　扬幡鼓棹赛龙舟》，《决策与信息》2005 年第 3 期。
② 杨建设：《近代端午龙舟竞渡文化分析——以陕西安康地区为例》，《体育文化导刊》2012 年第 10 期。
③ 叶舟：《传统社会节日民俗的多重内涵：以明清时期云溪竞渡为例》，《民俗研究》2011 年第 1 期。
④ 王金杰：《岭南龙舟竞渡调查研究》，《体育文化导刊》2014 年第 10 期。
⑤ 李富强：《对左江流域岩画的新认识》，《广西民族研究》2015 年第 4 期。
⑥ 方桢、杨津津：《比较我国汉、苗、傣族龙舟竞渡文化之异同》，《北京体育大学学报》2002 年第 1 期。
⑦ 代刚：《贵州苗族独木龙舟的社会文化人类学考察》，《西安体育学院学报》2013 年第 2 期。
⑧ 王永平：《唐代游艺》，西安：西北大学出版社，1995 年，第 133—136 页。

罗列扬州、杭州等地端午竞渡的片段和展示唐代激烈的竞渡场面外，还叙述了因竞渡导致的社会弊端——溺死人、赌博、奢侈等。经过分析，他认为唐代的竞渡是水乡人民自己组织起来的。吴玉贵认为，唐代的竞渡主要集中在江淮地区，并以扬州为例做了说明。[1]以与唐代竞渡相关的诗歌研究唐代的竞渡表明：武则天时期的鹢舟竞渡相当于今日凤舟竞渡活动的前身之一，唐朝的竞渡活动是龙凤齐翔；端午竞渡及其诗歌唱和活动首先发生在宫廷，再由宫廷逐步推广到民间；唐人端午竞渡诗中明确表达了端午龙舟竞渡与屈原有关；唐代不少写作端午竞渡题材的诗人将自己参加科举考试或在官场的感受糅进诗歌之中；盛唐、中唐的端午竞渡诗气势磅礴，景象雄浑，而晚唐的端午竞渡诗则气象衰飒，景色暗淡。[2]唐宋诗词中关于竞渡的描写较多，不仅清晰地呈现了竞渡起源，书写了游艺娱乐过程，保存了传统的民俗仪式和内容，更使端午节日呈现出特殊的时代性内涵。[3]王赛时对宋代的龙舟竞渡做了研究。[4]他认为，宋代是竞渡活动的高涨时期，从北宋太宗起，历代帝王都把它作为一项大事来办，如北宋金明池三四月间规模庞大的竞渡活动，南宋杭州西湖持续时间较长、活动华丽奢侈的竞渡。宋代的竞渡主要盛行于长江流域，浙江的杭州、永嘉，江西的鄱阳、抚州等地竞赛活动很突出，南方的少数民族竞渡形式也模仿汉族进行。竞渡在宋代长盛不衰，赢得了上至皇帝下到平民百姓的喜爱。另外，王俊奇也对宋代的竞渡做了研究，认为竞渡是两宋传统的体育项目，他介绍了北宋金明池清明节以争名次、夺锦标为主要目的的龙舟竞渡，南宋西湖一带"争标"的竞渡情况，并比较了他们之间的差异。[5]有学者研究《金明池争标图》所反映的北宋龙舟竞渡，并利用文献勾勒了宋代跳水、游泳等水上体育活动，这些活动具有竞赛性、观赏性、节俗性、地域性等显著特征，并具有较高的历史文化价值和艺术欣赏价值，对现代的跳水、游泳、水战、赛龙舟、木偶戏等体育活动都产生过深远的影响。[6]端午节俗在两宋时期诗当中常常以"续命缕"为意向，端午帖子词歌颂着皇亲国戚长生健康，抒发个人情怀的诗

---

① 吴玉贵：《中国风俗通史·隋唐五代卷》，上海：上海文艺出版社，2001年，第651页。
② 詹杭伦：《论唐代的端午竞渡诗》，《长江大学学报（社会科学版）》2016年第7期。
③ 黄水云：《论唐宋诗词中之竞渡书写》，《广西师范大学学报（哲学社会科学版）》2010年第4期。
④ 王赛时：《宋代的竞渡》，《成都体育学院学报》1991年第4期。
⑤ 王俊奇：《宋代的"水戏"和"龙舟竞渡"》，《文史杂志》1998年第3期。
⑥ 储建新：《〈金明池争标图〉与宋代水上体育活动》，《体育文化导刊》2010年第1期。

关注着自身生命体悟和历史兴亡思考。①

　　明代也对端午竞渡有所研究。王赛时收集整理了明代关于端午竞渡的诗歌，并做了论述。②他得出了明代承平时期体育文化活动相当兴盛的结论。他认为就竞渡活动而言，开展范围不亚于唐宋；在竞渡船只的构造及参加者的踊跃程度和划水技艺方面，都比前代大有提高；围观者排山倒海喝彩助威之声势，往往影响竞赛的胜负。他对湖南、湖北、浙江、江苏、福建、广西等地的端午竞渡做了全面的梳理与对比，还提到了北京宫廷端午竞渡的风俗。他的研究，论述全面，值得参考。姜守诚据明代杨嗣昌撰《武陵竞渡略》所描述的武陵地区端午泛舟的场景流程及禁忌风俗，分析了明清以来闽台地区"送王船"风俗中尚且保留的龙舟竞渡之遗存。古时端午竞渡的本意亦系为了驱除瘟疫，与闽台地区流行的"送王船"异曲同工。③黄丽云全面收集文献和数据资料，从广阔的社会和历史视野对近代台湾地区的龙舟竞渡进行了系统阐释，值得重视。④

　　（4）当代的龙舟竞渡研究。当代龙舟竞渡研究主要侧重于龙舟文化方面，如倪依克的《当代中国"龙舟现象"的社会文化学研究》一文⑤，作者认为龙舟运动是中国传统的民族体育活动之一，有着独特的民族特质和广泛的群众基础。其对中国传统龙舟竞渡产生的社会基础、当代中国龙舟运动发展现状、当代龙舟运动与社会经济发展的关系、中国龙舟运动现代化等问题进行了研究；分析了传统龙舟竞渡与当代龙舟现象产生，以及由中国龙舟运动所带来的种种社会经济文化现象，并进一步探讨了具有民族体育代表性的龙舟运动与现代社会发展的关系。倪依克、孙慧的《中国龙舟文化的社会品格》一文全面探讨了龙舟竞渡丰富而深刻的文化内涵。⑥他们认为竞渡折射着民族的精神风貌，积淀着不同地域、不同民族的审美情趣，浓缩着难以割舍的乡土情思，所有这些，又都是以弘扬爱国精神为主线而引发的。倪依克从现代体育发展的角

　　① 李小荣：《论两宋端午诗之公共写作与个体写作——以"续命缕"意象为中心》，《社会科学研究》2013年第4期。
　　② 王赛时：《从古代诗书中看明代龙舟竞渡》，《体育文史》1999年第5期。
　　③ 姜守诚：《明代〈武陵竞渡略〉检视闽台"送王船"习俗的历史传统》，《世界宗教研究》2011年第4期。
　　④ 黄丽云：《近代龙神信仰——龙·船·水与竞渡》，台北：台湾博扬文化事业有限公司，2012年。
　　⑤ 倪依克：《当代中国"龙舟现象"的社会文化学研究》，《成都体育学院学报》2001年第6期。
　　⑥ 倪依克、孙慧：《中国龙舟文化的社会品格》，《成都体育学院学报》1998年第3期。

度比较了传统龙舟竞渡与现代龙舟运动各自产生的历史条件、文化背景、社会价值取向,以及组织与竞赛方式等方面差异的基础,对中华民族传统体育如何适应现代社会的发展,提升其整体地位,融入世界主体文化以及现代中国龙舟运动发展等方面进行了思考。[1]张玲玲对龙舟比赛和龙舟文化做了研究。[2]她认为龙舟比赛是起源于中国古代的一项民间娱乐活动,有很强的地域性、群众性、竞技性和民俗信仰。现代社会的龙舟竞赛,在舍弃了其原始的娱乐性和民俗信仰的同时,增加了竞技成分,更多地注重其团队的合作精神,以及坚忍不拔、顽强拼搏的体育竞赛精神。随着社会的发展,龙舟竞渡被赋予了新的内涵,形成了包括发展地方经济、弘扬民族文化在内的龙舟文化。徐永峰和张丽考察了龙舟竞渡的文化源流及现代演变。[3]在他们看来,龙舟竞渡的起源与自然环境和人们的生活方式有关,是早期人类驱邪避瘟仪式的结果。

(5)龙舟竞渡的整体性研究。江立中分析了中国龙舟运动发展的三种基本形态。[4]作者研究表明:龙舟竞赛作为一种水上运动,经历了功利型、纪念型、竞技型三种基本形态。经过上千年的发展,其不仅流传范围广,而且形式多样,大致可分为仪式型、竞技型和娱乐型三类,其功能也从最初的娱神发展到今天的娱人。尽管如此,龙舟竞渡的传承依然不容乐观。[5]功利型的龙舟竞赛是指原始萌生阶段的竞渡,时间大致在先秦;纪念型的龙舟竞赛以纪念屈原为主题,形成于汉魏六朝;延续至今的竞技型的龙舟竞赛形成于 20 世纪 70 年代到 90 年代,正处在向全球性的国际奥林匹克运动会竞赛项目接轨的发展之中。贵州民族出版社在 20 世纪 90 年代出版了《中华龙舟文化研究》一书,黄仕日做了述评。[6]他从研究的方法与理论(文化圈理论、心理学理论、民族理论、民俗理论等)、研究起源的新说(图腾、生殖、水崇拜)、拓宽研究范围与内容(民族、地域)几个方面做了介绍。倪依克对龙舟运动研究做了综述性

---

① 倪依克:《当代中华民族传统体育发展的思考——论中国龙舟运动的现代化》,《体育科学》2004 年第 4 期。

② 张玲玲:《龙舟比赛与龙舟文化》,《山西师大体育学院学报》2003 年第 4 期。

③ 徐永峰、张丽:《龙舟竞渡的文化源流及其现代演变》,《广西民族大学学报(哲学社会科学版)》2010 年第 5 期。

④ 江立中:《龙舟运动发展的三种基本形态》,《湘潭大学社会科学学报》1999 年第 6 期。

⑤ 徐永峰、张丽:《龙舟竞渡的文化源流及其现代演变》,《广西民族大学学报(哲学社会科学版)》2010 年第 5 期。

⑥ 黄仕日:《龙舟文化研究的新突破——〈中华龙舟文化研究〉评介》,《贵州民族研究》1991 年第 3 期。

的评介。<sup>①</sup>他介绍了现阶段龙舟竞渡起源研究的三种说法：龙图腾崇拜说、纪念屈原说和祈求祝福说。龙舟竞渡发展的三阶段即原始萌芽阶段、精英文化阶段和商品文化阶段。龙舟运动的现代化已经成为世界体育的课题之一。

与龙舟竞渡不同，四川广元有因武则天传说故事兴起的凤舟竞渡，湖北洪湖西岸、广东潮汕地区及浙江宁波地区也有凤舟竞渡，体现了女性对端午节文化的传承和文化平等。<sup>②</sup>虽然以上不少研究论文都涉及龙舟竞渡，但它们主要是从体育运动的角度去论述的，对端午龙舟竞渡及其文化意义的揭示还明显不足。

2. 射柳风俗

在相对干旱的环境下，北方端午节很少有竞渡活动，以射柳为核心的端午赛马活动却有悠久的历史。一些文化工作者做了研究，但相对于对竞渡活动的研究而言，论文数量相对较少。

早在 20 世纪 80 年代，考古工作者就在辽代墓葬中发现了平头铁箭簇，被学者认为是契丹射柳所用。辽代有射柳和瑟瑟仪祭祀，源自古代匈奴和鲜卑射柳风俗，后期也继承了中原射礼的许多风俗。<sup>③</sup>王承礼对契丹的瑟瑟仪和射柳风俗做了探讨。<sup>④</sup>契丹以畜牧为经济基础的生活方式和萨满教的流行，使得长期的游牧生活促成了契丹族的这种风俗。作者认为瑟瑟仪就是祈雨射柳仪式，并分析了这种射柳活动有可能就是鲜卑族古老遗俗，辽朝只是继承和发展，满族也有此种风俗，包括今天的吉林、黑龙江等地也存在此种风俗。崔岩勤认为，契丹的文化礼仪是中华民族古代文化礼仪的一个组成部分。射柳仪和瑟瑟仪，即契丹带有迷信色彩的祈雨仪式，它们的产生同契丹放牧的社会经济生活联系密切，具有浓郁的民族特色。<sup>⑤</sup>王政以元杂剧射柳风俗"母题"为例，勾勒出契丹、女真人射柳时间、地点、活动过程及对宋明宫廷、民间风俗的影响。<sup>⑥</sup>赵杰对辽朝射柳和击球等体育活动的本质进行了考

① 倪依克：《中国龙舟运动发展的文化研究综述》，《云梦学刊》2001 年第 4 期。
② 陈华文：《端午节的文化传承：凤舟竞渡与女性参与》，《广西民族大学学报（哲学社会科学版）》2016 年第 5 期。
③ 徐秉琨：《横簇箭与射柳仪》，《社会科学辑刊》1980 年第 4 期。
④ 王承礼：《契丹的瑟瑟仪和射柳》，《民族研究》1988 年第 3 期。
⑤ 崔岩勤：《契丹射柳仪》，《昭乌达蒙族师专学报（汉文哲学社会科学版）》1994 年第 1 期。
⑥ 王政：《元杂剧〈丽春堂〉〈蒴丸记〉与契丹女真人射柳风俗考》，《民族文学研究》2013 年第 1 期。

察。①他分析和搜索了有关文物及史料后发现：击球、射柳是整个辽朝体育体系中的核心及灵魂，对于唐、宋、金、元代体育中击球、射柳的沿袭具有承上启下的桥梁作用。辽朝击球、射柳有三个方面的社会本质（击球主要由贵族参与、射柳的军事性、异化的游戏活动）。金代祭祀中的射柳仪式是继承辽代祭祀中的一种，主要是通过射柳达到求雨的目的。②女真族在继承北方民族树木崇拜的风俗下，吸纳契丹射柳祈雨活动，以此凝聚力量反抗辽朝，建立金朝后变为拜天射柳风俗。该风俗在后来的满族风俗中仍然依稀可见。③此外，元代的射柳活动也有人涉猎，作者搜检诗词和小说，对不见于正史记载的元代射柳、击球的活动做了补充论证，认为元代继承了辽、金传统的击球、射柳活动，后来逐步延续到明代。④最近的研究表明，射柳运动是契丹人游牧生活的反映。射柳运动始于契丹，辽时期成为瑟瑟仪的主要内容。射柳发展到了北宋时期，由于辽、宋两国经常发生战争，宋人以践踏柳的方式表示对辽人的敌视。金时期，射柳演变成为一项拜天礼仪，并传入今北京地区。射柳历经元、明时期的变化以后，在清朝发展成为一项重要的求福活动。北方射柳具有战斗性、娱乐性、民俗性和祭祀功能等特点。⑤

对射柳起源的探讨。郭治凤认为，"射柳"源于"射鹄"。"柳""鹄"均为射的目标。辽金至明初，是"射柳"的兴盛时期，这与提倡武备有关，也有游戏的成分，但以武技为主。明永乐后，"射柳"从典籍中消逝，说明这种风俗被历史淘汰。⑥郭康松对不同历史时期射柳的内容、功用、起源、流变做了考索⑦，考证了"射柳"一词来源于"瑟瑟仪"（祈雨祭天仪式）。他分析了辽朝射柳的两种方式：祈雨射柳和竞技射柳。金朝也沿袭辽朝的射柳风俗，历年端午、中元、重阳射柳，是一种传统的体育项目。另外，他还分析了契丹人的祈雨射柳、女真人娱乐性的射柳、射柳的异名等问题，考察了射柳是来源

① 赵杰：《论辽朝击球、射柳之社会本质》，《昭乌达蒙族师专学报（汉文哲学社会科学版）》1995 年第 4 期。

② 陈成国：《大金祭祀与相关问题》，《湖南师范大学社会科学学报》2000 年第 3 期。

③ 李秀莲、韩亚男：《女真人崇柳习俗源流探微》，《北方文物》2009 年第 1 期。

④ 刘秉果：《元代的击球、射柳礼制考》，《体育文史》1991 年第 3 期。

⑤ 张元锋、李真真：《射柳运动变迁研究》，《体育文化导刊》2016 年第 2 期。

⑥ 郭治凤：《射柳考》，《文献》1989 年第 4 期。

⑦ 郭康松：《射柳源流考》，《湖北大学学报（哲学社会科学版）》1994 年第 2 期。

于古代鲜卑人绕林而祭的古老风俗。2001 年，他对这篇文章做了补充[1]，纠正了原来明万历以后射柳消失的说法，认为清代尚有射柳之俗，并对盛行于军队、起源于古鲜卑的射柳，明清时期两种射柳方式并存的事实做了交代。现有的研究表明，辽代的射柳尽管有祈雨和竞技两种形式，但并非只在上述几个传统节日里出现，四、五、六、七、八月均有该风俗，时间集中在六月。[2]程大力认为，射柳为生殖崇拜遗俗[3]，认为最初射的柳只是柳叶，而不是柳枝，他用人类学的方法分析了鲜卑、契丹、女真、满族等对于柳树的崇拜，柳叶和箭的各自象征、射柳祈雨与云雨之相似性等关系，得出了这一结论。与郭康松不同的是，程大力还列举了清朝北京地区射柳活动的情况，这也推翻了射柳在万历以后消失的结论。与此相反，韩丹直接否定了程大力的观点，她认为射柳与生殖崇拜无关。[4]射柳有南北两个序列，不可把射柳枝与射柳叶混为一谈。她全面考究了射柳活动发展的历史过程，分析了历代射柳形式与内容的差异，使程大力的观点难以立足。2004 年，韩丹还对古代东北民族的射柳活动做了考察。[5] 射柳是中国古代北方特别是东北民族的一项重要活动，具有游乐、礼仪、武事和民俗功能。始于契丹，辽时成为瑟瑟仪的主要内容；北宋与辽对敌，以蹋柳损辱辽人；金时成为拜天礼仪，传入北京地区；元、明有了若干变化；清朝则成为一项求福活动。先后出现了截柳、射柳、射葫芦等形式，成为一种特殊内涵的射柳文化系列。宁昶英就满族射柳的观念做了探讨，认为射柳原是契丹人制敌祭祖的一种"黑巫术"，后来被女真族加以改造，久而久之就成为满族的风俗了。[6]另有研究表明，射柳作为满族悠久的风俗之一，继承了契丹射柳，适应了战争的需要和柳崇拜及生命不息的民族情结，也兼有祈求神灵保护本民族的需求。[7]敦煌壁画中的"射箭图"也引起了研究者的重视，其中莫高窟北魏第 428 窟"萨埵太子练靶图"被认为是鲜卑、匈奴古老的习武活

---

① 郭康松：《射柳源流考》补正，《湖北大学学报（哲学社会科学版）》2001 年第 3 期。
② 艾萌：《辽代"射柳"考论》，《佳木斯大学社会科学学报》2015 年第 5 期。
③ 程大力：《"射柳"为生殖崇拜遗俗考》，《体育文史》1994 年第 5 期。
④ 韩丹：《"射柳"与生殖崇拜无关》，《体育文史》1995 年第 4 期。
⑤ 韩丹：《我国古代东北民族的射柳活动考》，《哈尔滨体育学院学报》2004 年第 1 期。
⑥ 宁昶英：《敬柳观念的多元性——谈满族的射柳习俗》，《内蒙古教育学院学报》1993 年第 1—2 期。
⑦ 王项飞：《从满族射柳习俗的源流看民俗社会功能的演变》，《阴山学刊（社会科学版）》2006 年第 2 期。

动"射柳"，一些诗歌也反映出射柳活动在北朝很流行。[①]

从上面的叙述可以看出，学界对自辽金以至明清时期的射柳风俗均有不同程度的研究，但对射柳的起源仍然有不同的认识，端午射柳和其他时间射柳的差异等问题仍然有探讨的必要。

3. 斗百草活动

端午斗百草活动由来已久，梁代宗懔的《荆楚岁时记》和唐代韩鄂的《岁华纪丽》已经有所反映，隋炀帝下江南还做了《斗百草》乐歌。宋、元、明、清的文献中对斗百草活动零零星星有所记载，尤其是唐、宋、明及清代前期，这种民俗活动最为盛行。其间的一些文人笔记和诗词小说作品对此描写较多，明清以后地方志也有相关记载，至今在江浙一带仍有流传。

有学者将古代的斗草视为古代的植物知识竞赛。[②]唐宋以后，端午女子、文人墨客及帝王都有斗草的游戏，甚至有以斗草为内容的酒令。刘桂秋对斗草的源流做了考察。[③]他认为，最早见于文字记载的应该是南朝梁宗懔《荆楚岁时记》中所提到的"五月五日，四民并踏百草"的斗百草之戏，但这种风俗由来已久，当在夏代就已经有了雏形。因夏历五月，古代俗称恶月，此时蚊蝇孳生，各种疾病极易流行，故早在夏代，就有到郊野山间去采草药以驱疾治病的风俗。在采草蓄药之际，有了郊游踏青的风俗；人们拈花捻草，嬉戏竞斗，斗百草的风俗便逐渐自然地产生了。这种风俗隋唐以后逐渐流行，在形式上不断变化。作者列举了唐宋诗词、元代戏曲、明清小说中的斗草材料，用以说明历代斗草盛行的情况，他还列举了"手斗"和"口斗"的不同种类。他认为这种风俗在北方不太流行，而主要流行于南方。这是迄今研究比较深入的一篇以"斗草"为题的文章。有学者认为，古代斗百草的起源早在《诗经》时代就已经产生，南北朝时期演变为节俗，唐代以后便广为流传，由民间流向宫廷，文武斗戏内容繁多，但以女子斗草为多，是古代民众优雅生活的一部分。[④]

小艺兵对斗草风俗做了简单介绍。[⑤]他认为，自古以来斗草分"文斗"和

---

① 陈康、刘可：《敦煌北朝壁画中的射箭图像研究》，《敦煌研究》2004年第1期。

② 林蒲田：《古代的植物知识竞赛——斗草》，《植物杂志》1992年第4期。

③ 刘桂秋：《"斗草"源流》，《寻根》1997年第3期。

④ 刘玮、杨高习、张阳：《古代斗草活动考释》，《兰台世界》2013年第21期。

⑤ 小艺兵：《抚尘覆斗草 尽日乐嘻嘻——漫话我国古代民间斗草游戏》，《中州今古》1998年第3期。

"武斗"两种,并详细做了解释。文斗有一定的文化知识及花草知识,相对比较复杂;武斗则很简单,一般知书达理的人多喜欢文斗,一些小孩多喜欢武斗。潘宁认为,作为传统民间小孩子间的游戏,斗百草起源于端午风俗,在南北朝时已形成,在以后的各个时期都有所发展变化;斗百草有文斗和武斗;武斗中以关中斗草最为著名;斗百草游戏不但具有观赏性、竞技性,而且还能增长知识。①

文学工作者也对斗百草有所研究。敦煌歌词中保留了不少斗百草歌词,甚至宋词中也有。②就《红楼梦》中斗草风俗的分析,如日本学者伊藤漱平就提到曹雪芹笔下香菱与豆官斗草、宝玉生日斗草游戏等,该种风俗应是端午节日里姑娘们的游戏,这种游戏在平安时代已经传入日本③,至于对曹雪芹笔下的斗草游戏来源于何处的疑问,严中做出了回答,他根据明代万历年间吴兆所写的《秦淮斗草篇》分析,认为曹雪芹笔下的"斗草"描写的可能是其对"秦淮风月"和"秦淮旧梦"的追忆。④

4. 端午用艾、柳的风俗

端午节日风俗众多,门户插艾、柳以及戴艾、柳的风俗在我国广大地区很盛行。端午节艾草有神奇的功效,因而采艾、戴艾,用艾制作各类饰物悬挂门庭或者佩戴人身的风俗弥久不衰。端午节悬饰艾虎之风,不仅流传于汉族庶民之间,也曾盛行于汉族宫廷官府之中,是汉民族各阶层共同信仰的风俗。艾草的现实功能转化为艾人、艾虎的超现实功能之后,年复一年虔诚地把艾虎作为端午应景节物纵向传承,历时千年之久。"祛毒避瘟"且兼有美化生活和互相馈赠等作用。⑤

采艾和菖蒲风俗。黄永林的研究表明,端午节艾蒿和菖蒲本身所具的药物功能是诱导人们去采和插的物质原因,原始思维和"万物有灵"观念是使之进入祭祀宗教的心理根源,用于祭祀则是形成有关风俗的关键。⑥郭康松对其进行了整体性的研究。⑦作者介绍了插柳和戴柳是人们在特定的日子将柳枝插于

---

① 潘宁:《斗百草研究》,《体育文化导刊》2015 年第 8 期。
② 辛夷:《敦煌歌辞杂考》,《社科纵横》1990 年第 2 期。
③ [日]伊藤漱平:《〈红楼梦〉里的"斗草"游戏》,篠重典子译,《红楼梦学刊》1986 年第 3 辑。
④ 严中:《〈红楼梦〉中的"斗草"与〈秦淮斗草篇〉》,《红楼梦学刊》1995 年第 2 辑。
⑤ 叶又新:《端午节物艾虎》,《民俗研究》1986 年第 1 期。
⑥ 黄永林:《端午节采艾蒿和菖蒲习俗考》,《华中师范大学学报(哲学社会科学版)》1989 年第 6 期。
⑦ 郭康松:《戴柳、插柳风俗考论》,《湖北大学学报(哲学社会科学版)》2002 年第 5 期。

门户、房檐等处的一种风俗；戴柳是指人们在特定的日子里将柳叶或柳枝做成的柳圈等佩戴于头上或身上的风俗。他对我国的戴柳、插柳风俗流行的地域、时间、内容、功用等进行了分析和归纳，着重探讨了戴柳、插柳风俗的原始功能意义，认为它们是由古代先民植物崇拜、生殖崇拜发展演化而来的一种民俗事象。作者考察了此风俗的功能，如记年华说、吊介子推说、信号说（与农民起义有关）、免蛊毒说、延年说、明目说、来世说、避邪说、迎玄鸟说及各自流行的区域。尽管如此，但在它们的起源上应该是一致的，作者认为唐以前的文字资料无从考察，只能从少数民族的"遗留"古俗中去寻求解释。这种"遗留"古俗很早以前是人们在三月三日洗去不孕之灾，戴柳祈求生殖的风俗（柳具有顽强的生命力，这实际上是一种感染巫术的遗存，柳叶也被作为女阴的象征）。由于民俗的转移性，这种风俗逐渐被其他节日接纳，并且广泛流传。郭康松的论述虽比较全面，但对端午插柳的叙述却很少。李晓东对此做了自己的解释。[1]他考察了北方地区如山西的端午射柳风俗，认为它和明清插柳以及其他的端午风俗不同，他从马林诺夫斯基的"文化功能说"理论入手，认为端午在中国年节上属于春祈与秋报之间，端午插柳具有"祈"和"报"的双重功能。他联系了北方广大地区的射柳风俗，分析了射柳与射日之间的"暧昧"关系，认为戴柳是源于后羿射日的一种抗旱巫术，后来逐渐演化成一种风俗。笔者所见古代文献记载和当前甘肃大部分地区端午节不用艾，而是在门户、出行车辆前悬挂柳条，相对全国其他地区而言很有特色。端午艾叶的药用价值以及用艾制作各类饰品过节的风俗，全国各地也有不少，这里不一一罗列。

### 5. 其他风俗活动

端午"点高山"风俗。笔者查阅文献，这一风俗主要见于陇东南地区，在清代已经存在，但这方面的研究却很少。侯顺子对甘肃东部甘谷、武山一带的端午旋鼓舞节庆做了考察，并附带论及了凡是举行旋鼓舞的地方，都有"点高山"的风俗活动。[2]牧童从四月初一开始收集柴草，堆成小山，端午期间点燃。人们围着大火敲鼓娱乐。侯顺子还考察了这种风俗的起源，认为是起源于古代羌民在干旱的夏季驱旱魃的祈雨风俗。年轻的小伙子披上羊皮躲进深山，

---

① 李晓东：《端午门户插柳考》，《晋东南师范专科学校学报》2001年第1期。
② 侯顺子：《古老的民间旋鼓运动》，《体育文史》1990年第3期。

点燃柴草，敲羊皮鼓，在火光冲天的情况下赶走旱魃及其所带来的瘟疫。笔者在检索资料中发现，在邻近的漳县、秦安、甘谷、礼县、岷县等地区也有此种风俗，并从生态环境及社会文化变迁的角度解释了"点高山"风俗的起源和文化形态变迁。①

端午"兰汤沐浴"风俗。张崇琛对此做了详细的考察。②兰汤沐浴的风俗在夏朝五月的休沐风俗中已见端倪，宋明清端午沐浴的风俗一直延续。他分析了《楚辞》中记载的兰的特点，以及它的不同种类。沐浴所用之兰为兰草，它也是屈原最喜欢的植物之一，因而端午节就将"兰"和屈原联系在一起了。在端午气候炎热的时节、疾病易于流行的时候，兰汤沐浴是一种良好的卫生习惯，是人们抗御自然灾害，祛除疾病，以求健康的行为。

（三）端午饮食风俗研究

端午节的饮食相当丰富，最为普遍的是吃粽子，喝雄黄酒、菖蒲酒。历史时期还有白团、凉糕、应时果品等。

早在民国时期，民俗学家黄石就对粽子做了溯源性质的探讨。③他考察了中国古代粽子的发展阶段如角黍、筒粽、裹蒸以及唐以后九子粽、益智粽等，认为粽子起源于南北朝时期的南方。关于粽子，历史上除了用来吃以外，还有斗粽的赌博风俗。

聂凤乔对端午粽子的起源、历史演变做了大致的研究。④他认为，粽子在中国已经有了上万年的历史，他从烹饪学的角度考察这种制作方法起源于距今1 万—10 万年的"石烹法"（在没有发明饮食器物前，将烧滚烫的石头放入有树叶包裹植物种子水中）。春秋时期的瓠叶裹黍米成牛角状的"角黍"，还有筒粽、竹叶粽的制作方法等都是春秋时期"角黍"制作方法的演变。聂凤乔举例说明了东汉时期有碱粽、晋朝有益智粽、南北朝有杂粽、唐代有糯米粽以及形式各异的锤粽、筒粽、七子粽、九子粽等，宋代有艾香粽、杨梅粽子，元代有竹叶粽子，明代有用芦苇叶包裹以豆沙、枣等为馅的各种粽子，清代有火腿

---

① 晏波：《陇右地区端午旋鼓风俗的源与流——基于文献和田野的考察》，《兰州学刊》2010 年第 3 期。
② 张崇琛：《端午节与兰汤沐浴》，《寻根》2003 年第 3 期。
③ 高洪兴编：《黄石民俗学论集》，上海：上海文艺出版社，1999 年，第 336—344 页。
④ 聂凤乔：《中国的粽子与粽子文化》，《食品与生活》1994 年第 3 期。

粽子。他还列举了现在中国南方、北方地区粽子的差异，并按大小、形状、用料做了分类，另外，他还对日本、韩国、越南和美洲一些国家的粽子做了简要介绍。粽子是中华民族烹饪与饮食历史中积累起来的一种物质与精神的文化的象征。

任星对端午的饮食风俗做了追溯性的研究[1]，他认为，食粽并不是纪念屈原，也不在端午；最早的粽子是用北方黍米做的，最先出现在北方；最早吃粽子是在夏至，为了祭祀祖先；北方祈年祭祖所用角黍就是粽子的雏形。他还分析了食粽纪念屈原说的来源，以及南北文化交流以后南北都吃粽子的原因。此外，孙其旭对当下中国粽子做了分类，并对全国各地有名的粽子产地做了介绍。[2]苑洪琪对清代宫廷端午节的粽子做了详细的说明，并列举了康乾时期以高丽贡米做粽、五月初一到端午吃粽子的情形，以及反映端午生活的宫廷画等。[3]另外还有一些介绍端午饮食风俗的文章，这里不作讨论。

考古学方面，王珍仁和孙慧珍对吐鲁番出土的草编粽子做了探讨。[4]他们研究发现，这种用草蓐编串的五个粽子是唐代高昌地区民间生活的反映，主要是端午节系在儿童身上以求吉祥的饰物，是西域地区受中原文化影响的见证。但是，近年来又有学者认为，这五枚用棉线串在一起类似粽子的物件不是粽子，而是古时香囊的遗存，宋代至清代就有将丝线编成香囊的案例，今天甘肃天水地区农家仍然有类似的用秸秆编成的小饰品。[5]这种观点有待进一步证实。

何宏就少数民族地区的食粽风俗提出了自己的观点。[6]他对任星的粽子起源于北方的说法做了否定，他认为南方良好的自然环境是稻作农业产生的关键，也是粽子在南方诞生的先决条件。少数民族食粽的风俗和汉民族纪念屈原的说法不同，他们有各自的特色。毛南族元宵节吃粽子以"百鸟粽"最有特色；京族"砧板粽"赫赫有名；聚居在广西罗城仫佬族春社节食用特色糯米粽；小凉山彝族、苗族等少数民族端午食粽的说法亦是纪念屈原说，可见是受

① 任星：《夏至尝黍端午食粽——农历五月食风》，《食品科技》1982 年第 5 期。
② 孙其旭：《端午话粽》，《中国食品》1992 年第 6 期。
③ 苑洪琪：《清宫端阳粽子》，《中国食品》1997 年第 5 期。
④ 王珍仁、孙慧珍：《吐鲁番出土的草编粽子》，《西域研究》1995 年第 1 期。
⑤ 高启安：《吐鲁番出土"草编粽子"名实辨考》，《吐鲁番学研究》2014 年第 1 期。
⑥ 何宏：《少数民族食粽风俗述论》，《黄山学院学报》2005 年第 2 期。

汉族文化影响；水族祭祀祖先、畲族祭祀盘古；其他一些族类还有七月十四、八月十五吃粽子的风俗。就其各自的起源，何宏列举了为祭祀祖先、团圆和睦、生育繁衍、爱情婚姻、平安幸福而食粽的少数民族风情。

菖蒲是端午节很常见的植物，对此马丽对端午节及其所形成的菖蒲文化做了探索。①其列举了菖蒲作为端午药用的蒲酒、驱邪的蒲剑、装饰的蒲人等的功用，分析了古代人对蒲的神秘信仰、药理作用的认识及一些诗歌的咏颂（《离骚》），使菖蒲成为古代一种流行的物质文化符号。从古代的文献记载来看，端午节喝雄黄酒也早为人们所熟知。卢志峰、弟亚民对山西两千多年历史的菖蒲酒进行了介绍。②冯汉镛在《却病延年在节令风俗上的表现》一文中就端午雄黄酒的药理作用做了简要说明。③

在古代，端午作为祛疫禳灾、驱恶辟邪的节日，通过各种活动，祛除毒气污秽的传染，从而实现人们追求平安、和谐和健康的心愿。例如，在药材利用上，把采药、制药、用药以及用"药"和"药气"辟邪、洗药浴、吃药膳、喝端午茶等端午药俗相互联系，蕴含民众对天时和人事、自然和文化、身体和精神之融和、顺应和相互调适的探求。④近些年，来自云南大理、思茅以及广西恭城瑶族地区因端午节俗的需要而兴起的药草市场很发达，有些学者对其还做了专门的调查和研究，此不赘述。

可以看出，端午节饮食风俗使用了大量的节日物品诸如粽子、菖蒲、雄黄、艾草等。非饮食类的物品也有很多，比如五色丝、龙舟、艾虎、符印等。这些物品在端午节都有一定的象征意义。五色丝的辟邪、续命，张天师像符驱鬼辟邪、艾虎辟邪等。这些非饮食类的物品作为原生态"镇物"往往集合原始崇拜、巫术、民间信仰等因素，保证了人们在端午节这天的"阴阳转换"，身体健康，一切平安。⑤

---

① 马丽：《端午节与中国菖蒲文化》，《文史杂志》2005 年第 4 期。

② 卢志峰、弟亚民：《千古名酿——菖蒲酒》，《中国食品》1984 年第 2 期。

③ 冯汉镛：《却病延年在节令风俗上的表现》，《文史杂志》1993 年第 6 期。

④ 周星：《端午节和"宇宙药"》，李松、张士闪主编：《节日研究》第 9 辑，济南：泰山出版社，2014 年，第 107—138 页。

⑤ 关昕：《端午民俗节物象征文化探析》，北京民俗博物馆编：《北京民俗论丛》第 1 辑，北京：学苑出版社，2013 年，第 94—105 页。

（四）综合性端午风俗研究

1. 不同地区、民族端午风俗的考察

就笔者目前所见，这是端午研究最薄弱的一个环节，区域端午风俗状况的不明晰导致全国范围内端午风俗研究的整体模糊。目前研究有两种走向：一种是区域尺度过大，很多学者对端午区域的差异仅从南北方来界定，判定差异是以有没有竞渡为标准，但对区域内部的差异性几乎没有涉猎。另一种是个案研究，以一个城市（市、县）或者更小的区域为研究单位，显得有些微观，往往只见树木，不见森林。前一种研究在前文当中已经涉及，故这里只就第二种情况作一介绍。

唐代一些地区的端午风俗引起学者的重视。在敦煌文献中记载了当地在端午节这天登上鸣沙山滑沙和斗草的风俗，滑沙风俗甚至延续到中华人民共和国成立之后。①唐代的长安作为都城所在，端午节内容十分丰富，佩戴五色缕、悬挂艾草于门庭、饮菖蒲酒、吃粽子等。②萧放对北京端午风俗的研究认为，辽金元时期，端午节俗以国家拜天仪式为中心，同时又具有演武性质的射柳、击球竞技，是一种国家主导的节俗形态。明清以后北京的端午节强调的是家庭形态，家庭性节日民俗占据主导地位，节日日益世俗化，成为城市社会居民生活的节点。北京端午风俗呈现仪式化、娱乐化，节日信仰浓郁。③对北京端午风俗的上述面貌特征，有学者认为，这与北京作为帝都的城市社会变迁、城市特性和城市公共活动空间密切相关。④明清时期，北京端午节主要有食粽子、喝雄黄酒、制艾人、用五毒物品驱毒及射柳、斗草、竞渡等活动，呈现出宫廷节日文化特色与民间文化相互融合的特征。⑤

庄孔韶对福建闽江端午做了田野调查，对谷口端午风俗作了分析。⑥作者在那里见到了唐代端午遗留风俗佩戴"豆娘"饰物，以及汉代朱索等，但与记

---

① 丛振：《敦煌岁时节日中的游艺文化——以上巳、端午、七夕为中心》，《敦煌学辑刊》2016 年第 1 期。

② 武复兴：《唐代诗人笔下的长安节日风俗（下）——读唐诗札记》，《人文杂志》1983 年第 1 期。

③ 萧放：《北京端午礼俗与城市节日特性》，《华中师范大学学报（人文社会科学版）》2012 年第 1 期。

④ 张金荣：《北京端午习俗的影响因素分析》，《北京文化论坛文集》编委会编：《节日与市民生活——2013 北京文化论坛文集》，北京：首都师范大学出版社，2014 年，第 76—81 页。

⑤ 万秀锋：《明清北京地区的端午节习俗考述》，北京民俗博物馆编：《北京民俗论丛》第 1 辑，北京：学苑出版社，2013 年，第 140—146 页。

⑥ 庄孔韶：《谷口的端午——福建省闽江端午透视》，《民俗研究》1995 年第 3 期。

载不同的是，佩戴的地方不同；流传久远的挂、采艾草和菖蒲风俗；制作粽子如三角粽，包裹九种干果的九子粽（唐代就有九子粽的记载）；采艾、菖蒲等加入雄黄熬水泼洒院落；午后沐浴；端午前龙舟的制作及赛手的禁忌、练习等，红头师公做法祈求"五谷丰登，国泰民安"等仪式。作者还描写了他们的竞渡情形和比赛后的心态及端午游神活动。苏鑫鸿对宋代以来闽台地区的节日风俗做了总体研究，其中涉及了端午风俗。①作者用文献资料勾画了闽台地区端午节悬艾、饮雄黄酒、作符箓、竞渡的情形。韩士奇对台湾的端午风俗做了简要介绍，叙述了台湾地区端午（又称五月节、五毒节）做各种粽子，纪念屈原，祭祀祖先，挂菖蒲、榕树枝，抹雄黄酒避瘟疫，汲午时井水等风俗，作者重点叙述了扒龙舟（大陆称龙舟竞渡）、吃卤面和煎锤的风俗。②

杨昭对温州地区的岁时节俗做了调查，温州地区端午会举行宴会，吃粽子、鸡蛋，喝雄黄酒并涂抹在身上，但没有赛龙舟等风俗。③陈志勤对嘉兴海宁市长安镇三个村落端午风俗的调查研究表明，当地粽子文化多元，端午有孩童疾病防疫的祈愿，节日存在城乡差异以及贫富有别的现象。端午风俗在村民家庭卫生以及村落整体认同中具有重要意义。④梅联华对江西龙虎山的端午风俗做了研究。这里的人们认为端午节是恶魔降临的日子，他们采艾草、寻菖蒲、祭祀张天师祈求保佑。⑤

范芝玲对山东长岛县端午风俗做了调查研究。⑥作者对长岛县部分乡镇保存完好的端午风俗进行了考察，分节日饮食风俗（吃粽子、鸡蛋），插艾与桃枝，服饰风尚（穿五毒肚兜、系五彩线、穿虎头鞋），节日剪纸（剪成牛、虎、狮等形状贴于窗户，意为驱邪），采露水和海边摸鱼等风俗。尤其长岛县的端午剪纸也被单独拿来研究。赵家先和邢建玲对山东日照地区的端午风俗做了调查，作者详细叙述了那里用黍子米、菠萝叶包裹方形粽的情况，给小孩系

---

① 苏鑫鸿：《闽台节日民俗及其特征》，《中国社会经济史研究》1989 年第 3 期。

② 韩士奇：《台湾端午节风情》，《文史杂志》1992 年第 3 期。

③ 杨昭：《温州地区农村的岁时民俗》，《民俗研究》1998 年第 4 期。

④ 陈志勤：《泛化的端午节与村民的端午日——以嘉兴海宁长安镇的三个村落为例》，《文化遗产》2014 年第 5 期。

⑤ 梅联华：《从龙虎山民间传说看端午习俗》，《南方文物》2001 年第 3 期。

⑥ 范芝玲：《长岛县端午节俗调查》，《民俗研究》1998 年第 3 期。

五彩线的风俗，以及清晨采艾、拔小白菜煮水洗浴去病，走亲访友等风俗。[①]

曲彦斌对东北某地的端午械斗陋俗做了分析。[②]作者考察了这种延续上百年传统的投石攻击对方的械斗之风、械斗发生的地域（两市、两县、两乡等交界地带不便协调的山地），以及娱乐性的"克仗斗石"扩大态势和屡禁不止的情况。他通过调查这种风俗产生的历史地理背景及械斗的全部过程，分析了其发展的严重态势（使用石头、棍棒、枪，参加人数有 2 万余人）和风俗的古老渊源（由驱逐瘟疫恶鬼与古老"打冤家"风俗逐渐融合而成，逐步发展成区域恶劣性质的陋俗）。最后作者还就消除此种陋俗阐发了自己的观点。他认为，这种现象不仅是当前存在的，在清代广东湛江阳江就存在。这种双方相向投掷石块对战的风俗很有可能是保卫一方领土的平安，制止外人入侵，而逐渐发展成为当地人习武竞技的一种风俗，与古代军事训练有关联。[③]此外，中国台湾和日本某些地区都曾有端午石战的风俗。

朱晓红对河南南阳地区的端午风俗做了介绍，她对端午采艾、喝雄黄酒、戴丝线、制作香布袋等活动做了详细的描述，认为诸多的活动体现了人们"驱病避邪，祈求平安"的节日心理。[④]崔玲对甘肃庆阳地区端午制作香包的情况做了详细说明。[⑤]山西大同地区端午风俗也受到学者的关注，王志芳对大同浑源地区端午节这天食凉糕，炸麻叶，喝雄黄酒，贴艾符、马符，贴纸鸡，小孩佩戴端午绳等风俗做了介绍。[⑥]

夏日新在研究长江流域的岁时节日时，开始以流域为大的范围对端午节进行关注。[⑦]作者认为，端午风俗是在古人辟邪祈禳的基础上形成的，且分析了龙舟与竞渡的关系演变当中从送灾到竞技的转换。作者还就长江流域端午其他风俗——佩戴长命缕、艾虎、采药蓄药的历史做了梳理，对端午食俗吃粽子和喝雄黄酒也做了交代。最后还附带论及了长江流域大端午的情况。在此基础

---

① 赵家先、邢建玲：《日照端阳节俗调查》，《民族研究》1998 年第 3 期。

② 曲彦斌：《宝鞍山端午节"克仗斗石"民俗探析——关于东北某地端午节械斗性"克仗斗石"陋俗的田野调查》，《民俗研究》2003 年第 3 期。

③ 宋颖：《端午节：国家、传统与文化表述》，北京：商务印书馆，2016 年，第 94 页。

④ 朱晓红：《南阳端午节民俗》，《东方艺术》2001 年第 4 期。

⑤ 崔玲：《庆阳香包》，《丝绸之路》2004 年第 8 期。

⑥ 王志芳：《大同地区的端午节习俗——以浑源县为例》，《山西大同大学学报（社会科学版）》2016 年第 2 期。

⑦ 夏日新：《长江流域的岁时节令》，武汉：湖北教育出版社，2004 年，第 129—150 页。

上，赵小彬从时间、空间、类型三个角度全面研究了明清时期长江流域的端午风俗，分析了端午风俗与长江文化之间的关系及其与长江文化体系的巴蜀、荆楚、吴越三大文化之间的差异，在勾勒端午风俗全貌的基础上反思了端午保护与开发的现状问题。①

近些年来，浙江嘉兴端午节文化风俗开始受到学界研究的重视。自 2009 年浙江嘉兴多次举办端午文化国际学术研讨会以来，2013 年中国民俗学会与嘉兴市联合策划启动"21 世纪民俗节庆文化的发展及'嘉兴模式'的探索"研究课题。端午节文化传承的"嘉兴模式"受到学者的重视。②在正确的非物质文化遗产保护理念下，在政府主导、社会参与和民众主体三者的共同作用下开展的端午节文化保护与传承的系列活动，成为行之有效的非物质文化遗产传统文化节日保护模式，这就是端午节文化传承乃至可以推广到其他传统节日传承保护的"嘉兴模式"。③浙江嘉兴作为端午风俗的重要传承保护地区，十分重视端午风俗的研究和保护，《中国端午节·嘉兴卷》业已出版，该书反映了在中国民俗学会主导之下，通过对嘉兴市 7 个县市区端午节的田野调查资料和研究报告的分析，在重点反映端午风俗的同时也有对其他节日民俗活动等的调查。总体说来，这是一部当代浙江嘉兴端午民俗志。④

作为端午节非物质文化遗产传承地之一的湖北省黄石市西塞山，端午节至今有端午"活化石"之称，西塞神舟会保留着原汁原味的大端午节各项民俗事项的传承，节庆活动跨度长达 40 天，西塞神舟会从原始的人对疾病的预防转向到对人性弱点的挑战等，由对自然恶劣环境的顽强适应进而转向对社会邪恶势力的抗争，最终衍生为纪念屈原的再生文化。⑤该地 2015 年举办了中国端午节俗与屈原文化学术研讨会，研究成果集中体现在罗杨主编的同名论文集中。该次会议有 165 位学者参与，涉及端午文化价值、信仰变迁、竞渡、神话传说、诗词歌谣、饮食等。在区域端午研究中，南方湖北黄石、通山、汨罗、咸宁、

① 赵小彬：《明清时期长江流域端午风俗研究》，华中师范大学硕士学位论文，2012 年。
② 刘晓峰、金琴龙、王一伟主编：《21 世纪中国民俗节庆文化的嘉兴模式》，北京：中国书店，2016 年。
③ 乌丙安：《从我国非物质文化遗产保护方针谈"嘉兴模式"（代序）》，刘晓峰、金琴龙、王一伟主编：《21 世纪中国民俗节庆文化的嘉兴模式》，北京：中国书店，2016 年，第 1—5 页。
④ 杨秀主编：《中国端午节·嘉兴卷》，桂林：广西师范大学出版社，2013 年。
⑤ 罗杨：《为什么选择屈原（代序）》，罗杨主编：《端午与屈原——中国端午节俗与屈原文化学术研讨会论文集》，北京：中国社会出版社，2016 年，第 1—2 页。

秭归、潜江，江苏苏州，安徽徽州，福建闽南地区，北方河北、河南两省端午风俗受到与会者关注，有关这些地区的研究文章一并收录在该论文集中。

以下是关于少数民族端午风俗的研究。不但海内外汉民族有端午节，其他少数民族同样也过端午节，有学者认为，南北方满、蒙、藏、苗、白等 28 个少数民族各具特色①，但是专门讨论少数民族端午风俗的文章并不是太多。

张翊华对历史时期百越族的端午风俗做了考察。②分布在我国长江以南的百越民族长期生活在水乡泽国，稻作农业和以船为主要交通工具的生产生活方式以及古老的竹编工艺为竞渡和吃粽子提供了良好的前提条件，端午的最初风俗可能产生于百越族。从考古资料来看，赛舟活动是越人的创举，伴随着他们逐步被中原王朝汉化的历史过程，赛舟、投粽子、祭龙的原始风俗逐渐演变为娱乐的竞技风俗。卢敏飞对毛南族的节日风俗做了初步研究，涉及端午药节内容。③毛南族农历五月五日端午药节，是个以药为中心的防病祛害节日，他们在自己传统文化的基础上吸取了汉族端午节的有益风俗，形成了自己颇具特色的端午药节。它的主要宗旨就是禳灾祛病，保证族群健康，体现了古代社会巫医结合，二者相并而行的治病方法和原则。王光炎就武陵地区巴东县土家族端午期间龙舟竞赛仪式前后过程，做了生动、详细的介绍。④关于不同民族竞渡的比较研究，如方桢和杨津津对我国汉、苗、傣族的龙舟竞渡的比较。⑤他们认为，汉、苗、傣族的龙舟竞渡在我国多种龙舟文化中具有较强的代表性，作者对这三个民族龙舟竞渡的文化渊源、演化过程、祭祀风俗作比较研究，认为竞渡活动起源于水上生活和劳作，汉族龙舟竞渡从祭龙神转为对英雄人物的纪念，成为端午节的民俗活动；苗族、傣族龙舟竞渡受汉族龙文化的影响，主要是祭龙祈年，各自成为龙舟节、泼水节的活动内容。由于汉、苗、傣族龙舟文化在现代社会中都具有多种社会功能，体现出特殊的社会文化价值。关于少数民族地区群众对端午风俗的接纳问题，宋颖等认为，少数民族对汉族端午风俗的接受出现了同核化呈现、糅合化呈现和边缘化展示的三种模式，或表现出和

---

① 乌丙安：《文化记忆与文化反思——抢救端午节原文化形态》，《西北民族研究》2005 年第 3 期。

② 张翊华：《百越民族与端午习俗》，《东南文化》1991 年第 5 期。

③ 卢敏飞：《毛南族传统节日文化》，《广西民族研究》1994 年第 4 期。

④ 王光炎：《土家"划龙船"》，《体育文化导刊》2003 年第 12 期。

⑤ 方桢、杨津津：《比较我国汉、苗、傣族龙舟竞渡文化之异同》，《北京体育大学学报》2002 年第 1 期。

汉族极其相似的节日风俗，或被接受、表现的少量元素成为该民族过节时较为突出且重要的符号，或者保留歌舞交往等独特的过节方式，这些接受中既有涵化也存在误读。①土默特蒙古族也有过端午的风俗，但其独特之处在于他们于端午这天打猎。另外，和汉族相同之处在于他们也吃粽子、采艾草、制作各种物件辟邪，这是他们与汉族长期交往形成的结果。②安多地区一些藏族人在端午节这天有采花纪念莲花姑娘和祈求生育兴旺，敬拜山神的传统③；也有的藏族人将端午节称为"桑吉曼拉节"，意为"药师佛节"。属于藏传佛教文化节日，吃地皮菜包子，射箭纪念给人间带来健康和安宁的药师佛，此外用泉水沐浴，采吉玛梅朵挂在门上，小孩佩戴药草香包。④

### 2. 不同历史时期端午风俗的研究

关于断代的端午风俗研究基本上是从唐代开始的。唐代的端午节日活动丰富，规模宏大，上至宫廷，下至民间，均有不同程度的体现。蒋方就唐代的端午节做了探讨。⑤作者认为，唐代端午节庆的礼俗、宫廷与民间既有共同之处，又不无差异。宫廷活动以互赠礼物为主；民间活动以南方竞渡为特色。这种差异源自唐代宫廷较多地承继了北朝宫廷的风俗，而北朝宫廷则沿袭了传统的汉廷礼仪，其节俗意义重在辟邪；民间的南方竞渡具有悠远的民俗传统，其意义已由祈禳转化为对人物的纪念，被赋予了情感意义，充分发挥了节俗的娱乐功能。唐代宫廷与民间在端午礼仪上的异同，反映了地理因素影响下的南北历史文化发展的差异。另外一些学者就唐代诗歌所反映的节令风俗做了研究，涉及端午的菖蒲酒、艾草、五彩线、避瘟扇、扬州铸造江心镜等风俗。⑥尽管唐代端午风俗众多，但"节分端午自谁言，万古传闻为屈原"。纪念屈原在唐代已被认为是端午节起源的主流说法，自汉唐以至后世，避疫和纪念屈原一直

① 宋颖：《从"少数民族过端午"模式看文化的涵化与误读》，《云南师范大学学报（哲学社会科学版）》2014年第1期。
② 刘红波：《近现代土默特地区蒙古族与汉族节日习俗比较研究》，内蒙古师范大学硕士学位论文，2011年，第23页。
③ 张福慧：《安多藏族传统节日文化研究》，北京：中国社会科学出版社，2016年，第82—84页。
④ 张福慧：《安多藏族传统节日文化研究》，北京：中国社会科学出版社，2016年，第113—114页。
⑤ 蒋方：《唐代端午节庆探释》，《湖北大学学报（哲学社会科学版）》2005年第4期。
⑥ 武复兴：《唐代诗人笔下的长安节日风俗（下）——读唐诗札记》，《人文杂志》1983年第1期。

是端午节并行的两大主题。[1]唐诗反映了端午的主要风俗，如吃粽子、龙舟竞渡、五色丝系臂等，各个地方还要给朝廷贡献地方特产，皇帝赐予大臣端午过节礼品等。[2]张勃认为，唐代以降，纪念屈原成为当时人们解释端午节起源的原因，唐代端午风俗中有恶鸟、肥龟、各类粽子、柏枕、桃门、菖蒲酒等风俗物品，此外，竞渡、馈赠、铸剑、采药等风俗活动丰富。这些活动体现了当时人们顺应天时、重视伦理、益寿延年及狂欢娱乐的文化内涵。[3]

周宝珠对北宋东京的社会风俗做了论述，提到了端午特色的风俗。[4]契丹辽朝庆祝端午节始于辽太宗统治时期。契丹辽朝庆祝端午节的内容有制艾衣、食艾糕、饮大黄汤、臂缠合欢索、佩戴长命缕和寿缕、拜天、射柳和击球等。契丹辽朝的端午风俗是辽朝契丹族在吸收中原地区（主要是北方地区）和其他民族的端午节风俗，并按本民族的风俗加以革新而形成的。[5]宋代端午节深受道教的影响，道教的神灵信仰、符箓文化、医药卫生思想、追求长生观念在端午节中均有体现。在丰富节日内涵的同时，节日的宗教性有所增强，道教的一些信仰也以端午风俗为媒介，进入日常生活中。[6]从明代端午节（也称女儿节）的医俗、避恶装饰、竞渡、角黍等风俗看，端午节是在夏至节基础上，把恶月恶日观念与远古竞渡风俗、祭水神风俗结合，在屈原故事的推动下形成的。[7]明代宫廷和民间普遍重视端午节，民间有采百草制药、喝雄黄酒、戴饰物禳灾等风俗，南方竞渡盛行，宫廷有吃粽子、观武臣射柳、看划龙船等风俗。尤其是明代宫廷还有一个颇为有趣的风俗，即捕蛤蟆以制作中药等。[8]萧放对明清时期端午节做了研究。[9]他认为，明清时期的端午节传承古代风俗较多，但是也出现了一些新的变化（如对妇女的重视），宗教在节日当中的影响

---

① 万晋：《传说·仪式·民众心态——以唐代端午为中心的考察》，《寻根》2008年第1期。

② 刘晓慧：《唐代诗人笔下的端午节俗》，《湖北民族学院学报（哲学社会科学版）》2010年第6期。

③ 张勃：《唐代端午节的形态与文化内涵》，刘晓峰主编：《中国端午节·研究卷》，桂林：广西师范大学出版社，2013年，第333—370页。

④ 周宝珠：《北宋东京的社会风俗与精神文明》，《河南大学学报（社会科学版）》1985年第4期。

⑤ 刘钟：《辽朝的端午节》，《社会科学论坛（学术研究卷）》2007年第1期。

⑥ 王玲：《宋代道教与端午节俗的关系》，《民族学刊》2014年第5期。

⑦ 常建华：《明代端午考》，李松、张士闪主编：《节日研究》第1辑，济南：山东大学出版社，2010年，第34—47页。

⑧ 陈宇赫：《明宫廷的捕蛤蟆习俗》，《民俗研究》2002年第4期。

⑨ 萧放：《明清时期的端午节俗》，《文史知识》2004年第6期。

明显增强；首先强调端午节在民俗社会生活中的调节与服务意义明显，它在传统节日当中的地位日益突出。南北方端午风俗的差异在于北方主要是辟邪和游赏，恶五月的观念依然流行，新嫁女要回娘家"躲端午"，姻亲之间要来往，注重调节家族关系。南方的端午主要是避瘟与竞渡。明清时期虽然保持了先前端午的避瘟和竞渡风俗，但是此时人们的信仰心理弱化，趋于娱乐，竞渡形式也和以往不同；其次是节日伦理社会关系强化。作者大致勾勒了南北方的主要差异，对明清端午的变化做了正确的判断。

3. 端午节的总体研究及资料整理

（1）整体性研究。目前对一个节日进行专题整体性研究的不太多，在专著方面更是少之又少。至于清代在编辑《古今图书集成》时，对端午节做了资料汇集性的考释，但它远远算不上研究。我们可以见到的是一些学者在研究传统节庆时，设专门章节讨论了端午风俗。韩养民和郭兴文就南方竞渡风俗、北方恶月诸多禁忌、纪念屈原等做了通史性的概述。[①]罗启荣和阳仁煊就端午喝雄黄酒、挂香袋、门悬莆艾、吃粽子、划龙舟以及历史上的吟咏端午诗歌做了初步分析。[②]陈久金和卢莲蓉就屈原与端午的关系、赛龙舟、喝雄黄酒、斗百草以及古越族端午做了叙述。[③]张君将端午的风俗归纳为五个方面：辟邪厌疫、踏斗百草、采药、龙舟竞渡、祭粽和食粽等活动。[④]宋兆麟和李露露简单分析了端午的起源，就端午划龙舟、吃粽子、避五毒、端午游戏（射柳、击球、斗草等）等做了一一叙述。[⑤]中国现代民俗学领域里的重要学者黄石，早在20世纪70年代就撰写了《端午礼俗史》一书。[⑥]该书是一部全面研究端午节源流和阐释端午节种种相关风俗习惯的知识性读物。作者从时空纵横两个维度进行研究，认为端午节发源于先秦，并对历朝历代有关端午节的风俗习惯、民俗事象做了历史的梳理与辨析，将可能找到的全国各地有关过端午节的历史记述和鲜活材料搜集起来，并对其进行了归纳、比较、分析、阐释。黄石笔下的

---

① 韩养民、郭兴文：《中国古代节日风俗》，西安：陕西人民出版社，1987年，第174—200页。

② 罗启荣、阳仁煊编著：《中国传统节日》，北京：科学普及出版社，1986年，第159—167页。

③ 陈久金、卢莲蓉：《中国节庆及其起源》，上海：上海科技教育出版社，1989年，第99—109页。

④ 张君：《神秘的节俗——传统节日礼俗、禁忌研究》，南宁：广西人民出版社，2004年，第110—125页。

⑤ 宋兆麟、李露露：《中国古代节日文化》，北京：文物出版社，1991年，第84—95页。

⑥ 黄石：《端午礼俗史》，台北：鼎文书局，1979年。

端午节风俗习惯和民俗事象种类甚多，如时食之角黍、羹汤、端午酒、端午宴，祭祀（送瘟神、禳灾逐疫），蓄兰沐浴，采百草和斗百草，捕蛤蟆、熙游和避灾、竞技，龙舟竞赛，辟邪法物如辟兵、系红丝线（朱索）、系长命缕、戴香囊葫芦、插菖蒲、戴艾草等。尤其难能可贵的是，他对端午节诸多风俗习惯中的两个在全国各地普遍流行、移动或分布最广，因而也是最为重要的事象——角黍和竞渡——的颇见深度和颇具兴味的阐释，有独特的贡献。①

近年来，专门以端午为研究对象的著作也逐渐出现。2010 年前后，"节日中国"丛书出版，内容涉及春节、清明、端午、七夕、中秋、重阳六大传统节日。《端午》一书探讨了端午作为复合型节日，它的起源问题、端午节的各种重要风俗，以及端午节与宗教、端午节在东亚的影响及其与现代社会的关系等，可谓深入浅出，雅俗共赏。②宋颖利用文献法、实地调查法和个案分析法，从民俗学视角对端午节进行了专题研究，立意新颖，学术价值较高。③作者立足于象征符号论、民俗主义等理论，从传统与现代、传承与变迁、民间与官方等颇具张力的关系中探讨端午节的源流和发展，分析端午节这一符号系统的文化建构过程及其特点。文中提出端午风俗形态的"核心元素"和"变动元素"等，并从族群角度阐释中国少数民族对汉族端午节的"涵化"与误读，以及对五月节日活动和文化的认同心理。该书还对中国"屈原故里"秭归端午风俗、"屈原自沉处"汨罗江畔端午风俗、西塞神舟会端午风俗等联合申报的世界非物质文化遗产进行个案研究，并探讨民族国家意识形态对传统节日的塑造和冲击。

（2）资料整理。对于风俗资料的整理，民国时期安徽泾县胡朴安曾经搜罗旧的地方志资料编写《中华全国风俗志》，该书自 20 世纪 80 年代出版以来，备受研究民俗者青睐。④该书选取各省各县地方志书中有关婚丧嫁娶、岁时、民风等诸多风俗的内容，汇集成册，实为研究全国各地风俗的基本材料。不过因为编者收录的全国各地风俗多寡不一，有的多则 100 余条，有的仅有 1条，还需要结合其他资料进行学术研究。这些众多的风俗中，其中一些地方不乏岁时节日端午节的记载。20世纪80年代中后期，汇集中国地方志中包括礼仪

---

① 刘锡诚：《黄石〈端午礼俗史〉序》，http://blog.sina.com.cn/s/blog_6312a10e0100g154.html，2009-11-25。
② 刘晓峰：《端午》，北京：生活·读书·新知三联书店，2010 年。
③ 宋颖：《端午节研究：传统、国家与文化表述》，中央民族大学博士学位论文，2007 年。
④ 胡朴安：《中华全国风俗志》（上下编），石家庄：河北人民出版社，1986 年。

民俗、岁时民俗、生活民俗、民间文艺、民间语言、信仰民俗等内容在内的资料汇编出版，其中的岁时民俗中有不少关于端午风俗的内容，这为我们全面了解整个中国端午风俗提供了很好的线索。① 2013 年，广西师范大学出版社出版了由刘晓峰、陈云飞总主编的《中国端午节》丛书，该套丛书对中国端午节做了全面总结、深入挖掘和崭新探索，是迄今为止有关端午节研究规模最大的资料集成。② 该套丛书共六卷，其中"史料卷""民间文学卷""俗文学卷"收入了有关端午节的多方面资料；"图像卷"收入了不同时代、不同国家以端午节为核心的各种艺术图像资料；"研究卷"着力收集了民国以来有关端午节研究的最重要的论文；"嘉兴卷"则直接来源于中国民俗学团队在该地区调查的田野报告。尽管如此，也有学者认为，如果将全国各地端午风俗也整理出版，就可以出现类似《中国端午志》的书籍了。确实，中国地域广大，民族众多，端午风俗内容又十分丰富，我们可以以上述端午节资料为研究基础和线索，开展许多新领域的工作，如区域和民族端午风俗的整理与研究、诗文词曲等文学作品中有关端午的描写等。

4. 端午节的文化内涵、"申遗"与传承保护

当代的一些民俗学工作者就端午节的文化意义等方面做了研究。乌丙安就端午节的原文化形态发表了自己的看法。③他认为端午节最早源于中国远古的祭龙风俗，端午节一直是作为祛除病瘟、躲避兵鬼、驱邪禳灾的吉祥节日传下来的，全国各地民族的俗信差异导致端午节的文化意味更加浓厚。作者列举了历史上端午风俗的一些内容：悬挂艾草、饮雄黄酒、系五彩线并分析了它们的文化内涵；节日饮食风俗以吃粽子为例，说明了它广为流传的某些科学道理；最后作者就端午节的娱乐活动（南方目前依然流行的龙舟竞渡，北方已经消失的射柳、打马球风俗）等文化形态做了说明，对目前端午节过分强调纪念屈原的文化意义，而使端午节原有的文化意义消失表示了担心。高丙中就端午节俗的历史演变做了回顾，他说，端午是一个深深根植于中国固有文化和历史的重要节日，是全民参与、内容丰富的民族传统节日。④ 作者借助"文化认同"的

① 丁世良、赵放主编：《中国地方志民俗资料汇编》，北京：北京图书馆出版社，1989 年。
② 刘晓峰、陈云飞总主编：《中国端午节》，桂林：广西师范大学出版社，2013 年。
③ 乌丙安：《文化记忆与文化反思——抢救端午节原文化形态》，《西北民族研究》2005 年第 3 期。
④ 高丙中：《端午节的源流与意义》，《民间文化论坛》2004 年第 5 期。

观念阐发了复兴端午风俗的时代意义，以及利用现代物质条件恢复龙舟竞渡等风俗的可能性和端午设立假期的必要性。孙正国就当代端午风俗的文化意义做了反思。① 作者研究表明：当代端午风俗已经发生了一些重大变化，既是民俗传统深层延续中的演化，也是顺应时代要求节俗内部结构的调整，其本质是民俗传统与当代社区文化的互动演化。端午风俗的当代形态也折射了普遍意义的风俗在其生成、发展中与时代互动关系的基本规律。叶春生就国际语境对端午风俗做了考察。② 作者认为：端午祭图腾、祭山神、祭祖宗或悼念屈原、越王勾践、伍子胥、介子推；划龙舟、吃粽子或车轮饼、喝雄黄酒或浊酒；用菖蒲水洗头，挂菖蒲、柳枝、艾草于门，洒雄黄酒、石灰水，采苦丁茶、百草药等，不仅成为中国、韩国、越南以及许多其他东南亚国家的重要风俗活动，而且向世界各地辐射，国际龙舟赛已经遍及全球。随着经济一体化的大潮，文化的整合也在加快。作者从民俗文化学的角度，对这种文化现象的渊源、流变与整合做了系统的考察，揭示了其文化意义。何星亮以端午节礼俗为例，探讨了传统节日中古代中国人的和谐思想。在他看来，端午节形成具有内在阴阳转换思维结构，包含古人追求阴阳五行和谐的理念，端午节各种风俗都和阴阳五行思想密切相关。③ 笔者以为这不但可以解释端午节的起源问题，也可以概括端午节的核心文化内涵。端午节的各种风俗和仪式中的驱鬼逐疫，达到阴阳调和的傩文化因素也受到学者的重视。④

在端午节申报世界非物质文化遗产（简称"申遗"）风波促使下，2004 年端午节前夕，中国民俗学会和北京民俗博物馆在北京东岳庙举行端午民俗座谈会，端午"申遗"及中国、韩国、日本端午比较研究兴起。高丙中等做了《端午节的历史、现状与发展——中国民俗复兴运动的一个环节》发言，麻国庆做了《端午节俗及其意义》发言等。乌丙安和陶立璠介绍了韩国江陵端午祭的源流、形式和无形文化遗产保护现状。有学者指出，中国的端午节在唐朝传入日本民间并流行至今，其主要表现形式为在门口插菖蒲和艾蒿、洗菖蒲浴、供奉粽子和柏饼、悬挂"鲤鱼旗"等。端午节在日本传承的过程中发生了流变，先

① 孙正国：《互动演化——当代端午民俗的文化思考》，《民俗研究》2003 年第 3 期。
② 叶春生：《端午节庆的国际语境》，《民间文化论坛》2005 年第 3 期。
③ 何星亮：《从传统节日看古代中国人的和谐理念——以端午礼俗为例》，《民族研究》2008 年第 3 期。
④ 张凤霞：《端午节中的傩文化》，《山西师大学报（社会科学版）》2009 年第 2 期。

后演变为男儿节、儿童节，节日庆祝形式也在发生变化。日本对端午节等传统节日民俗文化的高度重视与保护值得中国借鉴与学习。[①]日本的端午风俗在明治以前具有和中国不同的特点，随着日本陷入长期的战乱之中并相继进入镰仓、室町等军事政府的统治之下，一些与战争有关的风俗不断融入端午节中，并使之从"保生护命"的节日最终变异为一个以实战练兵、炫耀武力为目的，戕生害命的"尚武之节"。[②]

刘晓峰对"中韩端午申遗之争"进行了学术反思。在他看来，这次"申遗"之争具有激发政府及民众重视传统文化节日方面的积极意义，同时也反映了双方围绕端午节的国籍之争，明显存在着以现代民族国家的主权观念简单地替代地域文化历史边界的错误倾向。端午节对古代东亚地区的日本、韩国、琉球和越南等地区的影响与传播，是发生在以中国文明为核心的东亚文化圈内部的一种文化现象，是古代东亚地区文化共享性的积极结果。在全球化与区域整合成为重要课题的今天，不应当再用民族国家意识对地域共同的非物质文化遗产进行强制划分，而应当把端午节这类非物质文化遗产看作地域共同文化财富，看作促进东亚区域认同、合作与文化发展的历史资源加以继承。[③]徐赣丽和耿瑞芹就韩国南部法圣浦端午政府保护和民间参与个案，与中国传统节日传承保护进行了比较。[④]在他们看来，韩国端午保护与传承给予我们诸多启示，如政府的有效组织和管理是传统文化得以保护与传承的制度保障、民间团体和民众的自主参与是传统文化得以保护与传承的重要保障、民俗学者的参与是传统文化得以保护与传承的智力保障等。张祖群梳理了中国端午节的源流、风俗的类型与地区差异，分析了出现差异的原因，并比较了韩国江陵端午祭与中国端午节的异同。他指出，韩国等东亚国家端午节的风格，根源于中国，东亚文化圈其他国家端午风俗有可能是与当地文化整合后地方化的表现。处于社会经济转型期的中国，应该高度重视传统文化保护，既要摒弃狭义的民族主义，也

① 武宇林：《中日端午民俗文化比较》，《北方民族大学学报（哲学社会科学版）》2011年第2期。

② 闫苗：《论端午节在日本的变异——明治以前日本端午的特色》，《日语学习与研究》2006年第4期。

③ 刘晓峰：《端午节与东亚地域文化整合——以端午节获批世界非物质文化遗产为中心》，《华中师范大学学报（人文社会科学版）》2011年第3期。

④ 徐赣丽、耿瑞芹：《韩国法圣浦端午节的政府保护与民间参与——兼与中国传统节日进行比较》，《民族学刊》2012年第4期。

要彰显自身的民族文化身份，保持文化认同。①既然韩国江陵端午祭和中国端午节如此类似的节日风俗都成功申报为世界非物质文化遗产，端午风俗或者更进一步说相似的民俗到底有没有国界？是不是可以换一种方式来理解"世界非物质文化遗产"不是仅为某一国所有？对此问题，周星以中国、韩国、日本等东亚端午用药风俗为例，分析它们之间的相同之处及多样性，倡导应该用"比较民俗学"的视角来看待端午风俗，将其置于"东亚民俗圈"角度来研究，突破"一国民俗学"局限，建立"东亚民俗学"。②

端午节自身的文化传承发展问题也受到学界的关注。有学者认为，端午节发端于先秦时期一种单一的辟邪风俗，发展到魏晋南北朝时期定型，成为以辟邪、龙舟竞渡为中心的大型节日，并传承至今，其传承发展方式起到了至关重要的作用；分析其传承方式主要有引申传承、融合传承、采借传承、置换传承、变异传承、展演传承等。③这些传承方式对于我们推进传统文化，特别是传统节日文化的当代传承仍具有借鉴作用。苑利和顾军谈到了端午节的功能及保护问题，他们认为端午节具有八大文化功能，分别是传承中国南方优秀饮食文化、传承中华服饰文化、传承中华传统表演艺术、传承手工技艺、传承中华医药学知识、传承中华体育文化、传承中华传统道德与伦理、融洽人际关系的重要载体。在当前的端午保护中出现了变民俗为官俗、变整体保护为碎片保护、变活遗产为死遗产、变纯基因为转基因等问题，这些都需要引起人们的重视。④其实，早些年他们已经提出了传统节日遗产是具有重要历史价值、艺术价值、文化价值以及科学价值的传统节庆活动。传统节日在传承一个民族饮食文化、服饰文化、文学艺术、传统道德等方面发挥着极其重要的作用。要保护好传统节日遗产，应坚持民间事民间办原则、原真性保护原则、活态保护原则和整体保护原则。⑤

对端午节的社会史、人类学和社会生态史观察，是近年来端午节研究的新增长点。陈熙远强调，端午节竞渡尽管流行于全国，但各具特色的地方民俗活动增强了地方意识和地方认同，竞渡纪念屈原等英雄人物主要在士人文本中流

① 张祖群：《非物质文化遗产的身份认同——基于端午节的源流研究》，《广西社会科学》2013年第9期。
② 周星：《东亚的端午——以"药物"为中心》，《中原文化研究》2014年第5期。
③ 向柏松：《端午节传承发展方式分析》，《文化遗产》2015年第6期。
④ 苑利、顾军：《端午及其保护中容易出现的问题》，罗杨主编：《端午与屈原——中国端午节俗与屈原文化学术研讨会论文集》，北京：中国社会出版社，2016年，第10—16页。
⑤ 苑利、顾军：《传统节日遗产保护的价值和原则》，《中国人民大学学报》2007年第1期。

传，民间竞渡风俗主要是祛病，也不是在全国普遍流行；竞渡的形式多样而且多元，暂时性集体狂欢的公共空间，其背后蕴含地方秩序维护，展示国家与地方社会的权利关系博弈问题。①周大鸣和阙岳用人类学整体观察法探讨了甘肃省甘南藏族自治州临潭县新城镇的端午节龙神赛会问题，龙神赛会不仅蕴含迁徙族群的集体记忆，也体现汉、藏、回族多元文化互动，调适着民族关系，龙神赛会风俗的起源、演变隐藏着丰富的自然、社会背景，也体现它对当地社会、文化的意义。②王利华以端午节为典型案例，探讨生态环境对社会风俗产生和流变的历史影响。③历史上的端午节主题是止恶、驱邪、除毒和防疫，而不是纪念某位历史名人或者休闲娱乐。仲夏五月来自生态环境的种种威胁，特别是酷暑、毒虫、猛兽和疾病等对生命健康的侵害，使古人深感恐惧，故以该月为"恶月"、"毒月"和"忌月"，这是端午风俗产生和流传的社会心理基础。围绕止恶、驱邪、除毒和防疫，创造了包括众多禁忌、巫术、符物、药物、食品和活动在内的丰富多彩的民俗事象，它们是人们适应季节变化和应对环境威胁的产物，各地端午风俗的差异性和地方性，大多根植于地域生态环境的独特性；不少民俗事象有其特殊的"生境"，对特定的生态环境条件有着密不可分的依存关系。有学者认为，端午节起源于吴越蛇图腾民族向中原龙图腾民族的涵化过程，蕴含蛇与龙对抗的结构与涵化，因此南北端午风俗差异较大，民族国家意识与全球化的凸显使得端午节文化发生新的变化。④

需要说明的是，刘晓峰对端午节的研究进行了历史回顾，并编选出版了"中国端午节"系列丛书，在"研究卷"中他收录了自民国初期至今中国、美国、日本三国学者 38 篇研究文章，内容涉及端午起源、民俗活动、端午与屈原、端午节文化内涵及文化遗产保护和部分地方端午节的风俗。⑤ 其中，在《端午节研究的历史回顾》一文中，刘晓峰认为端午节的研究经历了从信古到

① 陈熙远：《竞渡中的社会与国家——明清节庆文化中的地域认同、民间动员与官方调控》，《"中央研究院"历史语言研究所集刊》第 79 本，2008 年，第 417—496 页。

② 周大鸣、阙岳：《民俗：人类学的视野——以甘肃临潭县端午龙神赛会为研究个案》，《民俗研究》2007 年第 2 期。

③ 王利华：《环境威胁与民俗应对——对端午风俗的重新考察》，《南开学报（哲学社会科学版）》2008 年第 2 期。

④ 马明奎：《端午节的龙蛇结构和南北文化差异研究》，《民族文学研究》2010 年第 4 期。

⑤ 刘晓峰主编：《中国端午节·研究卷》，桂林：广西师范大学出版社，2013 年。

疑古，从"救亡"到"启蒙"以及20世纪80年代至今的端午研究历程。作者认为，真正现代科学意义上的端午节研究自20世纪30年代开始，以江绍原的《端午竞渡本意考》为最经典的开山之作，李亦园从结构主义理论发掘端午传说与仪式之间的关系最具人类学理论和方法意义。21世纪端午节在被赋予"非物质文化遗产""民族文化传统的代表"等的符号之后，端午研究的规模、成果积累极多。据笔者统计，自2006年以来，以端午节为关键词的硕士及博士论文已近50篇，充分说明了端午节在传统节日研究当中是一个历久弥新的研究方向。

正如刘晓峰指出的，21世纪端午节研究，尤其是2004年以后端午节的研究呈现三个特点：研究的视野空前开阔，研究和现实社会发展密切相连，研究专题化、精深化等。尽管如此，笔者这篇述评，在现有研究文献的选择数量和研究内容的广泛性上，均和刘氏大为不同。

## 二、对当前端午研究现状的思考

就笔者上述集中选取改革开放以来40余年190篇端午节研究的论著来看，当前端午节研究集中在端午起源、节俗活动、饮食、历史或地区、端午文化传承与遗产保护、资料整理等几个方面。其中涉及起源的有24篇，端午风俗活动中龙舟竞渡42篇、射柳20篇、斗草8篇、用艾用柳8篇、其他娱乐活动4篇，饮食风俗研究12篇，历史时期端午研究12篇，区域端午研究25篇，文化传承与保护20篇，其他的15篇。

首先，大致的研究状况。就端午节起源研究而言，虽已相对较多，但学者们各持一端，莫衷一是，主要是研究的切入点不同。学者们对待端午节起源大致是两种思路：第一种就端午节各种风俗的外在表现去探讨起源；第二种挖掘种种端午风俗背后的文化内涵。相对而言，后者较为可取，但是笔者认为端午节蕴含阴阳五行思想和谐观念，由此产生的种种端午风俗现象并未被广大研究者和人们接受。对端午风俗活动的研究相对丰富，几乎占端午研究的一半以上，而且主要集中在南方地区的竞渡风俗，对北方除射柳之外的其他端午风俗活动则关注不够。端午节饮食品种虽然十分丰富，但研究者涉及很少，对饮食风俗背后的文化内涵揭示得还不够，甚至对端午最主要的节令食品粽子的起源问题依然意见分歧。历史时期的端午综合研究数量不多，但基本上涵盖唐以来至清朝时期各代的端午风俗。尽管端午节在中国 28 个民族中都存在，占据中国民族一半之多，但因我国大杂居、小聚居的民族分布状况，可以说全国各地都有过端午节日的风俗。但是对少数民族端午风俗关注还不够，少数民族地区仅有不到半数的端午风俗开始有学者涉足。

尤其需要注意的是，中国虽地域广阔，但是区域性端午风俗研究不尽人意。当前，地区性的端午风俗无法揭示出端午在地方的特色和文化内涵。在广袤的中国大地上，东西南北之间的差异是很明显的，人文和自然地理环境影响下的风俗习惯也各有差异，端午风俗也不例外。在目前中国广大地区多数民众将端午节简化为粽子节和龙舟节的情形下，梳理历史时期各地端午风俗文化的差异，尤其是以历史空间的视角来解释端午风俗起源与流变显得更为重要。这不但有助于人们认识历史时期的端午风俗空间演变过程，更有利于从历史风俗的演变中找到节俗文化传承的元素与传承方式，对当前传统文化节日的传承有重要的现实意义。

其次，研究阶段和时段。从研究的阶段来看，20 世纪 80 至 90 年代末研究的成果相对不多，占三分之一强，将近三分之二都是 2004 年以后的研究成果。呈现这种局面，自然和民俗学在 20 世纪 80 年代以后的复兴有关系，前期刚刚起步，在百废待举、众多民俗研究都要涉及的情况下，端午节研究也相对少些。但自韩国江陵端午祭"申遗"成功之后，学术界和广大民众逐渐对民族传统文化的边缘处境感到担心，而在一些经济相对发达的东南沿海地区，传统文化的复兴现象已经引起了部分学者的重视，学术界保护民族文化的呼声日益高涨，在诸多因素耦合情况下，近几年来端午风俗文化研究相对较多。自 20 世纪 90 年代后半期到现在，研究论文数量增幅较大、新观点层出不穷，呈现出百家争鸣的状况。研究的时段，就笔者目前所见到的端午风俗研究来看，有关端午传统风俗研究占绝对多数，近六成都是关于起源、旧有习俗及其延续的研究，涉及除当前区域端午个案调查以外的各个领域内的研究。

最后，研究理论与方法。就当前的端午风俗现状研究的理论与方法而言，主要有以下几个方面。

第一，民俗学的理论与方法。端午风俗是岁时节日民俗的一部分，岁时节日研究涉及节日风俗的形成及其发展和演变的规律、岁时节日的活动及其特点等。这在端午风俗的研究当中基本上都有所体现。在具体的民俗学方法当中，有一般的研究方法和不同民俗学流派各自的方法。

第二，文献考证法。纵观研究论文及专著，我们明显感到，70%以上的研究以文献考证法的运用为主要研究方法，尤其是端午起源和历史时期端午风俗的研究。这自民国著名民俗学者江绍原、黄石、闻一多等对端午节的研究以来一直为当前的学者所沿用。

第三，田野作业法。这是在民俗资料的收集和整理之外又一重要的方法，在涉及区域个案研究时，田野调查方法发挥了巨大作用。

第四，人类学的理论及其方法。在理论上有用泰勒的文化遗留物说来研究其起源的，也有用马林诺夫斯基的文化功能说研究其起源的，还有学者用结构主义进行端午风俗的研究。而这些都是人类学最初的基本理论与方法。目前，人类学理论的许多进展还没有被应用到端午风俗的研究当中。社会学理论的应用，如陈熙远等以竞渡为例解释风俗背后的国家与民众的权利分配问题，揭示了竞渡下的社会象征意义。

所有这些都是以马克思主义唯物辩证法作为最基本的指导理论，在上述研究中涉及了具体的比较法、分类法、统计法及综合分析的方法。

总之，从以上可以看出，端午风俗的研究内容已经涉及方方面面，涉及历史和当前端午风俗的研究理论与方法也形式多样，但是这些并不妨碍我们对端午节的继续探讨。有学者指出，可以对端午节的五个方面进行着力研究，即端午节的形态和意义、端午节的历史、端午节的区域比较研究、端午节民众体验和感受、端午节的书写与端午节传承演变关系的研究等。[1]这是从宏观角度去思考的。就本书所引涉及研究内容来看，笔者以为以下几个方面还值得继续探讨。

第一，端午节争议问题的再探讨。比如，端午节的起源问题。当前主要从端午节外在表现去探讨其起源，尽管有个别学者抓住了端午起源的内在逻辑，但这并未引起学界的认可，依然有必要进行深入思考。在端午节的各种具体风俗中，一些风俗源流问题仍然不清楚，值得再探索。比如，角黍的起源问题。如果从循名责实的方法及农作物种植和推广等农学角度去看，它的起源应在北方，而现有的学者将粽子等同于角黍，认为南方是粽子的起源地，这显然和古代记载的"角黍"体现北方印记不符。

---

① 张勃主编：《中国端午节·史料卷·前言》，桂林：广西师范大学出版社，2013年。

第二，不能仅注重端午事象的个别考察。例如，不同的娱乐活动、饮食风俗等。但由于节日风俗本身的复杂性、民族性、区域差异性、传承和变异性等特点，这样是远远不够的，目前在研究对象、理论及其方法上雷同现象有些普遍，介绍性内容占了相当篇幅，而相当深入的研究却寥寥可数。

第三，总体研究相对薄弱。区域比较研究基本上没有出现，没有整合南北的比较研究和对端午总体历史发展脉络的全局把握，尤其是偏重历史上的某些端午风俗而缺乏以时间为线索对端午节及其节俗起源进行考求，勾勒它的传承历程、演变及其影响因素。这一点笔者和张勃的意见是一致的，也是本书重点讨论的问题。

第四，研究资料的综合应用不够。新思维和新的学科介入不多，对端午节庆中多样的社会、文化、生态意义揭示得不够深入。端午节的研究资料，就岁时节日的研究史料而言，张勃将其分为10大类，即岁时记、时令类、类书、农书、地方志、诗词歌赋、史书、笔记杂纂、小说戏剧、其他专题性类书等记载的节日风俗。①此外，若论研究资料，田野调查中获取的信息也可作为研究的依据。纵观现有的论著，往往因研究需要只侧重某一种或两种资料的使用，或偏重文献或以个案调查为主，这种较为单一的研究方法在长时段的端午风俗研究中就很难适应了。

本书力图以历史时期北方地区端午风俗为研究对象，兼及当前端午风俗现状（因某些端午风俗具有长期的延续性，部分内容会延续至今），尽可能地依据研究的需要，采用多种理论与方法，综合各类资料进行探讨，尽可能地对现有研究有所拓展。

# 第二节　端午研究的主要问题与意义

## 一、研究对象及主要概念

笔者考虑到学科关系，鉴于以上研究的不足，本书主要着眼于北方区域内端午风俗来研究，梳理端午风俗的历史发展脉络及其特点之后，以明清、民国

---

① 张勃主编：《中国端午节·史料卷·前言》，桂林：广西师范大学出版社，2013年。

为重要的研究时段，概括北方端午风俗的类型，以个案的方式考察典型端午风俗区域差异，解释其形成、发展、演变的社会历史、地理因素。作为历史时期区域端午风俗研究，要以历史文化地理研究的方法为主，兼及民俗学、人类学和社会学的理论与方法，来对该问题进行深入探讨。这里需要说明的是历史文化地理研究的思路和方法。历史文化地理是历史地理学中一个兴起相对较晚的分支，当前主要集中在对历史时期文化发展水平的统计分析上，包括历史文化面貌的复原、文化感知与地理意象等几个方面。在张伟然等人看来，目前的学科特色主要体现在地域文化发展水平、民风、方言、感觉文化区等方面，借助文化地理学的理论资源和国外研究特点进行深度的研究还不够，研究的区域以中小尺度为主。[①]笔者认为，尽管历史文化地理研究的内容十分丰富，但是它的核心是探讨文化区的相关问题，不论是单一的宗教、方言、民风还是综合多种文化要素的文化区形成过程、文化区面貌及文化区相互关系。文化区形成的过程显然需要更多的努力来阐释文化传播的多样类型。笔者选择端午风俗这一单一文化要素，试图将文化地理研究的基本思路和端午节历史相结合来进行研究。当前的历史文化地理研究中关于文化区的构成，往往将多种因素组合叠加划分大区和亚区，这是地理学区划理论的基本思路，尤其是自然地理区划，工、农、商业区划。但是作为文化地理，它有着丰富的历史与当前的文化内容，是承载着人类思想文化传统的地理表现。即便是单一的文化要素，它的内部也是极其复杂的，成因也各不相同。传统节日这一风俗即是如此，在它下面仍然可以划分得更为细致，如方言和宗教大方言区之下还有更多小方言的差异，大的宗教下面也有不同的派别差异，如此等等。目前，历史地理学界对节日文化区的划分，主要是某几个合在一起来区划的，统称岁时节气的区域类型。本书虽然以端午节作为要素来划分北方地区端午区域类型，但是端午节本身涵盖的文化要素十分丰富，依然可以进行更为具体的划分，这有利于研究的深入和细化，以便得到更多的信息和认识。因此，本书试图将文化地理的视角和文化史结合起来研究端午节的区域空间演变过程，展示其区域特征，揭示其成因。

---

① 张伟然等著：《历史与现代的对接——中国历史地理学最新研究进展》，北京：商务印书馆，2016年，第145—165页。

本书主要对北方东北、北京、天津、河北、河南、山东、山西、陕西、宁夏、甘肃等地区的主要传统节日——端午节作区域比较研究，分析它们形成区域差异的原因，考究端午风俗在北方传播的途径，探讨不同类型风俗所揭示的文化内涵，并进而揭示区域风俗地理的研究途径。

本书主要依据文献资料，尤其是对明清以来方志资料的梳理进行研究，因明清以前文献很少记载地方性的内容，只作全局性的交代，本书当然也尽可能地照顾到地方，梳理明清以前端午节的起源、流变的历史过程。重点揭示明清以后造成北方各地区有代表性的端午风俗差异的人文、自然因素，风俗传播的途径及这种差异所反映的区域文化特征等诸多问题。

（1）清至民国。清至民国（1644—1949 年）。本书主要涉及明以后，尤其是清至民国时期端午节的情况，选择清至民国端午进行书写，原因有以下几个方面：首先，这一时期全国尤其是北方地区的端午节在长期的历史演化过程中已经趋于定型，在分析过程中对端午节的不同类型的划分有了依据。其次，作为中国古代岁时风俗之一的端午节，选择这一时段，还因研究资料来源相对丰富，为本书的研究提供了可能。最后，此时北方地区的端午风俗形态差异也是导致今天这些地区呈现不同的重要原因，今天北方大多数地区端午风俗依然是这一时期端午风俗的遗留或延续。

（2）北方地区。中国南方与北方地区严格说来以秦岭淮河一线为界，这一南北方界线早在唐代就为人们所熟知，今天依然如此。秦岭淮河以北为中国北方地区，且有西北、东北、华北之分。因笔者学力所限，本书主要涉及西北地区大部，华北地区大部，即甘肃、宁夏、陕西、山西、河南、河北、京津地区。具体的研究过程中，为了避免同一省被分割，陕西、河南南部虽位于秦岭以南，但依然在北方地区研究之列，故划归北方地区。青海、内蒙古、新疆等北方广大地区，因文献所载汉族节日风俗资料缺乏，故本书较少讨论。

选定北方作为研究范围，这和端午节的现状是相互联系的。就全国而言，目前端午节仅仅留下了吃粽子、赛龙舟等主要的风俗事象，节日显得单调贫乏，以致被人忘却。但是在历史时期，尤其是北方地区，端午风俗是丰富多彩的，加之明清、民国时期端午节经历了一个多样形态向简单形态的转变过程，因此，选择这一地区作为研究的地域范围，对于廓清端午的历史面目、找出传统节日蜕变的原因、思考特定地理条件与社会文化环境下风俗的区域选择等诸多问题，都是很好的突破口。

（3）端午节风俗。端午节风俗是中国古代传统节日之———端午节里形成的饮食、娱乐、商业、禁忌等风俗的总称。端午节又名端阳节，每年农历五月五日以举行吃粽子、赛龙舟等活动为主而形成的节日风俗。传统节日风俗是民俗学研究领域的一个重阵，因为它包含如饮食、娱乐、俗信、节庆等诸多的风俗问题，典型地反映了人们的社会文化生活，端午节尤其如此。端午节在历史时期，自明以后便成为传统的三大节日，即正旦节（今春节）、端午节、中秋节之一；清代端午节有很多的称呼，如女儿节、天中节、端阳节、浴兰节、艾节、地腊节、追节、忠孝节、解粽节、蒲黍节、泛蒲节、龙歌节、龙舟节、重五、五日、诗人节等，从名目繁多的节日名称，足见人们对端午风俗的重视。

## 二、理论方法与研究思路

本书的研究涉及了最主要的三个方面的理论：民俗学理论、文化地理学理论、历史地理学理论。

（1）民俗学理论。民俗学是研究各民族最广泛的人民传承文化事象的科学，主要涉及四个方面的研究内容：经济的民俗、社会的民俗、信仰的民俗、游艺的民俗。[1]而人们在过传统节日的时候，既有礼仪的社会交往，也有游乐的活动，当然也包含如祭祀等信仰活动，不可避免地产生了一些经济行为。端午节是一个非常综合的民俗事象，对其进行分类时似乎很难界定，也有学者将其定位为"岁时节日与信仰习俗"。它主要研究节日的由来与发展、内容、性质及类型、文化意义等。书中涉及端午节的研究，将遵循民族学这一学科的要求。至于将其归为节日风俗，笔者认为是因为在节令期间举行的种种活动，是人们对常规生活秩序的一种调整，也是最具代表性的社会生活风俗的体现，故将其列为社会生活类风俗。在一些史学工作者考察社会生活史时，也采用这种做法，已经将传统节日纳入研究范围。

（2）文化地理学理论。在研究文化地理之前，要确定文化地理研究基本单位的文化特质，西方学者认为主要有三类：技术文化、社会文化、意识形态文化。中国学者基本采取了这一分类方法，只是采用不同的说法，即生计文化

---

① 乌丙安：《中国民俗学》（新版），沈阳：辽宁大学出版社，1985年。

（或生产、生活文化）、制度文化和精神文化。若以物质和非物质文化来归类，则前者属于物质文化，后两者为精神文化。物质文化地理包括生产文化地理、生活文化地理、建筑文化地理等，对岁时节日的研究属于物质文化地理当中的生活文化地理研究内容。文化地理主要研究如宗教、风俗、语言、艺术等文化要素的空间特点和空间分布，揭示文化现象与地理环境的相互关系，寻求文化变化的规律。①本书以岁时民俗——端午风俗作为文化研究的要素，以北方区域为研究范围，分析不同端午节类型的空间分布特点和分布规律，揭示北方端午风俗与地理环境之间的相互关系，即来源于此。

（3）历史地理学理论。历史地理学属于地理学的一个分支。不管是研究历史时期的地理问题，还是研究特定历史空间下的社会问题，它有两个核心要素：历史的和空间的。历史的要素就需要确定历史时段，空间的要素就需要确定区域，两者结合才能是历史地理的。当然，研究的内容、方法则可以根据历史学科和地理学科，依据实际情况而定。在研究过程中，要紧紧围绕历史和区域这两大核心。

研究的方法。既然理论来自于上面三个学科，研究的方法也顺理成章地来自于它们。但是在应用方面，各自的侧重点不同。该问题最主要的方法来自于历史学的文献考证分析法，复原历史时期北方端午风俗，因此不可避免地要翻阅大量的文献资料，这是进行研究的基础。

（1）空间分析法。该方法利用资料选定特定的区域，寻找不同端午类型的地域演变规律，并结合地图的方式说明其空间分布和变化特征。

（2）田野调查法。在研究个案的过程中，缺乏文献的陇右地区点高山风俗将应用这一方法，该方法也是当代民俗学、社会人类学的基本方法之一。

（3）比较分析法。采用该法来比较端午风俗不同时期（尤其是明清、民国）、不同区域（不同省份、同省不同区域等）所呈现的异同，以及在端午节形成后不同地区因多方面因素形成的不同形态及功能。当然，其他学科的一些研究方法也被用来解释端午研究中的相关问题。直接理论来源方面，笔者借鉴高丙中《民俗文化与民俗生活》一书中关于民俗研究的操作单位——民俗模式和社会学形态、结构、功能等理论，并结合端午节的具体情况作初步的探讨。

---

① 周尚意、孔翔、朱竑编著：《文化地理学》，北京：高等教育出版社，2004年。

直接的理论来源受到高丙中提出的民俗模式的历史范畴的影响（从民俗的形态方面，有雏形、完型、原型、残型以及首式、原式、仿式、变式、异式等一系列相对的概念。在功能方面，有流行式、遗式、废式、选择式和单行式等）。①但从实质来看，本书主要说明风俗演变的历史过程的几个阶段和功能特征，这是本书采用归纳不同阶段风俗特征、功能以及分类的依据所在。

### 三、研究意义

（1）理论意义。以民俗类型学的理论来研究历史时期民俗空间差异问题。首先，民俗地理是人文地理的一个重要组成部分，而研究相对薄弱，笔者试图用民俗类型学的理论结合历史地理学的方法来对历史民俗地理（风俗有时也被称作民俗）进行一种尝试研究，它属于历史人文地理研究范畴中的历史文化地理。历史人文地理包含的内容十分广泛，涵盖了历史时期政治、经济、文化地理等各个方面，而历史文化地理中的民俗地理研究相对薄弱，即使宏观的探讨和理论研究也不多见，尤其是以历史地理学的方法从某一特定民俗入手进行系统研究的也很少。当前，历史文化地理研究侧重文化水平统计、民风、方言等几个方面，尤其是注重综合元素下文化区的划分问题。

当然，节日风俗涵盖的内容相当复杂，涉及饮食、娱乐、信仰等各个方面，研究历史时期节日风俗在某种程度上可以说是研究历史民俗地理的一个突破口。该研究将明清、民国时期中国传统节日——端午节的节日风俗作为研究对象，分析同一节日在北方不同地区的各种类型差异、区域特征，揭示这种区域差异背后的人文、自然因素，并适度探讨不同类型风俗传播的方式与传播路径。

（2）现实意义。端午节是中国古代传统节日之一，在今天中国的各个地区之间、城乡之间依然很盛行，但节日风俗不断简化，商业气息浓重。就北方地区而言，目前北方地区端午节给人们的最直观的印象就是吃粽子，但是历史时期实际情况并不是这么简单，弄清明清、民国时期北方地区端午节的风俗形态，有利于我们对该问题有一个全面的认识。另外，在研究的基础上，如何对待中华民族传统节日的演变及其区域分化，寻求合理传承，也具有现实意义。

---

① 高丙中：《民俗文化与民俗生活》，北京：中国社会科学出版社，1994年。

中国的传统节日十分丰富，也是传统文化的重要组成部分。明清时期，端午、中秋、岁首并称三大节日，而目前除了春节、中秋节等备受重视外，端午节的文化价值却被忽视，出现萎缩的形势。作为民族文化的载体——包括端午节在内的传统节日是非物质的民族文化遗产之一，深入研究、发掘其积极健康的内容，为世所用，或可以为善待传统文化，开发其文化、民俗旅游、节日经济等提供某些参考。

# 第二章 魏晋至宋代时期北方地区端午风俗形态及其功能演变

## 第一节 魏晋端午风俗的形成及其初始意义

### 一、端午的来源与时间

本章主要论述古代端午风俗的形成、演变历史及各阶段端午风俗的时代特征，以北方地区端午风俗形态为主，为便于对比，部分内容涉及南方端午风俗内容，在此说明。

端午节是中国古代传统节日，也是目前在城乡民众间依旧流行的旧历节日。它一般于农历五月五日举行，历代沿袭不断，形成富含观念、故事等文化内涵的多种称呼，如"端五""端节""五月五""午月午""重五""重午""地腊节""五月节""天中节""龙舟节""粽子节""诗人节""浴兰节""女儿节"等。①民间也有把五月五日这天叫作"当午"的说法。如前文综述，目前许多学者对端午节的起源做了各自的解释。

在中国古代交通相对落后的情况下，人们活动围于相对狭小的区域，因此生产生活形成的风俗差异性是很明显的，若只是从端午节的某一个或者某几个民俗事象去探讨端午节的起源，尽管有一些道理，但未必能揭示出其真正含

---

① 刘晓峰：《端午》，北京：生活·读书·新知三联书店，2010年，第2—3页。

义。对于此问题，笔者认为应该从端午为何选定在夏历五月五日，以及为何相关的风俗活动如禁忌、祭礼等都集中于这一天，由此而形成的端午节整体事象来探讨端午及其风俗形态的初步形成。①

端午节在民俗研究中被称为岁时节日。岁时节日由来已久，它源于古代的历法，节日源于古代的季节气候，岁时节日是由年月日与气候变化相结合来排定的节气时令。②早在殷墟甲骨文中我们已看到完备的历法纪年，在文献《逸周书·时训》中也记载了一年的二十四节气。一年四季、十二个月、二十四节气等构成了岁时节令的计算基础，以后的许多民俗传统节日便是由这种岁时节令发展而来的。像立春、立夏、夏至、冬至等节日，本身就包含在二十四节气中，人们选择在这些节日时举行一些仪式，充分体现了人们对这些节日强烈的认知感。到后来，一些仪式、活动被普遍地接受，就逐渐形成了如立春迎春牛、冬至吃饺子等的一些风俗。③与二十四节气同时并行的还有以月的圆缺来记的节日，如晦（每月的最后一天，不见月亮）、朔（每月初一，初见月牙）、弦（每月初七八，月如弓）、望（每月十五，圆月）。朔日为"上日"，又称"元日"，正月朔日谓之元旦。这就是大家熟知的旧历新年的说法。这类节日因为与所研究的端午节关系不大，在此不赘述。

在古代的历法当中，我们很熟悉的就是以天干地支的方法来纪年、月、日、时，这在夏商时期已经出现，商汤伐纣时的军事誓师《牧誓》"时甲子昧爽"等记载可以说明。翻阅中国古代的文献，很明显都有诸如"壬戌之秋""岁在癸丑"等说法。在这种情况下，出现了许多的"日"逐渐上升为节的情况。早在春秋战国时便有"正月上辛"的节祭日。④还有上巳日，郑国"有招魂续魄之礼"，陈留一带"三月上巳，水上饮食为酾"。⑤张守节《史记正义》对此的解释是："天下欢乐大饮酒。"可见，某些特殊的日子已经具备节庆的风俗特征，并在当时其他地方也有类似活动，成为全国性的活动。

在以干支纪岁时，还有"值五日午"的说法，凡逢五之日都称午。端午的

---

① 关于端午节形成的时期，笔者认为是魏晋时期。宋颖认为是秦汉时期，魏晋是端午的确立时期，这一点和笔者不同。参见宋颖：《端午节：国家、传统与文化表述》，北京：商务印书馆，2016年，第42—45页。

② 乌丙安：《中国民俗学》（新版），沈阳：辽宁大学出版社，1985年，第292页。

③ 简涛：《立春风俗考》，上海：上海文艺出版社，1998年。

④ 乌丙安：《中国民俗学》（新版），沈阳：辽宁大学出版社，1985年，第293页。

⑤《史记》卷6《秦始皇本纪》，北京：中华书局，1959年，第235页。

"午"就来源于此。①夏代以寅月为岁首，以夏历建寅为正月是毫无疑义的。②如果按照夏历正月建寅为岁首，由此推算，则五月其实为"午月"，可以说五月五日最初来源于"午月午日"。关于这一问题，清代赵翼《陔余丛考》曾言："古时端午亦用五月内第一个午日。《后汉书·郎𫖮传》以五月丙午遣太尉。又王充《论衡》曰：'五月丙午日日中之时铸阳燧'……郑（玄）注'午，故书为五'然则午五本通用。"③

"端午"一词的最早记载见于晋人周处的《风土记》，即"仲夏端午，烹鹜角黍。端，始也，谓五月初五日也"④。自从汉武帝颁布《太初历》之后，每年的岁首基本上以正月为准，仲夏端午则是五月的第一个午日，即五月初五。从文字表述来看，端午节与五月所在的仲夏季节有很大的关系，同时以"五月五日"为端午，如果查阅资料，可以发现，这也与魏晋以前五月五日的重要性及其风俗的继承有很大的关系。

## 二、北方五月禁忌与端午风俗

目前所见唯一一部记载夏代岁时的文献为《夏小正》，它是《大戴礼记》中所收录的一本古老的历法文献（《史记·夏本纪》："孔子正夏时，学者多传《夏小正》"），关于五月的记载是"蓄兰为沐浴也"。人们蓄兰沐浴在于除不洁，以求健康。⑤可以说，这是端午风俗的原始形态，被看作端午节的原型。在后来的一些文献中，有端午沐浴的记载，依稀可以看出端午节在夏代的影子，如清代陕西省的宁陕厅等地方就有端午蓄兰沐浴的风俗。商周之时，五月所在的"仲夏之月"是夏季禁忌很多的一个月份。当时北方民众认为仲夏时节，天气炎热，气候潮湿，各种毒虫活动频繁，外出容易患上各种邪病，所以在此时节尽量注意饮食起居。当时的观念是这样的："是月也，日长至，阴阳

① 乌丙安：《中国民俗学》（新版），沈阳：辽宁大学出版社，1985年，第294页。
② 于省吾：《岁、时起源初考》，《历史研究》1961年第4期。
③ （清）赵翼：《陔余丛考》卷21，北京：中华书局，1963年，第402页。
④ 《玉烛宝典》卷5《风土记》，丛书集成本，笔者转引自萧放的《〈荆楚岁时记〉研究——兼论传统中国民众生活中的时间观念》，根据金武祥辑的《粟香室丛书》记载（北京：北京师范大学出版社，2000年，第170页）。就目前研究来看，学术界已经认定这是关于"端午"一词最早见于文献的记载，故不多论。
⑤ （清）王聘珍撰，王文锦点校：《大戴礼记解诂》卷2《夏小正第四十七》，北京：中华书局，1983年，第39页。

争，死生分。君子齐戒，处必掩身，毋躁，止声色，毋或进，薄滋味，毋致和，节嗜欲，定心气。百官静事毋刑，以定晏阴之所成。"① 后来，五月被视为"恶月"。在《史记》里，记载了齐国孟尝君田文五月生，其父婴说"五月子者，长与户齐，将不利其父母"。田文据理力争，其父只能"默然"。②当时人们把五月视为"恶月"应该和入夏以后各种自然和生态产生的巨大变化而导致的人们恐惧的心理有关。从这段文字我们可以看出，先秦时期人们认为五月是"阴阳争，死生分"的一个特殊的月份，在这个月里，阳气达到最盛，但也是阴气开始萌动的时候。五月炎热的天气，人们为防止患上各种不明原因的疾病，所以诸事小心。对于这个盛极而衰的现象，人们谨慎行事，产生像"掩身""止声色""毋躁"等诸多禁忌。这是先秦时期端午节所在五月的禁忌风俗。

虽然如此，先秦时期，人们并没有将五月五日作为一个特殊的节日来对待。人们对五月五日的看重，从目前的文献来看，迟至汉代才开始凸显，在汉代五月五日是一个禁忌很多的节日，诸如生子不举、带五色缕辟鬼、止恶气等。西汉时候王凤因"五月五日生，其父欲不举"，因为传说"举五日子，长及户则自害，不则害其父母"。③从这里可以看出，原来五月生子不吉利的风俗，变成五月五日不吉利。因枭鸟恶毒，而皇帝在五月五日赐食枭羹："汉使东郡送枭，（帝）五月五日为枭羹以赐百官。以恶鸟，故食之。"④孟康解释说："枭，鸟名，食母。破镜，兽名，食父。黄帝欲绝其类，使百物祠皆用之。破镜如貙而虎眼。或云直用破镜。"后来的学者对端午食枭羹的研究表明，枭类似今天大家熟知的猫头鹰，因经常夜间出没，属阴性，而且会吃掉母亲，在汉代以孝治天下和夏季五月阳气上升的时节，自然不允许它的存在。⑤至于破镜这种食父的恶兽，至今还无法确认属哪类动物。但从唐代李隆基曾在端午的皇宫宴会上作诗《端午三殿宴群臣（探得神字）并序》中记载的"庖捐恶鸟，俎献肥龟"等情形来判断，"恶鸟"应为枭，这种所谓食父的恶兽似乎

① （清）孙希旦撰，沈啸寰、王星贤点校：《礼记集解》卷 16《月令第六之二》，北京：中华书局，1989年，第 453 页。关于礼记的成书年代，目前已基本认定为周王朝为主，关于秦汉以前的典章等礼仪见本书序言。

② 《史记》卷 75《孟尝君传》，北京：中华书局，1959 年，第 2352 页。

③ （汉）刘歆撰，（晋）葛洪辑：《西京杂记》卷 2，《景印文渊阁四库全书》子部小说家类 341，第1035 册，台北：商务印书馆，1983 年，第 10 页。

④ 《史记》卷 12，北京：中华书局，1959 年，第 475 页。

⑤ 陈连山：《端午枭羹考》，《民俗研究》2010 年第 1 期。

是阴寒的肥龟类动物。

东汉以后,像范晔的《后汉书》、应劭的《风俗通义》等都多次提到了当时北方地区五月的禁忌风俗,如河西地区"俗多妖忌,凡二月、五月产子及与父母同月生者,悉杀之"①。东汉时期民间传说"五月五日生子,男害父,女害母"。《西京杂记》记载"王凤以五月五日生,其父欲不举"。原因是当时王凤的父亲相信五月五日生的孩子如果留在世上,等到孩子长到和门一样高的时候,要么自己死掉,要么会害死父母。

战国至秦汉时期五月生子不吉利的这一认识在魏晋时期的笔记小说和正史中依然被记录下来。例如,五月五日出生的东汉名臣胡广和南朝宋名将王镇恶都被记载有被家人遗弃或者被其他家庭收养的故事。王镇恶出生后,家人按照风俗认为五月五日出生不吉利,他的父亲将他"出继疏宗"。但是他的祖父认为孟尝君田文也是这一天出生但却成为齐国栋梁,因此非常高兴,劝儿子留下抚养,取名王镇恶。镇恶之名,意思再明显不过,就是镇住大家都认为的这天不吉利之"恶日"。成书于魏晋时期的志人小说《世说新语》也记载胡广五月出生,父母非常厌恶,将他装在瓮中扔入江中的事情,不想胡广被一个姓胡的老头救下并被养大成人,成就了莫大功勋。翻开正史,胡广并没有这段人生经历,但是小说言之凿凿。这也说明魏晋时期五月生子不吉利在民间依然为广大民众所信奉。

其他如五月不能晒席,晒席死小孩,不能盖屋,盖屋头秃,在屋顶上见到太阳照射下形成的影子就会丢魂死掉等,这些禁忌被写进《风俗通义》等汉代文献,后来的《荆楚岁时记》、《异苑》和《酉阳杂俎》等在此基础上将这些禁忌内容不断丰富,并且故事化。例如,《荆楚岁时记》记载五月:"忌曝床荐席。"《异苑》中写道:"新野庾寔,尝以五月曝席,忽见一小儿死在席上,俄而失之,其后寔子遂亡。"《酉阳杂俎》则载:"俗忌五月上屋。言人五月蜕精神。如上屋,即自见其形,魂魄则不安矣。"

除了这些禁忌之外,在汉朝广大的疆域范围内,五月五日主要的风俗是"以朱索连荤菜……以桃印长六寸,方三寸,五色书文如法,以施门户","五月五日,朱索五色印为门户饰,以难止恶气"。②应劭对当时的五月五日

---

① 《后汉书》卷65,北京:中华书局,1974年,第2139页。
② 《后汉书·志五·礼仪中》,北京:中华书局,1974年,第3122页。

风俗做了详细的记述："五月五日，集五色缯辟兵……青赤白黑以为四方，黄为中央……""五月五日续命缕，俗说以益人命""五月五日以五彩丝系臂，名长命缕，一名续命缕，一名辟兵缯，一名五色缕，一名朱索……辟兵及鬼……亦因屈原"。①《风俗通义》的另一处也记载："夏至、五月五日，五采避兵，题曰'野鬼游光'。俗说五采以厌五兵……知其名，令人不病疫瘟。"

避兵，也即避五兵，指的是躲避五种兵器的伤亡。《抱朴子内篇·杂应》记载了多种躲避五兵的方法，其中如书写北斗字及日月字就不会伤身、口念五兵名称也可防身、胸前佩戴五月五日赤灵符、佩戴西王母兵信符等。胸前佩戴五月五日赤灵符避兵与系五色缯、五彩丝避兵是相同的道理。这里的五种兵器为大房刀、曲张弓（或远望弩）、彷徨矢、失伤剑、大将戟。

避鬼，是防止厉鬼作祟。这是因为在东汉顺帝永建年间（126—132年），洛阳一带瘟疫盛行，相传是因为一个叫野重游光的鬼作祟，但是也没有人真正见过它。后来年年发生瘟病，大家都很害怕和担心，所以就将它的名字——游光写在五彩布条上，佩戴在胸前或者将新织绢帛裁成二寸多长的丝带悬挂在门上，希望免去灾祸。从此就形成了一种风俗。

可以看出，汉代的五月有忌生子，五月五日有用续命缕等避兵鬼、止恶气的风俗。兵、鬼、屈原这三者并列，屈原也成为类似因兵器伤亡带来病祸的鬼一样的形象。其实这并不难理解，屈原因跳汨罗江自杀殉国，在今天的很多人看来屈原的爱国壮举是值得称赞和弘扬的，但是当时的民间却认为屈原的非正常死亡是不吉利的，他们会对屈原敬而远之。因此，对待鬼、兵的风俗也被用在屈原的身上，以祈求平安。这种五色织物因为能抵御厉鬼和兵器导致的伤亡，能使人活得更久，便具有了保命、延年益寿的功能，因而也被称为续命缕、长命缕。

为什么在这一时期以前，五月的风俗都集中到五月五日这一天？这或许和当时阴阳五行学说及数术的流行有很大的关系。数字有了阴阳与天地的属性，如汉代已经有"天之中数五，地之中数六"②的明确记载。

汉武帝以后，"罢黜百家，独尊儒术"，董仲舒治《公羊春秋》，"始推阴阳，为儒者宗"③，战国时期坊间流行的阴阳五行学说因董仲舒的发挥并和

---

① （汉）应劭撰，吴树平校释：《风俗通义校释·佚文》，天津：天津人民出版社，1980年，第414—415页。
② 《汉书》卷21上《律历志》第一上，北京：中华书局，1962年，第964页。
③ 《汉书》卷27上《五行志》第七上，北京：中华书局，1962年，第1317页。

儒家学说结合，在武帝以后取得了官方的认可，从国家行政层面推向全国，而且逐步向民间扩散，浸透在国家和地方生活的各个角落。

翻开东汉班固所著的《汉书》，其中《五行志》就占了相当的篇幅，而且在《律历志》等的文献中也不乏"天地""阴阳"等词语，甚至将数字与天地阴阳结合起来。数字已经具有阴阳的属性，奇数代表阳，偶数代表阴。五属天属阳，五月五日即阳月阳日重合的时刻，但是阳极而衰，此时又属于天地交接、阴阳相争的时刻，自然很是神秘。就是在这一天的化解禁忌所用物品方面，也与"五"有千丝万缕的联系。前文提到的"五色缕""五色印""五色书文"便是很好的例证。后来魏晋时期端午佩戴五色缕、长命缕的风俗即来源于此。随着时间的推移，出现了端午节门上插艾、贴符等风俗，这便是门上施桃印、五色文书的变异，体现了辟邪祈福的文化功能。

## 三、屈原等历史人物与端午风俗

当前，或者确切地说自唐代以来，绝大多数人都认为端午节是为纪念屈原。这种说法在汉代已经有所体现，但是并没有成为大众的普遍认识，只是到了唐代大家才都认为端午节是为了纪念屈原。唐代的文秀在《端午》诗中已经言及屈原，他写道："节分端午自谁言，万古传闻为屈原。堪笑楚江空渺渺，不能洗得直臣冤。"可以说，从唐代以来直到今天端午节因为纪念屈原而诞生，并形成一系列风俗已经是妇孺皆知的事情了。

五月五日除了继承汉代以前五月的禁忌风俗之外，我们还看到"五彩丝系臂，辟兵及鬼，亦因屈原"。戴五彩丝和纪念屈原是如何产生关系的？这是值得重视的问题。大多数学者的研究都偏重于端午竞渡与纪念屈原这一问题，秦汉时期，屈原在诸多文人的笔下是忠君爱国的象征，直到南北朝以后，我们可以看出南方五月五日纪念屈原的风俗以龙舟竞渡的形式出现，以后在全国范围内得到了普遍接受，南北风俗出现融合的趋势。

但是在东汉时期应劭的笔下，广大北方地区五月五日没有竞渡，竞渡在南北朝也仅限于荆楚地区。个中原因大概和地理因素有关，北方少水利之便，导致人们不习水性，竞渡还是区域性的，不像唐宋以后随着朝廷和地方政府的大力提倡，北方都城附近水域及运河地区也流行起来。《荆楚岁时记》记载："端午……以菰叶裹黍米，为之角黍。……或云亦为屈原，恐龙夺之，以五彩线缠投水中。"①五彩丝跟屈原产生关系是因为祭祀屈原时，用它缠绕粽子可以避免被蛟龙争夺，从人们的心理上来说，就认为屈原可以吃到粽子，如愿以偿。

对端午竞渡和屈原相关的记载目前所见文献为南朝梁人吴均的《续齐谐记》和宗懔的《荆楚岁时记》，如"五月五日竞渡，俗为屈原……临水而观之"，这时竞渡有了悼念屈原的意味，可以说是竞渡风俗有了新的意义，而先前的竞渡主要是军事训练，不是一种习惯。竞渡这种活动，除了纪念屈原外，还有纪念介子推、曹娥、陈临、伍子胥等。②以上除了介子推的传说和竞渡似乎不相关联外，其他三位的事迹都与水有很大关系，这可能是附会竞渡的主要原因。其中最关键的一点是俗传他们均于这一天在江河遭遇不幸，这就和五月五日不吉利的阴影有很大关系了。此外，他们都是为国为民、至忠至孝，在国家或者地方很有影响力的人物。

而《风俗通义》和《荆楚岁时记》只举屈原，并非作者有意疏忽，而是因为处于动乱年代的南北朝时期，屈原强烈的爱国激情和慷慨赴死的英雄气概，引起了人们的深刻共鸣，他不仅在楚地被人们尤为尊崇，在北方人民的心中其地位也十分崇高，具有全国性的纪念意义。正因为如此，南方之地端午竞渡才愈演愈烈，成为南北方端午节区分的一个显著标志，北方虽很少竞渡，但人们选择了以吃粽子这一方式来纪念屈原。

五月五日吃粽子的风俗与屈原关联的文献记载在南北朝时期。其实，粽子（角黍）早在汉代就有了，它的原料是盛产于中国北方广大地区的黍米。有学者研究表明，黍米是上古时期先民用以祭祀祖先和社神的祭品。到汉晋时，粽子用黍，便是基于先民祭黍或用黍来祭祀祖先和农神的传统与沿袭。③而五月五日吃粽子则来源于晋人周处的《风土记》，即"仲夏端午，烹鹜角黍。端，始也，谓五月初五日也"④。可以看到，这里提到了角黍，也即通常所说的粽子，但只字未提屈原。直到南梁时，屈原和粽子的关系才表现出来。据唐代张守节《史记正义》所引吴均《续齐谐记》："屈原五月五日投汨罗水，楚人哀

---

① 周光培编：《历代笔记小说集成》第一册《汉魏六朝笔记小说·荆楚岁时记》，石家庄：河北教育出版社，1995年。

② 韩养民、郭兴文：《中国古代节日风俗》，西安：陕西人民出版社，1987年，第180—182页。

③ 孙永义：《"端午"食粽祭屈原说源流考》，《西南师范大学学报（社会科学版）》1996年第3期。

④ （宋）李昉等撰：《太平御览》卷851《饮食部·粽》，北京：中华书局，1960年，第3804页。

之，至此日以竹筒贮米，投水以祭之。汉建武中，长沙区曲忽见一士人，自云三闾大夫，谓曲曰：'闻君当见祭，甚善。常年为蛟龙所窃，今若有惠，当以楝叶塞其上，以彩丝缠之。此二物，蛟龙所惮。'曲依其言。今五月五日作粽，并带楝叶、五花丝，皆汨罗之遗风也。"①当时的角黍则是"以菰叶裹粘黍米煮之，状似尖角，故名角黍"。它所代表的意义是"盖取阴阳尚相包裹未分散之象也"②。人们把角黍投到水里来祭祀屈原，说明屈原在南北朝时期已经被"神化"，处于动乱年代的人们以古人用角黍祭祀祖先和社神的庄严风俗来祭拜爱国诗人屈原，表达了对屈原的崇拜与怀念。吴均小说的故事情节虽属于虚构，却符合历史上人们对爱国诗人屈原的热爱与崇拜的心理，自然被广大人民接受了。从此以后，始有端午吃粽子祭屈原的说法，并在唐代为人们广泛接受；明代中晚期以来，吃粽子成为民间普遍风俗，并沿袭至今。

端午除了纪念屈原之外，因曹娥父亲在五月五日迎江神后死亡，曹娥"乃沿江号哭，昼夜不绝声，旬有七日，遂投江而死"③，东汉会稽上虞（今浙江绍兴上虞区）曹娥也成为被纪念的对象。在东汉以后，曹娥因寻父投江这一行孝壮举被称为烈女，并逐渐被"神化"。端午节祭祀曹娥成为风俗，在南方广为流传。东汉苍梧郡（今广西广信县）太守陈临也在五月五日被祭祀。北魏魏收《午日咏岭外风土》记载："麦凉殊未毕，蜩鸣早欲闻。喧林尚黄鸟，浮天已白云。辟兵书鬼字，神印题灵文。因想苍梧郡，兹日祀陈君。"④显然，这首诗反映出五月五日天气情况和南北方风俗的差异。"辟兵书鬼字，神印题灵文"明显是汉代端午风俗在魏收生活时代在北方地区的延续，然而"因想苍梧郡，兹日祀陈君"这句诗，则叙述了南方五月五日苍梧郡祭祀太守陈临的风俗。相传陈临在苍梧郡任太守期间，政治清明，体恤民情，深得郡人爱戴。陈临死后，五月五日祭日这天被当作神一样祭拜日渐成为当地风俗。

与纪念屈原和曹娥等南方人物不同，北方某些地区如并州（今山西太原

① 张守节：《史记正义》，（清）纪昀等编：《四库全书·史部》（影印本），第 248 册，上海：上海古籍出版社，1987 年，第 104 页。

② 钟肇鹏编：《古籍丛残汇编》第一册《玉烛宝典》卷 5《五月仲夏第五》（古逸丛书本），北京：北京图书馆出版社，2001 年。

③《后汉书》卷 84《列女传》，北京：中华书局，1974 年，第 2794 页。

④（北魏）魏收：《午日咏岭外风土》，《广东通志》卷 61，《钦定四库全书·史部十一·地理类》，影印古籍。

市）端午纪念介子推。这一风俗被《玉烛宝典》、《太平御览》和《艺文类聚》记载，只是这些书籍所记并未指明地点，而《邺中记》及一些地方文献明确说明是"并州"风俗。当然，这一风俗的记载最早出自东汉蔡邕的《琴操》，该书散佚部分内容被《玉烛宝典》等书籍记录下来，足以说明东汉已有五月五日冷食纪念介子推的风俗。《琴操》一书讲述各种琴曲及其作者、缘由等。《玉烛宝典》转引了《琴操》中关于《龙蛇之歌》的故事："晋重耳与介子绥（推、绥，声相近也）俱遁山野，重耳大有饥色，子绥割其腓股，以啖重耳。重耳复国……子绥独无所得。绥甚怨恨，乃作《龙蛇之歌》以感之。……文公惊悟，即遣追求，得于荆山之中。使者奉节还之，终不肯听。文公曰：'燔左右木，热，当自出，乃燔之。子绥遂抱木而烧死。文公哀久流涕，令民五月五日不得举发火。"这是东汉时期纪念介子推的情况。

无独有偶，引晋人陆翙《邺中记》，也有五月五日不火食的记载。陆翙《邺中记》云："并州俗，以介子推五月五日烧死，世人为其忌，故不举饷食，非也。北方五月五日自作饮食祀神，及作五色新盘相问遗，不为介子推也。"①《邺中记》作者为陆翙，西晋末东晋初人。此处所载并州五月五日冷食风俗，在他看来不代表整个北方地区的普遍现象。但是可以断定的是，东汉至后赵时期今山西一带的某些地区五月五日是流行以冷食风俗纪念介子推这种风气的。出现这种情况，大概是由于魏晋时期，北方一些地方的人们还没有从比较忌讳五月五日这种特殊的日子里走出来——介子推被火烧死，百姓也怕生火做饭出现意外，"世人甚忌"。

但是，到了杜台卿生活的时代（北周至隋代）五月五日纪念介子推的风俗已经作为旧俗被记录下来，祭祀神灵、相互馈赠礼物已然成为北方五月五日的普遍现象。这表明，北方某些地区已经从禁忌的阴影中走出来了。再者，因为粽子这种食品本来就适合凉着吃，因寒食风俗单独出现在冬至后的第一百零五日即清明左右，并州地区的寒食风俗随着北人南迁，在魏晋时期从地方性禁忌的节日转变为全国性欢快的春季节日，以至成为后来广为流传的"寒食节"。②因此，因为节日性质发生了转变，五月五日因禁忌而出现的冷食风俗就不再

---

① （晋）陆翙：《邺中记》，《丛书集成初编》，北京：中华书局，1985年，第11页。

② 张勃：《唐代以前寒食节的传播与变迁——主要基于移民角度的思考》，《温州大学学报（社会科学版）》2012年第6期。

流行于世。

## 四、魏晋端午风俗的形成

由此看来，魏晋时期五月五日有了"端午"的新名，"角黍"作为端午节的基本要素出现，吃粽子、竞渡活动和屈原产生了千丝万缕的联系，具备了当今端午节所有要素最初的形态，可以被称为端午节的雏形。纵观整个端午风俗，它是自先秦以来五月及五月五日风俗在中国南北方多样融合的产物。随着时代的变迁，明清以降，人们依据这一天风俗不同事象的主要特征，各个地区有"女儿节"（清代北京地区）、"粽子节"等各自相异的称呼。端午"角黍"的称呼则历千余年，甚至在民国时期许多文献中依然不变，为官方语言。古代的方志和书籍中多以角黍来指代粽子，而当前粽子成为最为流行的说法。现在的端午节，最普遍的饮食风俗便是吃粽子，人们已经不明白角黍为何物了。

有学者研究表明，魏晋南北朝时期是中国古代岁时节日风俗的形成时期。[1]就端午风俗来看，如果以正式的名称，结合端午节诸多的民俗事象来定端午节的起源，我们可以以此为据。端午节的起源，最早是因为人们对夏历仲夏诸多天气现象恐惧从而产生诸多禁忌，经过汉代五行学说的流行等集于五月五日这一天，到魏晋时期开始有固定的说法。从构成端午的要素来看，出现兰、续命缕、艾、角黍等对后来影响深远的端午节物；从民俗事象来看，经历了从"蓄兰沐浴""系五彩丝辟兵及鬼"到因纪念屈原而产生的"竞渡""烹鹜角黍"等一个缓慢发展的历史，它完成了一个由单一性质——禁忌节日向兼有纪念屈原综合性质的节日的转变过程，可以说端午节的起源是南北风俗融合的产物。

魏晋时期"端午"已经出现与后世端午基本相似的各种风俗习惯，可以看作端午节的起源。但是也有一些书籍版本也将"端午"写作"端五"，对"端"的解释是，"始也"，"仲夏端五"自然就是五月五日。以此推理，可以说魏晋时期五月五日的风俗即是端午风俗的起源。

但有学者认为"端午"一词至少在魏晋时期是不存在的，作为节俗名称是在唐代，确切地说是盛唐时才确定并流传开来的。[2]宋代的洪迈在《容斋随

---

[1] 萧放：《〈荆楚岁时记〉研究——兼论传统中国民众生活中的时间观念》，北京：北京师范大学出版社，2000年；宋兆麟、李露露：《中国古代节日文化》，北京：文物出版社，1991年。

[2] 张勃：《"端午"作为节名出现于唐代考》，《青海社会科学》2011年第2期。

笔》中记载："唐玄宗以八月五日生，以其日为千秋节。张说《上大衍历序》
云：'谨以开元十六年八月端午赤光照室之夜献之。'《唐类表》有宋璟《请
以八月五日为千秋节表》云：'月惟仲秋，日在端午。'然则凡月之五日，皆可
称端午也。""凡月之五日，皆可称端午也"这一说法影响很广，有学者认为端
午节也可以是八月五日，这明显是不对的。早在清代，著名训诂学家郝懿行就
认为洪迈所言"凡月之五日皆可称端午"，其义不通。笔者同意张勃的解释，
洪迈之"端午"应当为"端五"，可能属版本误写。若还原为"端五"，则
"凡月之五日，皆可称端五也"是合适的，但不应写作"端午"。因为至少我
们已经在魏晋时期见到"仲夏端五"中的"端"意为"初始"之意，这是明确
的，但作者强调了仲夏这个月的初五为端五，这就是后来被人们熟知的端午。

至于盛唐出现"端午"节名的原因，目前学界还没有解释，只是清人赵翼
认为"五""午"本来可以通用，但没有解释原因。笔者查阅相关古文字资
料，在古代，"五"与"午"意义是相通的，可以互用。"五"本指"阴阳在
天地间交午"，"午"的本意为"五月，阴气午逆阳，冒地而出"①，都含有
阴阳抵牾的意思，而且"午"还专指五月阴阳两气的抵牾。"端午"自然可以
和"端五"互通，自此以后，原来的"端五"就被唐代的"端午"取代而固定
下来，有了正式的名称。

而唐玄宗八月五日生日，大臣提到"月惟仲秋，日在端午"，这里的"端
五"已经不是"端午"的本意。笔者理解这些都是大臣恭维皇帝的语句，因为
中秋月亮最圆，端五（即端午，谐音）阳气最盛，太阳光线最厉害，恰好这天
又是玄宗生日，这是用以表示他像日月照耀大地一样泽惠天下，类似武则天给
自己取名为曌的政治意义。

## 第二节　南北朝和隋唐时期端午风俗的形态及文化内涵

### 一、南北朝隋代端午风俗的特点

魏晋南北朝时期，史学界一般从东汉建安元年（196 年）算起，至隋开皇

---

① （汉）许慎：《说文解字》，北京：中华书局，1963 年，第 311 页。

九年（589 年）灭陈止，约四个世纪。这个时期，除西晋有过短暂的统一之外，中国长期处于南北分裂的状态。战乱频繁，政权不断更迭。魏晋南北朝时期这种长期的战乱，带给人民的不仅是流离失所，还有饥荒不断与疾疫流行，给人民生活与社会风俗带来了极为深刻的影响，北方少数民族的内迁和北方中原士族的南移，呈现出各民族之间不同文化与风俗的碰撞与融合，构成了这一时期社会风俗与以往不同的特点。

就这一时期的端午风俗而言，宗懔的《荆楚岁时记》记载最为详细。宗懔为南朝梁人，祖籍南阳涅阳（今河南邓州市），西晋永嘉之乱中，八世祖宗承因军功官封柴桑县侯，除授宜都郡守，后死于任上，子孙遂定居江陵（今湖北荆州市）。至宗懔出生之时，宗家已世居江陵近 200 年。生于斯、长于斯的宗懔对江陵怀有十分深厚的乡土情怀，因此对家乡所在地荆楚地区岁时风俗情有独钟，端午风俗也不例外。

《荆楚岁时记》中关于端午节的诸多风俗，可以说是对当时中国端午风俗形态最为完备的记载。从记录来看，主要有飞舟竞渡、悬艾食粽、采药系丝、将相踏斗百草等风俗。

飞舟竞渡："按五月五日竞渡，俗为屈原投汨罗日……一自以为水军，一自以为水马。州将及土人悉临水而观之。"[①]悬艾食粽："世又五日作粽，并带练叶五彩，皆汨罗之遗风"，"采艾以为人形，悬门户上，以禳毒气"。[②]采药系丝、将相踏斗百草：采药这种风俗由来已久，春秋时期采兰花沐浴，魏晋时期荆楚一带的老百姓采艾悬门户上，以镇毒气，士、农、工、商四民都有野外踏青、采草制药、斗草娱乐等活动。端午这天制药不仅用植物，还用到蟾蜍。《玉烛宝典》引《抱朴子》"蟾蜍百岁者……五月五日中时取之"制药民俗。

端午风俗最为丰富的荆楚地区的特殊位置值得注意。荆楚地区的具体范围，萧放在《〈荆楚岁时记〉研究——兼论传统中国民众生活中的时间观念》当中做了详细的说明。[③]汉魏时期荆楚主要指今两湖、汉中、汝南一带，即长江中上游，特别是以江汉平原为中心的湖北、湖南地区，六朝时期将这一地区

---

① （梁）宗懔著，姜彦稚辑校：《荆楚岁时记》，长沙：岳麓书社，1986 年，第 36 页。
② （梁）宗懔著，姜彦稚辑校：《荆楚岁时记》，长沙：岳麓书社，1986 年，第 34 页。
③ 萧放：《〈荆楚岁时记〉研究——兼论传统中国民众生活中的时间观念》，北京：北京师范大学出版社，2000 年，第 17 页。

（汉朝荆州境域，即故楚中心地）称为"荆楚"。西晋南渡以后，荆楚地区成为南北对立的前沿，既是军事重镇，也是南北文化交流的重要地带，当然如果作为文化概念，则荆楚文化区很难和具体的行政区划所对应。南北朝时期的社会风俗，有着南北交融、承前启后的重要意义。①六朝时期的荆楚地区是以楚国都城江陵为核心的，在今天看来主要是湖北荆州地区。作为南方交通要冲，拥有四通八达的地理条件，荆楚地区的人们一方面汲取外来文化，另一方面继承传统风俗，具备南北兼容并蓄的文化特征。②

正是在这样一个特殊的历史时期，具有特殊地区优势和文化环境的荆楚地区，成就了诸多要素构成的端午节的丰富形态、多种功能。竞渡、食角黍、系五彩丝线、艾悬挂等南北风俗在这里都能找到。南北朝荆楚地区为端午风俗"核心区"，是后来端午风俗传播，向周边辐射形成诸多风俗类型的主要地区。

与这些民间较为流行的风俗习惯不同，南朝宫廷端午节有赐扇事情。南朝宋元徽五月五日，"太后赐帝玉柄毛扇"③。从存留不多的文献记述来看，这似乎是偶然事件，但是在隋唐却演变为皇帝赐予后宫、大臣等端午节礼物的一种宫廷风尚。由此可见，魏晋时期由上述一系列要素构成的端午节风俗的内容相当丰富。荆楚地区端午节已然成为集禳灾驱役、游戏娱乐、纪念屈原、礼物馈赠等多功能为一体的节日风俗。

在北方地区，端午节风俗也被记录下来的文献中，以杜台卿的《玉烛宝典》为核心。《玉烛宝典》上承《荆楚岁时记》，下启《岁华纪丽》，这三本书是中古时期较为重要的民俗节日书籍。《玉烛宝典》里面记载的端午节风俗主要有如下几种。第一，祭祀山川河流，祭祀上帝，祈求农作物丰收。第二，端午节煮食粽子、肥龟、鲤鱼。"以菰叶裹黏米，杂以粟。以淳浓灰汁煮之，令熟"；"又煮肥龟，令极熟擘，择去骨，加盐豉苦酒苏蓼，名为葅龟。并以薤芥，用为朝食。所以应节气。裹黏米，一名粽，一名角黍。盖取阴阳尚相苞裹，未分散之象也。龟骨表肉裹，外阳内阴之形。鮦鱼又夏出冬蛰，皆所以依

① 张承宗、魏向东：《中国风俗通史·魏晋南北朝卷》，上海：上海文艺出版社，2001年，第1页。
② 中村贵：《浅析〈荆楚岁时记〉中的"荆楚"地域空间》，《华中师范大学学报（人文社会科学版）》2013年第S4期。
③ 《宋书》卷41《后妃传》，北京：中华书局，1974年，第1295页。

像而放，将气养和，辅替时节者也。"①这里的粽子外边也用五色丝线捆扎，是借鉴荆楚地区风俗而来的。第三，沿袭汉代以来的风俗传统，戴五色织物躲避邪恶作祟。第四，采艾草和用兰草沐浴。"草深多露，非复游行之时，正应为采艾耳，又取兰草，以备沐浴。"②第五，登高远眺。"南方民，又竞渡。世谓屈原投汨罗之日。故并楫拯之。在北舳舻既少，罕有此事。月令、仲夏可以居高明，可以远眺望。"③

此外，北方地区延续秦汉以来端午风俗，且新的民俗事象出现在端午风俗中，也是颇值得注意的。段成式记载北朝妇女五月制作五时图、五时花，将它们悬挂在帷帐中，用长命缕或质地柔软的丝线做成人像佩戴。④北方五月五日吃粽子也是常见的风俗，不过当时的粽子是以菰叶包裹，用浓灰汁煮熟食用的。⑤北方五月五日民间制作粽子等很多饮食用品，在祠庙供奉，相互赠送五色花、五色彩线也是比较常见的风俗。显然，此时的端午风俗呈现出馈赠节物的新特点，不像汉代有那样多的禁忌。

由以上的论述可以得知，北方地区端午风俗很少像南方荆楚一带有竞渡和斗百草游乐活动，登高远眺、祈年丰收、蓄兰沐浴成为和南方不一样的风俗传统，但是纪念屈原、吃粽子、采艾等活动却是一致的。

隋代，朝廷对端午节日益重视，体现在正史的记载中，端午已成为一种快乐的节日，官员宴饮过节，民间端午风俗也比较丰富，尤其是在南方地区。

隋代的正史中记载端午风俗在江汉流域，记载地区逐渐清晰，这并不是偶然，恰恰反映了荆楚地区端午节的兴盛，记载地区如陕西汉中、湖北荆州襄阳（今湖北襄阳市）地区，而且主要表现在五月十五日，即所谓的"大端午"进行。例如，梁州汉中地区"每至五月十五日，必以酒食相馈，宾旅聚会，有甚于三元"⑥，荆州一带因"屈原以五月望日赴汨罗……习以相传，为竞渡之戏。其迅楫齐驰，棹歌乱响，喧振水陆，观者如云，诸郡率然，而南郡（今湖

---

① （隋）杜台卿：《玉烛宝典》，《丛书集成新编》，台北：新文丰出版公司，1985 年，第 345 页。
② （隋）杜台卿：《玉烛宝典》，《丛书集成新编》，台北：新文丰出版公司，1985 年，第 346 页。
③ （隋）杜台卿：《玉烛宝典》，《丛书集成新编》，台北：新文丰出版公司，1985 年，第 347 页。
④ （唐）段成式撰，许逸民、许桁点校：《酉阳杂俎》前集卷一《礼异》，北京：中华书局，1981 年，第 8 页。
⑤ （北魏）贾思勰：《齐民要术》卷 9《粽𪏻法》，北京：中华书局，1956 年，第 152 页。
⑥ 《隋书》卷 29《地理志上》，北京：中华书局，1974 年，第 829 页。

北荆州市）、襄阳尤甚"①。显然，端午已经开始向宴饮、竞渡方面的形态转化，人们开始走出禁忌的阴影，端午成为欢快的"令节"。

详细梳理材料可知，人们从汉晋时期端午节诸多禁忌的阴影中走出来，把端午节当作一个快乐的节日来度过是在南朝梁时期。

南朝梁诗人王筠《五日望采拾》记载："长丝表良节，命缕应嘉辰。结芦同楚客，采艾异诗人。折花竞鲜彩，拭露染芳津。含娇起斜眄，敛笑动微嚬。"②这首诗描写一个少妇如何愉快地度过端午佳节的情形。百花争艳的夏日清晨，这位妇女梳洗打扮之后，将五彩丝系在手臂，将长命缕佩在胸前，她同荆楚人一样用芦叶包粽子，采摘艾草扎成人形挂在门上，这与楚地纪念屈原竞渡的风俗不同。她和邻家姐妹结伴，一起去踏百草，比一比谁折的花草更多更鲜艳；采花的时候，手上沾满了清香的露水。大家含娇相互顾盼，敛笑微动眉梢。显然，诗中描写的画面呈现出妇女手臂缠五彩丝、佩戴长命缕、吃粽子、采摘艾草及折花斗草的风俗。王筠第一次把长丝、命缕同良节、嘉辰联系起来，由此看来端午节已然成为一个愉快的节日。

不仅如此，隋代端午节南方还有斗力、蓄蛊、牵钩风俗，这些都被《隋书·地理志》记载："京口东通吴、会，南接江、湖，西连都邑，亦一都会也。其人本并习战，号为天下精兵。俗以五月五日为斗力之戏，各料强弱相敌，事类讲武。宣城、毗陵、吴郡、会稽、余杭、东阳，其俗亦同。"③可见，这种斗力的风俗在今天的安徽、江浙一带广为流行。隋代新安、永嘉、建安、遂安、鄱阳、九江、临川、庐陵、南康、宜春、豫章等地，也即今天的江西、湖南一带"往往蓄蛊"，尤其是"以五月五日聚百种虫……行以杀人"。④

端午蓄蛊风俗实质上是端午采药的另一种表现形式，因为人们相信端午节这天采动植物做药特别有效，可用来治病救人，也可用来蓄蛊杀人。在盛行竞渡的南郡和襄阳地区，流行牵钩风俗，并波及周边地区。牵钩，即今拔河比赛，拔河在唐宋之际已较为流行，不过是在正月十六日举行。"拔河，古谓之

---

① 《隋书》卷31《地理志下》，北京：中华书局，1974年，第897页。
② （梁）王筠撰，黄大宏校注：《王筠集校注》，北京：中华书局，2013年，第180—183页。
③ 《隋书》卷31《地理志下》，北京：中华书局，1974年，第887页。
④ 《隋书》卷31《地理志下》，北京：中华书局，1974年，第887页。

牵钩。襄汉风俗，常以正月望日为之。"①这种流行于楚地的风俗，相传是在楚国与吴越争战中发明的"钩强"的战器和军事技能，后来从军队的军事演练传至民间演变成"牵钩之戏"。《隋书·地理志》记载这种风俗"从讲武所出，楚将伐吴，以为教战，流迁不改，习以相传"。隋代端午牵钩之戏，也即拔河比赛，与后来纯粹较力不同。虽是比试力量，但是民间流传是"以此厌胜，用致丰穰"。压胜本是采用某种法术或者行为达到辟邪祈福的目的的一种行为，民间将这种拔河比赛也看作辟邪祈福，寻求风调雨顺、五谷丰登的行为。

以上是文献所见隋代端午风俗，可见隋代南方端午风俗有着较为丰富的内容，北方则较为单一一些。

从以上的研究及现有的文献来看，随着时代的演进，南北朝时期，尤其是南北朝后期，南北方某些地区的人们已经摒弃汉魏包括晋时期的端午"恶日"观念，从五月五日很多禁忌中走出来，端午节已经成为一种愉快的节日了。这其实是唐代整个国家南北方普遍将端午节作为佳节来度过的先声。与此同时，不仅是端午节，其他的岁时节日同样受到当时整个社会经济发展、民族融合以及社会开放等诸多方面的影响。南北朝岁时节日不仅丰富多彩，而且民众的节日风俗也逐渐从魏晋时期的迷信禁忌之中解脱出来，节日原本的巫术、拔楔、攘除的神秘气氛已经淡化，节日生活更趋于世俗化、大众化。

## 二、唐五代时期丰富的端午佳节风俗

唐代关于端午风俗的记载主要在《新唐书》《旧唐书》《唐会要》《全唐书》及一些笔记小说中可见。总体来看，尤其以反映都城长安宫中端午风俗的居多，对地方端午的描述则寥若晨星。因此，唐代的端午风俗按地域类型可以分为以都城所在地为主的都市风俗和普通地方民众形成的地方民间风俗。

首先，都城所在地的长安和洛阳端午风俗。端午节进献、馈赠、宴饮之风盛行，朝廷赐予王公大臣端午节礼物。早在贞观年间，太宗就赐予长孙无忌、杨师道"飞白扇二枚，庶动清风，以增美德"②。天气炎热的端午，皇帝赐予

---

① （宋）王谠著，崔文印，谢方评注：《唐语林》（插图本），北京：中华书局，2007年。
② （宋）王溥撰：《唐会要》卷35，北京：中华书局，1955年，第647页。

大臣扇子，大臣同僚之间互送扇子，以至于在长安的东市端午前两日形成"扇市"，出现车马云集的情景。洛阳一带，端午节除饮艾酒外，百姓互赠"避瘟扇"成为风气。高宗、玄宗等朝皇帝都曾赐予大臣礼物，玄宗曾赐宰臣钟乳。杜甫、窦向叔、李峤、独孤及、常衮、邵说、吕颂、权德舆、令狐楚、刘禹锡、李商隐、张次宗等都曾因朝廷赐予各种端午节物而赋诗或作文表示感激。《全唐诗》里不乏这方面的吟咏诗句，如杜甫《端午日赐衣》："宫衣亦有名，端午被恩荣。细葛含风软，香罗叠雪轻。自天题处湿，当暑著来清。意内称长短，终身荷圣情。"[1]

在唐代几乎各个朝代地方或者大臣都给朝廷或高级长官进贡地方特产或者珍玩。最明显的为唐代宗朝。史载，"代宗之世，每元日、冬至、端午、生日，州府于常赋之外竞为贡献，贡献多者则悦之"[2]。其他如全国各地贡献的贡品悉数纳入内库，这些举动一度为代宗所禁止。在端午节时，唐玄宗因为八月初五生日，于是各地进奉贡品，以后就成为惯例，一直延续到清代末年。文宗时候，"扬州每年贡端午日江心所铸镜"[3]，这种经过千百次锤炼的铜镜，传说不但能自鸣，还能在端午日被用来祈雨。

其他诸如"诏端午节辰，方镇例有进奉，其杂彩匹段，许进生白绫绢"[4]。除以上列举进奉物品外，还有马匹、马鞍、银器、鞋、剑、衣服、纱绢、美女、珍宝等。于公异《端午进马状》："伏以律应蕤宾，节临端午……辄以前件马并鞍等进奉，殊惭骏骥，微露衷诚。愿承端午之祥，长居得一之位，不胜区区之极。"[5]进贡多为各地珍品，几乎年年如是，除非遇到天灾人祸或者因重大事件而天下大赦才停止进奉。史书载高宗、武周、睿宗、玄宗、肃宗、代宗、宪宗等都有限制端午贡奉的实例，可见有唐一带，端午进奉成为一种惯例，有时须得禁止这种行为。

端午赏赐与进奉风俗一直延续至五代时期。后唐庄宗、明宗、后晋高祖均有限制端午贡奉的记录，后周世宗有赐予文武百官衣服的记载。后唐明宗多次

---

① （清）彭定求等编：《全唐诗》第二卷，郑州：中州古籍出版社，2008年，第111页。
② 《资治通鉴》卷226，北京：中华书局，1956年，第7280页。
③ 《旧唐书》卷12，北京：中华书局，1975年，第322页。
④ 《旧唐书》卷17下，北京：中华书局，1975年，第540页。
⑤ （唐）于公异：《端午进马状》，（宋）李昉等编：《文苑英华》第4册，卷640，北京：中华书局，1966年，第3291页。

重申刺史以下不得进贡，并且要量力而行，"除正、至、端午、降诞四节量事进奉，达情而已，自于州府圆融，不得科敛百姓。其刺史虽遇四节，不在贡奉"①。后周世宗显德四年（957年）"辛卯，以端午赐文武百僚衣服"②。

因为地方或者宫中人员进献需要很多奇珍异宝，往往存在官吏鱼肉百姓的现象，宫中奢靡之风盛行，高宗、武则天、代宗、穆宗、懿宗等都有禁令，后唐、后晋也是如此，如高宗显庆二年（657年），诏曰："比至五月五日及寒食等诸节日，并有欢庆事……贞观中，已有约束，自今以后，并宜停断。"③代宗曾一度不许扬州每年端午进贡江心镜及幽州的麝香等。

端午节除各地进贡之外，各朝皇帝还在这天赏赐文武大臣及其家属（下属）衣物、金银器、彩索、扇子等。独孤及记载端午这天，玄宗赐"衣一副，银盘碗等各一，兼百索一筒，紫衣十副，分赐用命将士端午续命"④。与独孤及大约同时代的邵说也备受恩宠。端午节这天他的母亲也被赐"手诏，并衣一副，银枕一事，百索十轴"；他也收到"敕书及手诏，并衣一副，银枕一事，百索十轴"；又赐"将军衣等共五副，百索共二十轴"。⑤

端午节各州府向朝廷进贡的习惯逐渐向民间渗透，后来便有了端午向长辈、老师、亲友献礼回馈祝贺的礼俗。

唐代端午节宴饮之风也较为盛行。唐玄宗曾让大臣骆奉先端午日留宿宫中。史载，"明日端午，请宿为令节"⑥。李隆基曾在端午的皇宫宴会上作诗多篇。其中《端午三殿宴群臣探得神字并序》中记载了十分丰富的端午风俗，其中序：

> 律中蕤宾，献酬之象著。火在盛德，文明之义焯。故以式宴陈诗，上和下畅者也。朕宵衣旰食，辑声教于万方，卜战行师，总兵钤于四海，勤贪日给，忧忘心劳。闻蝉声而悟物变，见槿花而惊候改。所赖济济朝廷，

---

① 《旧五代史》卷36《明宗本纪》，北京：中华书局，1977年，第496页。

② 《旧五代史》卷117《世宗本纪》，北京：中华书局，1977年，第1559页。

③ （宋）王溥撰：《唐会要》卷29《节日》，北京：中华书局，1955年，第541—542页。

④ （唐）独孤及：《为独孤中丞谢赐紫衣银盘碗等表》，《毗陵集》卷五，上海：上海古籍出版社，1993年，第37页。

⑤ （唐）邵说：《为田神玉谢端午物表》，（宋）李昉等编：《文苑英华》第4册，卷595，北京：中华书局，1966年，第3084页。

⑥ 《旧唐书》卷121，北京：中华书局，1975年，第3482页。

视成鹓鹭。桓桓边塞，责办熊罴。喜麦秋之有登，玩梅夏之无事。时雨近霁，西郊霍靡而一色。炎云作峰，南山嵯峨而异势。正当召儒雅，宴高明。广殿肃而清气生，列树深而长风至。厨人尝散热之馔，酒正行逃暑之饮。庖捐恶鸟，俎献肥龟。新筒裹练，香芦角黍，恭俭之仪有序，慈惠之意溥洽。讽味黄老，致息心于真妙。抑扬游夏，涤烦想于诗书，超然玄览，自足为乐，何止柏枕桃门，验方术于经记。彩花命缕。观问遗于风俗，感婆娑于孝女，悯枯槁之忠臣而已哉。叹节气之循环，美君臣之相乐，凡百在会，咸可赋诗。五言纪其日端，七韵成其火数，岂独汉武之殿，盛朝士之连章。魏文之台，壮辞人之并作云尔。①

《全唐诗》："五月符天数，五音调夏钧。旧来传五日，无事不称神。穴枕通灵气，长丝续命人。四时花竞巧，九子粽争新。方殿临华节，圆宫宴雅臣。进对一言重，遒文六义陈。股肱良足咏，风化可还淳。"②

上引诗序及诗中，提到很多端午风俗，如吃枭羹（即庖捐恶鸟）、煮肥龟、吃粽子等饮食风俗；用柏枕桃符、五彩丝续命等节日祈禳风俗；以及纪念屈原、曹娥等端午风俗事项。

上述这些端午风俗中"庖捐恶鸟"，不为人们所熟知。这里的恶鸟，即为枭。这种情形在汉代已然出现。《史记》记载："祠黄帝用一枭，破镜。"如淳解释为："汉使东郡送枭，五月五日为枭羹以赐百官。以恶鸟，故食之。"③枭，类似今天所说的猫头鹰，在汉代被误解为"食母鸟"，因而大为不孝，汉代以孝治天下，自然不容这类鸟生存。据研究，枭鸟属阴性，最初是古代夏至祭祀大地仪式的牺牲，当时的食枭羹是祭地仪式的一部分。但汉代中后期开始，枭羹成为五月五日（也包括魏晋以后端午节）赐宴的重要组成部分。这一皇家礼仪，一直延续到明清时期。其目的不仅是维护孝道，更是驱逐朝廷中的恶人。④

唐玄宗"四时花竞巧，九子粽争新"这句诗也反映出都城斗草的风俗和吃

---

① 中华书局编辑部点校：《全唐诗》第一册，卷3，北京：中华书局，1960年，第27—28页。
② 中华书局编辑部点校：《全唐诗》第一册，卷3，北京：中华书局，1960年，第28页。
③ 《史记》卷12《孝武帝本纪》"祠黄帝用一枭破镜"（如淳集解），北京：中华书局，1959年。
④ 陈连山：《端午枭羹考》，《民俗研究》2010年第1期。

粽子的风俗。相传唐中宗时期，安乐公主斗百草，竟然想用谢灵运遗留下来的胡须，但又怕别人得到，居然将长须剪短，以致遗须尽失。[1]此外，王仁裕记载，"宫中每到端午节，造粉团、角黍"，举行粽子宴。粽子的品种很多，有九子粽、糯米粽、团粽、竹筒粽等。在吃粽子的过程中有很多的游戏，射粉团"以小角造弓子，架箭射盘中粉团，中者得良，都中盛行此戏"[2]。由此可以看出，这种游戏已经扩散到整个长安市民生活中。

宫中端午节还继承了民间佩戴五色丝以避兵止恶的风俗。唐玄宗端午作诗"旧来传五日，无事不称神。穴枕通灵气，长丝续命人"[3]即是例证。后宫妇女系长命缕，"美人捧入南薰殿，玉腕斜封彩缕长"[4]。其实，在过节之前，中尚署就准备好了百索（即长命缕），每到端午节，皇帝照例要向大臣赐百索[5]，当然还赏赐衣物、腰带等。这些彩丝的作用，除了表示皇帝对大臣、嫔妃的眷顾之外，还在于民间传说"续命"，如李商隐诗里就有"兼续修龄"的说法。长命缕除了悬挂于门、手臂以外，还有缠绕在画轴上的。[6]这种风俗长期以来不论在宫廷还是民间都是最为流行的，直到清代晚期长盛不衰。

在长安和洛阳一带，皇家组织的竞渡也非常有特色。尽管当时非官方的竞渡主要集中在江淮地区，但是由于竞渡节日的大众性、可观赏性和娱乐性极强，北方一些地区也开始引入竞渡之戏，尤其是王朝所在的大都市里的皇家园林水域开阔地点，如长安的鱼藻宫、新池、兴庆宫和洛阳附近洛水河边等。[7]

武则天时期，宫廷还举办了凤舟竞渡。这一传统，被现代人挖掘、开发为地区的旅游项目。当前，四川省广元市举办以纪念武则天为中心的"女儿节"，这一节日包括了仍然有女性参加的凤舟竞渡活动。唐肃宗时期，朝廷因竞渡需要造龙舟二十艘，命王播将木材运往长安制作，竟要花费半年时间，其

① （唐）刘𫗧：《隋唐嘉话》卷下，北京：中华书局，1957年，第30页。
② （唐）王仁裕：《开元天宝遗事》卷2《射团》（四库全书影印本）；周光培编：《历代笔记小说集成·唐代卷》第2册，石家庄：河北教育出版社，1995年，第413页。
③ （唐）李隆基：《端午三殿宴群臣探得神字》，中华书局编辑部点校：《全唐诗》第一册，卷3，北京：中华书局，1960年，第28页。
④ 《全唐诗》第二十三册，卷789，北京：中华书局，1960年，第8973页。
⑤ （唐）李林甫等撰，陈仲夫点校：《唐六典》卷22《少府监"中尚署"》，北京：中华书局，1992年，第572页。
⑥ 吴玉贵：《中国风俗通史·隋唐五代卷》，上海：上海文艺出版社，2001年，第651页。
⑦ 吴玉贵：《中国风俗通史·隋唐五代卷》，上海：上海文艺出版社，2001年，第651页。

他费用也颇多。在谏议大夫张仲方的极力劝阻下，才将竞渡船只减半。[1]东都洛阳的竞渡在一篇官方文件中有所反映。"五月五日洛水竞渡船十只，请差使于扬州修造，须钱五千贯，请速分付。"[2]这篇判文中，不但描述了龙舟竞渡的风俗，也描写了端午其他风俗盛况："续命之缕，渐染成风；辟兵之缯，因循不绝。朱丝约粽，变成南楚之宜。紫艾攘灾，大启中州之俗。"尽管宫廷竞渡主要集中于五月端午，但是春夏秋三个季节都有竞渡之戏，这是因为皇家竞渡主要是为了娱乐，纪念屈原的意义不明显。

竞渡所用龙舟，自唐代以来以速度快为主要目的，船头为龙头，船尾为龙尾，船身雕刻龙鳞并施以彩绘，为了加快速度，船底和船身会用漆涂光滑。竞渡的目的在于"夺标"，比赛船行进的快慢。史书所言："方舟并进以趋疾者为胜。"[3]唐代张说、储光羲、张建封、刘禹锡、元稹、白居易、李群玉、卢肇、范慥等都留下了与竞渡相关的诗赋。其中张建封、刘禹锡描写竞渡过程更为细致，如下：

> 五月五日天晴明，杨花绕江啼晓莺。使君未出郡斋外，江上早闻齐和声。
> 使君出时皆有准，马前已被红旗引。两岸罗衣破晕香，银钗照日如霜刃。
> 鼓声三下红旗开，两龙跃出浮水来。棹影斡波飞万剑，鼓声劈浪鸣千雷。
> 鼓声渐急标将近，两龙望标目如瞬。坡上人呼霹雳惊，竿头彩挂虹蜺晕。
> 前船抢水已得标，后船失势空挥桡。疮眉血首争不定，输岸一朋心似烧。
> 只将输赢分罚赏，两岸十舟五来往。须史戏罢各东西，竞脱文身请书上。
> 吾今细观竞渡儿，何殊当路权相持。不思得岸各休去，会到摧车折楫时。[4]
> 沅江五月平堤流，邑人相将浮彩舟。灵均何年歌已矣，哀谣振楫从此起。
> 杨桴击节雷阗阗，乱流齐进声轰然。蛟龙得雨鬐鬛动，螮蝀饮河形影联。
> 刺史临流褰翠帏，揭竿命爵分雄雌。先鸣馀勇争鼓舞，未至衔枚颜色沮。
> 百胜本自有前期，一飞由来无定所。风俗如狂重此时，纵观云委江之湄。

① 《资治通鉴》卷 224，北京：中华书局，1956 年。

② （唐）张鷟：《龙筋凤髓判·水衡监二条》卷 2，《钦定四库全书·子部十一·类书类》，影印古籍，第 27—28 页。

③ 《旧唐书》卷 146《杜亚传》，北京：中华书局，1975 年，第 3963 页。

④ （唐）张建封：《竞渡歌》，中华书局编辑部点校：《全唐诗》第五册，卷 275，北京：中华书局，1960 年，第 3117 页。

彩旆夹岸照蛟室，罗袜凌波呈水嬉。曲终人散空愁暮，招屈亭前水东注。[①]

诗中反映出龙舟竞渡是一个官民共度的节日，由纪念屈原而来，江南尤其是长江中下游的湖北、湖南等地竞渡已经到了"风俗如狂"的地步。诗人元稹笔下的《竞舟》对此有深刻的描写[②]：

楚俗不爱力，费力为竞舟。买舟俟一竞，竞敛贫者赇。
年年四五月，茧实麦小秋。积水堰堤坏，拔秧蒲稗稠。
此时集丁壮，习竞南亩头。朝饮村社酒，暮椎邻舍牛。
祭船如祭祖，习竞如习雠。连延数十日，作业不复忧。
君侯馔良吉，会客陈膳羞。画鹢四来合，大竞长江流。
建标明取舍，胜负死生求。一时欢呼罢，三月农事休。
岳阳贤刺史，念此为俗疣。习俗难尽去，聊用去其尤。
百船不留一，一竞不滞留。自为里中戏，我亦不寓游。
吾闻管仲教，沐树惩堕游。节此淫竞俗，得为良政不。
我来歌此事，非独歌此州。此事数州有，亦欲闻数州。

在一些唐代文献中还反映出竞渡折楫翻船、沉溺人物等的事情，好事者"并将钱物赌竞渡，因争先后，遂折舟人臂"[③]，发生民事案件。

另外，根据李斌城等人的研究，唐代每个月的第五天都可以称为"端午"。[④]这种现象在唐代以前很少存在，即便是唐代，玄宗前也是很少存在的。刘晓峰指出，唐代用端午指称其他月份的初五和玄宗朝特殊的政治情况有关，玄宗的生日为八月初五，和端午一样都在初五，所以一帮大臣就直接挪用端午节的资源。以端午称谓其他月份的初五，是玄宗朝开的先例。历史上除了唐德宗效仿之外，其他月份初五称为端午并不常见，属于特例。确实现存唐人

---

① （唐）刘禹锡：《竞渡曲》，中华书局编辑部点校：《全唐诗》第六册，卷 356，北京：中华书局，1960 年，第 4002 页。

② （唐）元稹：《竞舟》，中华书局编辑部点校：《全唐诗》第六册，卷 398，北京：中华书局，1960 年，第 4465 页。

③ （宋）李昉等编：《文苑英华》第 4 册，卷 504，北京：中华书局，1966 年，第 2588 页。

④ 李斌城、李锦绣、张泽咸，等：《隋唐五代社会生活史》，北京：中国社会科学出版社，1998 年，第 622 页。唐代每个月的第五天都可以称为"端午"，这种说法来自于《容斋随笔》卷 11 "八月端午条"之 "然则凡月之五日皆可称端午也"。

文字资料，五月五日为端午节则可以肯定无疑。①南方也是如此，且端午节时间在某些地方持续半月左右，直到五月十五日的"大端午"方才结束（仅在湖北、湖南个别地方），并且以竞渡为最大特色。南方因为得天独厚的水文条件，不但具备龙舟竞渡的自然环境，也造就了南方人水性较好的身体素质。唐代江淮以南的扬州、杭州、江宁、淮南等地端午竞渡十分盛行。在这些州府的一些小的河流、池塘也有竞渡风俗，诗文中多有反映。

据张勃的研究，在盛唐以前端午主要流行的节名为五月五日，间或因袭前朝称作"端五"，盛唐及以后端午才成为大家的习惯用语。端午节日的传说尽管有介子推、曹娥的故事，但屈原传说无疑已经成为当时具有压倒性优势的节日传说。端午节俗物品有吃的恶鸟，肥龟，缠绕丝线的竹筒粽、香芦粽、九子粽，喝的类似菖蒲酒的"陶暑之饮"；用的柏枕、悬挂在门户上的桃印、五色彩。唐代端午的节日活动十分丰富，目的和意义也不尽相同，主要有流行于江浙、湖南、湖北、四川等南方地区的竞渡，通过竞渡纪念屈原，祈求庄稼丰收，还具有救灾等意义；端午节的馈赠风俗不仅出现在社会成员之间，也出现在家庭内部。当然，最引人瞩目的发生在皇帝和官员之间，体现为官员向皇帝进奉的制度化和皇帝对官员的赏赐常态化。这种君臣之间端午节频繁的礼物流动，不仅体现了端午风俗，也体现了上下级关系之间的密切。端午铸镜、采药、斗草等风俗也见于记载，射粉团的游戏大约是唐人的新发明。如此众多的端午风俗，体现出唐代人们顺天应时，辅赞时节，重视伦理，崇尚忠孝，全生避害，益寿延年，娱乐狂欢，激扬劲健的丰富节日文化内涵。②

与热闹的江南水乡竞渡成风的风俗不同，远处祖国西北边陲的敦煌的端午则是另一番景象。这里不仅沿袭朝廷给官员赐赠端午节物的风俗，还有滑沙这一比较时尚的娱乐活动。相对于多水的中国南方，西北的沙漠绿洲——敦煌，在文献典籍里并没有看到端午本地有赛龙舟的记载，但因敦煌鸣沙山而出现登高滑沙的风俗活动。唐代《元和郡县图志》"敦煌县"条记载："鸣沙山一名

---

① （宋）王溥撰：《唐会要》卷29《节日》，有"至若寒食、上巳、端午、重阳或以因人崇尚，亦播风俗"；代宗时"每岁端午及降诞日，四方贡献者数千"，宝历元年五月"诏停诸亲端午恭贺"。太和五年"敕端午节辰，方镇例有进奉，其杂彩匹缎，许进生白绫绢"等记载（北京：中华书局，1955年，第543、546、547页）。

② 张勃：《唐代端午的形态与文化内涵》，刘晓峰主编：《中国端午节·研究卷》，桂林：广西师范大学出版社，2013年，第334—370页。

神沙山，在县南七里。今按其山积沙为之，峰峦危峭，逾于山石，四面皆为沙垅，背有如刀刃，人登之即鸣，随足颓落，经宿风吹，辄复如旧。有一泉水，名曰沙井，绵历古今，沙填不满，水极甘美。"①沙井，即今天为世人所熟知的月牙泉。英国国家图书馆藏 S.5448《敦煌录》记载了唐代当地城里男女在鸣沙山登高滑沙的情形："鸣沙山，去州（沙州，即敦煌——笔者注）十里，其山东西八十里，南北四十里……风俗：端午日，城中士女，皆跻高峰，一齐蹙下，其沙声吼如雷。至晓看之，峭嶭如旧，古号鸣沙，神沙而祠焉。"②竞渡在南方主要是男性参与的活动，而这件文书记载，敦煌城里不论男女均可参加滑沙活动。据敦煌本地人介绍，尽管鸣沙山被旅游开发，迎接世界各地的游客，但是敦煌本地人不受旅游门票的限制，敦煌的市民在端午节不分男女老少都参与鸣沙山滑山这项活动，熙熙攘攘，蔚为可观。可见，端午节滑沙这种风俗，一直延续到当前。

在众多的敦煌文书中，有一类名为《节日相迎》的文书材料，包括重阳、寒食、端午等节日的书信内容，其中，英国国家图书馆藏 S.2200《端午相迎书》中记载了端午节作为良辰佳节所进行的节日风俗。这份文书提到："喜逢嘉节，端午良辰，献续同欢，传自荆楚，但惭羁泊，何可申怀，空备团粽，幸请光临。请奉状不宜。"③从这件文书中我们可以看到，敦煌端午节俗来源于荆楚一带，如献续，也就是送别人端午长命缕丝线这种风俗，端午节也有宴请客人的传统，主要吃团粽。唐代粽子种类非常多，敦煌地区团粽也是一种。当前敦煌地区人们依然吃这种团粽，就是当地人所说的那种圆形夹着枣蒸熟的粽糕。

在唐代端午节作为佳节良辰，地方州府都要给上级进献礼物，相互祝贺。敦煌尽管也有此类风俗，但却别有风味。法国国家图书馆藏 P. 2814《贺端午献物状》记载敦煌悬泉镇小吏送给长官的端午礼物"酒伍瓮，麨叁硕。佑伏以葵宾令节，端午良辰，辄申续寿之仪，用贺延长之庆。前件微甚少，谨充献贺之

---

① （唐）李吉甫撰，贺次君点校：《元和郡县图志》卷40《陇右道下》，北京：中华书局，1983年，第1026页。

② 中国社会科学院历史研究所、中国敦煌吐鲁番学会敦煌古文献编辑委员会、英国国家图书馆、伦敦大学亚非学院编：《英藏敦煌文献（汉文佛经以外部分）第七卷》，成都：四川人民出版社，1992年，第93页。

③ 中国社会科学院历史研究所、中国敦煌吐鲁番学会敦煌古文献编辑委员会、英国国家图书馆、伦敦大学亚非学院编：《英藏敦煌文献（汉文佛经以外部分）第四卷》，成都：四川人民出版社，1991年，第38页。

礼，尘渎威严，伏增战惧，伏乞特赐容纳，俯听处分。牒件状如前，谨牒"①。
唐代端午节是官方法定节假日，礼物应该是很重的。但是作为边陲小镇经济欠
发达地区的悬泉，端午节的主要礼物就是酒和麦面之类的食物。不过礼物虽
轻，仍具有希望长官安康长寿等的重要意义，这些不仅仅是恭维的话，还折射
出端午延续的"续命"这一传统主题。

下级官吏进奉长官，上级官吏也赐予下属礼物，这在敦煌文书中也有体
现。英国国家图书馆藏 S. 3399《端午日贺扇》记载："蕤宾膺候，端午今晨，
伏蒙鸿恩，各赐团扇，愿扬仁风。某某等无任惶悚。"②端午节赐扇这种风俗
在唐代宫廷里比较常见，往往是皇帝赐予大臣和嫔妃礼物，现在这种风俗早已
销声匿迹了。

写贺信祝福节日快乐在当时的敦煌也是一种时尚，类似寄贺卡过年。英国
国家图书馆藏 S. 4374 卷记有三则贺端午的书状范文："①端午：伏以蕤宾嘉
节，端午令辰。献寿早同楚俗，彩丝亦无忝于昌期，伏惟照察，谨状。②同
前：伏以中天令节，南午佳辰。俗皆献寿于明时，直亦奉觞于兹日，伏惟照
察，谨状。③同前：采兰佳节，南午令辰。角黍既同楚俗，奉觞必仿时风。伏
惟福佑，以继祯吉。伏惟明察，谨状。"③从这三则端午贺信文书中我们可以
看出这样的信息：第一，端午是佳节，广大人民已经从汉魏时期视端午为不吉
利的日子里走出来了；第二，端午节是南方楚地的风俗，但是敦煌端午风俗也
被同化；第三，端午过节时的风气，流行较广；第四，端午节的一个重要主题
就是希望过节的人们长寿安康。从敦煌文书揭示的端午风俗中，可以明显地看
出敦煌端午的文化已经和中国其他地方没有多大差别。

在敦煌文书中，有一件反映道教符书的文字，从一个侧面反映出端午作为
"恶日"的不吉利的另一面。英国国家图书馆藏 S.799V《杂写》文书记载了一

① 上海古籍出版社、法国国家图书馆编：《法藏敦煌西域文献.18》，上海：上海古籍出版社，2001 年，第 352 页。

② 中国社会科学院历史研究所、中国敦煌吐鲁番学会敦煌古文献编辑委员会、英国国家图书馆、伦敦大学亚非学院编：《英藏敦煌文献（汉文佛经以外部分）第五卷》，成都：四川人民出版社，1992 年，第 77 页。

③ 中国社会科学院历史研究所、中国敦煌吐鲁番学会敦煌古文献编辑委员会、英国国家图书馆、伦敦大学亚非学院编：《英藏敦煌文献（汉文佛经以外部分）第六卷》，成都：四川人民出版社，1992 年，第 51 页。

则端午符咒："五月五日天中节，一切恶事尽消灭。急急如律令！"①这是民间道教对端午节的影响。其实在唐宋时期，道教因素早已渗透到端午风俗中，比如悬挂艾符等。

其他风俗，如唐代端午节敦煌等地的人们为趋吉避凶、祈福保平安而佩戴香包、丝节彩带的风俗，和全国其他地方都相同，至今也不改其面貌。

唐代的竞渡风俗延续至五代十国时期的南唐，在地域上已波及长江上游的成都一带，这是被以往学者所忽视的。

又嗣主之世许诸郡民划竞渡船。每至端午，官给彩帛，俾两两较其殿最，胜者加以银碗，谓之打标，皆籍其名。至是尽搜为卒，谓之凌波军。民间佣奴赘婿，谓之义勇军。又募豪民皆自备缯帛车服兵器，招集无赖亡命辈，谓之自在军。民应之者益多矣。②

在南唐嗣主李璟这里，竞渡不仅是端午节的娱乐活动，还具有选拔士兵的军事目的，这些竞渡健儿根据不同类型被划分为凌波军、义勇军、自在军。五代十国的后蜀时期，成都地区也有竞渡之戏："五月端午，昶侍其母游凌波殿竞渡。"③

相对汉魏时期诸多禁忌及人们小心翼翼的过节心理来说，隋唐以后端午节日快乐的气氛浓厚，这从众多的唐代诗文中，端午节已成为佳节可证。"但夸端午节""良辰当五日""浴兰令节""角黍良辰""嘉辰五日"等诗句，充分说明人们对端午节里吉祥愉快的良辰美景的认识。

在韩鄂的笔下，端午民间制药风俗突出，所用药材和制作药类十分丰富。药材有蟾蜍、艾、蜀葵、桑上木耳、百草头、葵子、独头蒜、黄丹、朱砂、麝香、醋、小豆、当归、黄连、阿胶、甘草、白矾、青木香、白槟榔、人参、陈皮、吴茱萸、高良姜、益智子、草豆蔻、桂心、白术、桑白皮、生姜、土木瓜等30种之多，所制药类有痔疮药、金疮药、心痛药、痢疾药（四神丹）等，可

① 国社会科学院历史研究所、中国敦煌吐鲁番学会敦煌古文献编辑委员会、英国国家图书馆、伦敦大学亚非学院编：《英藏敦煌文献（汉文佛经以外部分）第二卷》未收录，此处据 IDP 所录。
② （宋）龙衮撰：《江南野史》卷 3，《钦定四库全书·史部九·载记类》，上海：上海古籍出版社，2003 年，第 4 页。
③ （宋）张唐英：《蜀梼杌》卷下，《学海类编》第 22 册二卷，影印古籍。

治疗妇科疾病、疮病、心疼病、痢疾、霍乱、痰逆、冷气等。①

　　此外，蛇胆、喜鹊巢也可用来入药治病。一些文献记载端午这天将树枝上喜鹊窝取下来烧后可用来针灸治病。唐代的普安州、泉州、广州这些地方均有取蛇胆供奉州县或者食蛇肉治疗疯病的风俗。蛇皮也被用来蒙鼓。

　　北方民间地区的端午风俗记载很少，主要见之于笔记小说。《太平广记》记载了民间端午馈贺长命缕的风俗。赵州人贺兰进明与狐仙结婚，狐仙"至五月五日，自进明已下，至其仆隶，皆有续命"。此事就是用来反映端午用续命缕的情况。还有记载宋州（驻地在今河南商丘）刺史王睿之妻每至端午佳节，有赠送续命缕的事。②唐代冯贽记载了洛阳地区民间端午风俗："洛阳人家……端午术羹、艾酒，以花丝楼阁插鬓，赠遗避瘟扇。"③

　　上述叙述反映出一个重要的事实，北方地区端午"长命缕"很受青睐。当代一些学者认为唐代端午节多延续前代的旧俗，民间端午饮食方面则吃粽子最为显著。④ 但饮艾酒是前代文献中没有的内容。术羹不知为何物，不过后来有以苍术作汤饮的记载，估计与此有关。自唐代以后，端午节喝雄黄酒、菖蒲酒的风俗便逐渐成为一种流行。

　　因资料缺失，整个北方地区的端午风俗无法全面展开论述，只好将长安、洛阳、敦煌三地和零星的一些地方作为叙述。

　　这一时期端午风俗的基本形态已经开始逐步分化，北方都城地区继承了荆楚地区的端午风俗，如竞渡、戴长命缕、吃粽子、斗草等。因为长安、洛阳两处都是全国经济文化的中心，又因朝廷大力支持，具备所有这些风俗发生的主客观条件。而新的变化是端午有新的要素加入，如艾酒、避瘟扇等。端午带有喜庆的气氛，都城、民间馈贺宴饮的风俗蔚然成风，虽然形式上保留了禳灾驱疫的某些要素，如"长命缕""艾酒""避瘟扇"等，但已没有秦汉魏晋时期的诸多禁忌。当然这并不是一成不变，尤其在一些灾乱频繁的年代，迷信盛行

---

　　① （唐）韩鄂原编，缪启愉校释：《四时纂要校释》卷3，北京：农业出版社，1981年，第125—137页。

　　② （宋）李昉等编：《太平广记》卷四五一"贺兰进明"条、"王睿"条，《景印文渊阁四库全书》，台北：商务印书馆，1986年，子部小说家类352，第1046册，第338、335页。

　　③ （唐）冯贽：《云仙杂记》"洛阳岁节"条，《丛书集成新编》第86册，台北：新文丰出版公司，1985年，第167页。

　　④ 李斌城、李锦绣、张泽咸，等：《隋唐五代社会生活史》，北京：中国社会科学出版社，1998年，第622页。

的地区，禁忌仍然非常多。就区域差异而言，南方除具备北方风俗以外，与北方最大的不同在于盛行龙舟竞渡风俗，形式有官民共同参与和民间自发组织两种类型。敦煌作为唐朝西北一个比较特殊的地区，因为敦煌文书的记载，让我们了解到端午节在地方上已经形成地方化的风俗。由此也可以想见，其他地方也会有各具地域特色的端午风俗。

此外，南北朝、隋唐时期，朝廷对民间端午节俗的吸纳与整合是此时期端午风俗发生最大的一个变化。单从文献资料来看，魏晋时期端午诸多风俗主要流行于民间。但是唐代端午节进奉、宴会、赏赐形成制度，民间竞渡之戏引入北方都城，都城端午风俗更是令人眼花缭乱，一些风俗以都城为中心向周边辐射，这些情形对后代均有深远的影响。

# 第三节　宋代端午新要素的引入与世俗化发展

## 一、北方政权对唐代端午风俗的因袭与发展

这里要讨论的宋元时期，也包括北方少数民族建立的如辽、金等政权在内。10—14 世纪的宋、辽、夏、金、元时期，朝廷端午风俗很多是对前代端午节制度、礼仪的因袭，主要表现在以下几个方面。

第一，继承唐朝风俗，端午朝廷举行宴会。后晋时期，"癸亥，晋遣使贺端午"①，辽国，"癸亥，晋遣使贺端午，以所进节物赐群臣……五月庚午，以端午宴群臣及诸国使"②，宋朝也是如此，"每岁冬、正、端午、长春节……每景及钱俶遣亲属入贡，皆御前殿曲宴以宠之"③，金朝也有端午节宴会制度，"比及端午到上京，则燕劳乡间宗室父老"④。元代也在很多节日承袭汉族节俗，现代的学者做了详细的研究，认为元代宫廷亦举行端午节庆活动。⑤

第二，各地进奉制度，成为一种惯例。后唐"五月壬辰朔，淮南杨溥贡端

① 《旧五代史》卷 79《晋书五·高祖纪第五》五，北京：中华书局，1977 年，第 1043 页。
② 《辽史》卷 4，《太宗下》，北京：中华书局，1974 年，第 47 页。
③ 《宋史》卷 478，北京：中华书局，1977 年，第 13885 页。
④ 《金史》卷 8《世宗本纪下》，北京：中华书局，1975 年，第 186 页。
⑤ 陈高华、史卫民：《中国风俗通史·元代卷》，上海：上海文艺出版社，2001 年，第 400 页。

午节物"①，后唐明宗时期因为皇后的去世，"除正、至、端午、降诞四节，量事进奉"②，也说明了端午节进奉的事情。宋太祖建隆年间，"每岁冬、正、端午、长春节，皆以土产珍异、金银器用、缯帛、片茶为贡"③等。元代端午节期间，中书礼部和其他宫廷服侍机构向皇帝进奉扇子、凉糕、角黍、茶、酒、绢等，其中好多物品都由各地进贡所得。因各代相似，这里不再赘述。

第三，皇帝对大臣的节日赏赐。北周武帝时期因端午节所以"以端午赐文武百僚衣服"④，五代时候的宫廷对下属官员的赏赐也很多，宋代加以继承，如"宋初因五代旧制，每岁诸臣皆赐时服……岁遇端午、十月一日，文武群臣将校皆给焉"⑤。宋代大中祥符年间皇帝曾在端午节和其他节日对臣子赏赐，如"立春赐春盘，寒食神餤赐粥；端午，粽子"⑥，足见朝廷对端午节的重视。元代也是如此，端午为大节。

第四，端午休假制度开始成为定制，辽、金、宋之间互派使者祝贺佳节。宋代官员休假时间除旬休（每隔十天休假一天）制度文外，还有"三大节"（岁节、寒食、冬至，前后休假各三天，共七天）、"五中节"（圣节、上元、中元、夏至、腊日五个节日圣节；上元、中元都有三天假期，还可停办公务一天；夏至、腊日放假三天，但官员不能不办理公务）、"十八小节"（春秋二社、上巳、重午、重阳、立春、人日、中和节、春分、立夏、三伏、立秋、七夕、秋分、授衣、立冬各放假一天，但有公务即停止休假）⑦等节假日。端午节休假属于"十八小节"中的一个假日，端午时节有时放假、放朝（皇帝、大臣不用上朝）、禁刑，甚至枢密院本来端午这天要处理公务，也可视国家安定与否而选择休假或办公。

宋太祖乾德二年（964 年），北汉派使者赴契丹庆贺端午，但没有向宗主国大宋汇报，被史籍记录下来："北汉主四遣使诣契丹贺正旦、生辰、端

① 《旧五代史》卷 32《唐书八·庄宗纪第六》，北京：中华书局，1977 年，第 448 页。
② 《旧五代史》卷 36《唐书一二·明宗纪第二》，北京：中华书局，1977 年，第 496 页。
③ 《宋史》卷 478，北京：中华书局，1977 年，第 13855 页。
④ 《旧五代史》卷 117《周书》八，北京：中华书局，1977 年，第 1559 页。
⑤ 《宋史》卷 153，北京：中华书局，1977 年，第 3570 页。
⑥ 《宋史》卷 119，上海：商务印书馆，1958 年，第 1319 页。
⑦ 孟月：《宋代官员休假制度研究》，河北大学硕士学位论文，2016 年，第 16—17 页。

午，契丹皆执其使不报。"①宋高宗绍兴十五年（1145 年）使者来大宋，高宗赐予其扇帕等：甲子，金国贺生辰使龙虎卫上将军殿前左副都点检完颜宗永……丁卯，赐宗永等燕射于教场……上以端午，遣中使赐扇帕于洪泽。②辽国："会同三年端午日，百僚及诸国使称贺，如式燕饮，命回鹘、敦煌二使作本国舞。"③

第五，民族政权独特的端午风俗呈现。在宋、辽、金、夏包括周边的高丽、归义军、回鹘政权中，它们当中的一些端午风俗较为独特，如金朝的端午拜天、射柳等风俗，高丽的端午祭祖、打秋千等。④这样的一些风俗在元明清时期被延续下来，但已经褪去了民族特色，这一点后文详细叙述。

第六，关于宫廷及北方地方竞渡风俗。见于北宋都城东京、宋金界河、陕西汉中等地。五代时期北方很少有记载宫廷端午竞渡的情况，相反，南方十国因有水利之便，而竞渡风俗很盛。北宋开封府有竞渡，"雍熙初，改曰云韶，每上元观灯，上巳、端午观水嬉，皆命作乐于宫中"⑤，此时北方一些地区也有一些竞渡的记载，"召界河战棹为竞渡，纵北人游观，潜寓水战"⑥（此事发生在澶渊之盟后），它的目的在于对金国进行武力震慑，具有和平结盟并且保持武力威慑，练习水战以固守疆土的意思。除此而外，南方的竞渡较为兴盛，福建的福州、浙江的绍兴与会稽、江苏的镇江、陕西的汉中均有竞渡风俗。当时洋州（治今陕西洋县）在北宋时候就有五月五日以"踏石"为名的竞渡风俗。⑦

从这些材料的分析中我们可以知道，宋代是端午龙舟竞渡的一个向北扩展的重要时期。元代北方地区宫中竞渡少见记载，但一种新的节日活动——射柳却很流行，后文将重点探讨。明代宫廷按例举行龙舟竞渡，当时一位兵部统帅马文升见国家边防吃紧，就建议皇帝要以国家为重，减少一些娱乐，"若内廷

---

① （宋）李焘：《续资治通鉴长编》卷 5，北京：中华书局，1957 年，第 140 页。

② （宋）李心传：《建炎以来系年要录》卷 153，北京：中华书局，1985 年，第 2473 页。

③ 《辽史》卷 54《乐志》，北京：中华书局，1974 年，第 882 页。

④ （宋）马端临：《文献通考》卷 325，北京：中华书局，1986 年。

⑤ 《宋史》卷 142，北京：中华书局，1977 年，第 3359 页。

⑥ 《宋史》卷 324，北京：中华书局，1977 年，第 10480 页。

⑦ 晏波：《陕南龙舟竞渡起源辨误》，《中国历史地理论丛》2005 年第 1 期。

曲宴，钟鼓司承应，元宵鳌山，端午竞渡诸戏，皆勿令见"①。从侧面我们可以知道，明代朝廷也是很注重端午节竞渡之戏的，自此，北京地区端午也有了竞渡风俗。

## 二、北方少数民族对端午节形态的改造和端午风俗的民间传播

北方少数民族多以游牧为主要的生活方式，他们勇猛凶悍，习于骑射，在逐水草而居的过程中，创造了许多反映游牧生活、异于汉族的文化，体现在节日风俗中的比比皆是，辽契丹族端午风俗就是其中一个突出的例证。他们吸收了汉族端午节的某些要素，并与自己的风俗融合在一起，构成端午风俗新形态。

辽国皇族、贵族将端午节命名为契丹语"讨赛离"："五月五日午时，采艾叶与绵相和，絮衣七事，戎主著之，番汉臣僚各赐艾衣三事，戎主及臣僚饮宴，渤海厨子进艾糕，各点大黄汤下。番呼此节为'讨赛离'。"②"讨赛离"为契丹语，也称为"讨塞啊儿"，指的是五月，"国语谓是日为'讨塞啊儿'。讨，五；塞啊儿，月也"③。辽代端午除吃粽子外，还吃凉糕、枣糕。金元也是延续了此种风俗。五色丝在他们那里被叫作"合欢结"，彩丝做成人形插于头上，"合欢结"缠在手臂上。④ 皇帝还要着彩缕坐车中，接受南北臣僚的跪拜，进行"重五仪"。⑤ 明清以后北方汉族地区端午风俗继承了端午吃粽糕的风俗，宫中宴饮与跪拜这些习惯因王朝覆亡，不再存留于世。

辽国在端午节这天还有拜天的风俗，也被金朝继承，史载："金因辽旧俗，以重五、中元、重九日行拜天之礼。……聚宗族拜之。"⑥这一风俗为金、元所继承，只是拜祭方式发生了变化，洒马湩祭天成为主要祭天方式。据马晓林的研究，元代的祭天有两种方式，即主格黎与洒马湩祭天。主格黎是以竿悬肉祭天的仪式，较普遍地存在于突厥、契丹、女真等民族中。主格黎与契

① 《明史》卷182，北京：中华书局，1974年，第4841页。
② （宋）陈元靓：《岁时广记》卷21《端午下》（天一阁本影印），周光培编：《历代笔记小说集成·宋代卷》第13册，石家庄：河北教育出版社，1995年，第131页。
③ 《辽史》卷53《礼志》，北京：中华书局，1974年，第878页。
④ （宋）陈元靓：《岁时广记》卷21《端午上》（天一阁本影印），周光培编：《历代笔记小说集成·宋代卷》第13册，石家庄：河北教育出版社，1995年，第24页。
⑤ 宋德金、史金波：《中国风俗通史·辽金西夏卷》，上海：上海文艺出版社，2001年，第203页。
⑥ 《金史》卷35《礼志》，北京：中华书局，1975年，第826页。

丹割牲悬树、女真荐食于架的拜天仪式类似，在元代建立前的1221—1271年在华北应该有一些蒙古人曾施行重五重九拜天遗制。至元九年（1272年）元朝中书省革去诸路官办的重五重九拜天，金朝拜天礼对官方祭祀的影响中止。在元代非官方层面，蒙古人可能仍然有主格黎的风俗。重五重九拜天礼虽然停止了，但当天的射柳击毬活动仍然成了元代上层蒙古人的风尚，这可以说是受了金朝礼俗的影响。[①]

端午节娱乐的新形态——射柳与击球风俗。射柳这种风俗本是辽代风俗，金朝受其影响，也开始流行起来："射柳击球之戏，亦辽俗也，金因尚之。"《金史·礼志》对射柳的具体内容、评定胜负的标准有更为详尽的记载。"凡重五日拜天礼毕，插柳毬场为两行，当射者以尊卑序，各以帕识其枝，去地约数寸，削其皮而白之。先以一人驰马前导，后驰马以无羽横镞箭射之，既断柳，又以手接而驰去者，为上。断而不能接去者，次之。或断其青处，及中而不能断，与不能中者，为负。每射，必伐鼓以助其气。"[②]

《金史》对射柳风俗记载较为频繁，收国元年（1115年）、泰和三年（1203年）、大定三年（1163年）等均有记载。金太祖即位第一年五月"甲戌，拜天射柳"。"故事，五月五日、七月十五日、九月九日拜天射柳，岁以为常也。"蒙古族端午节也在宫廷举行击球和射柳等大型活动。[③]另外一个突出的特点就是元朝朝廷对关羽的加封，导致端午节出现"南北城人于是日赛关王会"活动[④]，为后来五月十三关帝庙会从端午节独立出来埋下了伏笔。

辽金时期，端午击球也是一项重要的娱乐活动。击球是契丹人盛行的体育活动，不但民间盛行，而且皇帝、宫廷贵族也常举行击球比赛活动。击球，也被称为击鞠，《辽史》各皇帝"本纪"和"游幸表"中都多次记载契丹皇帝击鞠，只是时间不局限于端午这天，契丹人击球技艺在马得臣上书圣宗的谏议里已提到"跃马挥杖，纵横驰骛"，击球是在马上进行的，即融马术、击球于一

---

① 马晓林：《元代蒙古人的祭天仪式》，《民族研究》2018年第3期。

② 《金史》卷35《礼志》，北京：中华书局，1975年，第826—827页。

③ （宋）陈元靓：《岁时广记》卷21《端午上》（天一阁本影印），周光培编：《历代笔记小说集成·宋代卷》第13册，石家庄：河北教育出版社，1995年，第7页。

④ （元）熊梦祥著，北京图书馆善本组辑：《析津志辑佚·岁纪》，北京：北京古籍出版社，1983年，第219页。

体，也可称打马球。<sup>①</sup> 打马球这种活动，可能继承自唐代，现存唐代史料与图录已有记载。打马球这种体育运动相传来自古波斯（也有学者认为来自吐蕃）骑马击球的活动，但当时只是一种日常消遣的游戏，并没有固定在某个节日举行，辽朝则在端午节拜天后射柳，组织击球活动，这种风俗被金朝加以继承，邻近的高句丽也受到影响，端午有击球活动。

北宋受辽文化的影响，也接受了辽人竞技射柳这一娱乐活动。据程大昌《演繁露》卷 13 "蹹柳"条注所引史料，早在宋太祖时，宋人就已有射柳之戏。其云："《西北录》云太祖时，契丹使来朝，诏使者于讲武殿观射，令其从者与卫士射毛球、截柳枝。即其事也。"两宋之际，孟元老在他记叙北宋京城风物的《东京梦华录》中也谈到了北宋东京城中射柳的事实。卷七"驾登宝津楼诸军呈百戏"条云："又以柳枝插于地，数骑以划子箭，或弓，或弩射之，谓之'褙柳枝'。"<sup>②</sup>褙柳枝，为射柳之异名，这是汉族对少数民族风俗的吸收，但它的流行始终不超出军队范围，流行的地域也主要在国都所在的京畿地区和少数边镇地区。明清以后，在北方一些府县仍然有射柳风俗的存在，这应属于北方辽、金、宋朝廷风俗的孑遗。与此同时，北宋端午还有一项娱乐活动击球，只是远不及辽、金盛行。到南宋中叶，打马球活动已经衰落。<sup>③</sup>

宋元时期端午节的另外一个显著特点是，商业功能凸显，宫廷端午风俗随着市民文化的兴盛而逐步向民间扩展。端午节在南北朝时候，官方很少举行，由各种要素构成的端午风俗形态主要流行于民间，很少有商业活动。隋唐时期北方民间端午风俗虽然记载不多，端午节商业活动已经隐约可见，但并不是全国普遍的情形。《秦中岁时记》中记载东市端午卖扇，《太平广记》记载赵州卢参军新婚之妻于五月五日到市场上购买"续命物上于舅姑"的事情，但这些只是在文献中偶有记录。

宋代，端午节一般从农历五月初一就开始了，最长延续到大端午，即五月十五日，为正端午。由于五月初五这一天节俗活动很多，人们往往以这一天指代整个端午全过程。孟元老记载了开封城端午节人们采购端午节物的市民生活。他们从五月初一就开始忙碌，"自五月一日及端午节前一日，卖桃、柳、

---

① 冯继钦：《契丹人的几项体育运动》，《求是学刊》1991 年第 4 期。
② （宋）孟元老撰，伊永文笺注：《东京梦华录笺注》卷 7，北京：中华书局，2006 年，第 688 页。
③ 刘子健：《南宋中叶马球衰落和文化的变迁》，《历史研究》1980 年第 2 期。

葵花、蒲叶、佛道艾，次日家家铺陈于门首，与粽子、五色水团、茶酒供养。又钉艾人于门上，士庶递相宴赏"。很明显，这时端午风俗的商业功能突出。

宫廷端午节的世俗化、民间化倾向是这一时期端午节又一显著特点。宫中宴饮、赏赐之风，宫廷端午祭祀天神在民间的传播尤为明显。孟元老记载了东京地区端午节"士庶递相宴赏"，一般民众端午节与宫中相似的情况，陈元靓《岁时广记》引用张文潜的词说："菖蒲酒满劝人人，愿年年欢醉。偎倚。把合欢彩索，殷勤寄与。"由此可见，端午节的宴饮及相互赠赏之风已经很盛行。

我们知道，祭祀天神在隋唐以前，主要是在皇宫、政府的组织下进行，一般老百姓是没有这种权利去祭祀的。但是宋元时期国家宗教世俗化，甚至政府对民间信仰的官方化的推动，导致许多宫廷礼仪逐渐向民间散布和民间信仰在宫中进行渗透。端午节民间以团粽、蜀葵、桃枝、柳枝等祭祀天神，希望家中平安，已经成为一种风俗。[1]此外还有在门上悬挂桃符、蒲人及张天师像等驱邪的风俗，说明道教等因素逐渐广泛渗透在端午节这一天人们的日常生活中。

端午的风俗不仅被记录在这些正史与专题性的民俗资料中，还广泛地被文人墨客以诗文的形式表达出来。从现有整理的有关宋辽时期的端午"诗词曲赋文"来看，有 172 条之多，包括端午诗绝句、端午帖子词及与端午相关的词文等丰富的相关内容，涉及上述端午节风俗的方方面面，蔚为大观。[2]

### 三、宋代都城周围端午风俗形态特征

前边我们提到了南北朝时期荆楚地区相对丰富的端午风俗形态。隋唐以后端午节风俗形态在都城一带得到比较完整的继承，这大概是因为资料的关系，我们看到地方上很少有这样内容丰富、功能多样的风俗形态。北宋开封地区的端午融合了南北地区风俗的多种要素，异彩纷呈。

北宋东京端午准备的过节物品十分丰富："百索、艾花、银样鼓儿、花花巧、画扇、香糖果子、粽子、白团。紫苏、菖蒲、木瓜，并皆茸切，以香药相和，用梅红匣子盛裹。自五月一日及端午节前一日，卖桃、柳、葵花、蒲叶、

---

① （宋）陈元靓：《岁时广记》卷 21《端午》（天一阁本影印），周光培编：《历代笔记小说集成·宋代卷》第 13 册，石家庄：河北教育出版社，1995 年，第 7 页。

② 张勃主编：《中国端午节·史料卷》，桂林：广西师范大学出版社，2013 年，第 73—113 页。

佛道艾，次日家家铺陈于门首，与粽子、五色水团、茶酒供养。又钉艾人于门上，士庶递相宴赏。"①这里提到在东京端午准备的过节物品中，有穿戴的百索、艾花等，芳香理气类的药用紫苏等，食用的粽子等，还有端午常用的艾、蒲等这类悬挂于门户的必备物。时至今日，在西北与江南地区，仍然流行端午节门前悬挂艾柳等植物的风俗。

端午节节日饮食风俗方面，除了粽子依然是端午节的核心要素而外，蒲酒、艾酒等成为端午节必备之物。这时候的粽子种类繁多，品类各异，有角粽（汉代北方最早称角黍）、筒粽（南北朝荆楚地区）、锥粽、锤粽、九子粽（唐代已有）等②，由于粽子是端午节最主要的食品，故北宋东京人又称端午节为"解粽节"，明清时期谓端午节为解粽节，大概来源于此。还有互相献粽赌酒或赌博的风俗。③饮菖蒲酒，如"使持菖蒲饮，不畏青蝇及"等。此外，端午果子名目繁多，《岁时广记》引用《岁时杂记》曰："都人以菖蒲、生姜、杏、梅、李、紫苏等切如丝……皆端午果子也。"这是清代北京地区端午果子的先声。这时端午节饮食已经很少提到"屈原"字样，它们已经成为世俗的饮食之需了。

端午驱邪功能在这一时期的节日风俗中体现得很明显，超过前期北方端午的五色缕、桃印、避兵缯、艾、避瘟扇等物，增加了道家灵符、厌胜物等。符类有艾符、天师符、五色彩线篆符、午时符、桃符、彩胜等。④它们都是道家避邪禳灾常用之物，出现在端午风俗中，则体现了人们在端午节对禳灾驱邪的重视程度，同时也说明了道教借助节日世俗化的倾向。这些要素主要悬挂于户、窗、屋内屏风等处，尤其以门额最为普遍。这样做的目的是为整个家庭的平安祈禳。对于个体来说，这时候则有侧重于小孩的倾向，由艾做成的艾虎，由菖蒲根雕刻的"小葫芦""小人儿"常挂于小孩脖项避邪。⑤

北宋东京地区端午娱乐功能和文人活动多样化，竞渡、射柳、赌粽、斗力

---

① （宋）孟元老撰，邓之成注：《东京梦华录注》卷8，北京：中华书局，1982年，第203页。

② （宋）陈元靓：《岁时广记》卷21《端午上》（天一阁本影印），周光培编：《历代笔记小说集成·宋代卷》第13册，石家庄：河北教育出版社，1995年，第14页。

③ （宋）陈元靓：《岁时广记》卷21《端午上》（天一阁本影印），周光培编：《历代笔记小说集成·宋代卷》第13册，石家庄：河北教育出版社，1995年，第15页。

④ （宋）陈元靓：《岁时广记》卷21《端午上》（天一阁本影印），周光培编：《历代笔记小说集成·宋代卷》第13册，石家庄：河北教育出版社，1995年，第15页。

⑤ （宋）陈元靓：《岁时广记》卷21《端午上》（天一阁本影印），周光培编：《历代笔记小说集成·宋代卷》第13册，石家庄：河北教育出版社，1995年，第31页。

是北宋宫廷端午节的常设节目，前文已经交代。除了这些娱乐活动而外，文人士子也有自己的风俗。端午节同时也是文人的晒书节，"是日朝廷三省六部以下，各赐钱设宴，为晒书会"①。他们宴请老师、同门，晒书讲学成为当时的一种风俗。除此之外，对普通民众的影响就是所谓的佩戴"道理袋"，让人明白事理，避免口舌之灾。由于宋代以后的文官政治影响，端午节有了新的变化，这估计是明清以后端午隆师风俗（每年在端午节看望老师形成的一种礼俗）的开端。

我们需要说明的是，北宋东京城之所以呈现北方地区端午风俗完整的形态，主要有以下几个方面的原因：第一，端午节要素丰富，几乎代表每一种功能的端午要素都出现了，明清以后端午节只是在此基础上的分化，或者只是某些要素的些许改变，但功能却没有超出这一时期。第二，由各种要素构成的端午风俗形成了稳定的结构，像五色丝、粽子、艾、菖蒲等，在北方地区后来一直存在，成为很普遍的要素，只要有端午节，就必然会有此类端午节的节俗物品。第三，由各种要素形成稳定结构之后，它所具备的多样性功能至少有四种，即驱灾祈福、娱乐宴饮、商业贸易、纪念屈原。这是和南北朝时期荆楚地区极不相同的。明以后这种格局依然不变，一直延续到民国，端午节功能已趋于定型。东京城端午风俗之所以呈现北方地区端午完整形态，是因为它是全国经济、政治、文化的核心，南北文化交流及繁荣的市民文化为其发育提供了温床。

1127 年靖康之变时宋徽宗、宋钦宗被金国所俘，北宋灭亡。赵构在南京应天府（今河南商丘）继承皇位，后迁都临安，史称南宋。南宋都城所在地为临安，因有武林山，故有人也将临安以武林为指代。尽管南宋偏安一隅，但是都城社会生活风俗之盛大，包括皇家生活也不比北宋东京逊色，奢靡程度引起时人的强烈不满，以至于当时诗人林升感慨："山外青山楼外楼，西湖歌舞几时休？暖风熏得游人醉，直把杭州作汴州。"南宋亡国之后，周密、吴自牧抱遗民之痛，致力于故国文献，分别写就《武林旧事》与《梦粱录》。这两部书可以让今人窥见当时各阶层都市社会生活的一斑，自然端午节也通过他们的回忆被详细地记录下来了。

在这里我们要附带说明一下端午节节名多样化情况。最早南北朝荆楚地区

---

① （清）鲍廷博辑：《朝野类要》卷1《曝书》，北京：中华书局，1999年，第120页。

称"端午"，这到现在依然流行，我们往往说端午节又称某某节，可见人们已经认可五月五日为端午节的普遍性。其实在演变过程中，人们还依照五月五日这一天举行的某些活动或者某些要素来命名。宋元时期端午节又称"蒲节"，取代表要素"菖蒲"为名；"解粽节"因端午节吃粽子而得名；还有为"重五"的说法，是因为五月五日为两个"五"，所以又称"重五节"；"地腊节"是道教在节日当中的渗透的表现，其他如"天中节""端阳"，又称"端五节"①，但是名目繁多的称谓反映了一个基本事实，那就是端午节在人们心中是极其重要的，后来明清端午节成为国家规定的节假日和中国古代三大传统节日之一也反映了这一点。

---

① （宋）陈元靓：《岁时广记》卷 21 至 22《端午》（天一阁本影印），周光培编：《历代笔记小说集成·宋代卷》第 13 册，石家庄：河北教育出版社，1995 年，第 3、6、15、42 页。

# 第三章 元明清至民国时期北方地区端午风俗类型与地域特点

## 第一节 元代端午风俗的特点

元代的端午风俗多是沿袭辽、金和宋朝，在饮食方面依然是吃粽子、凉糕及各种应季果蔬，喝菖蒲酒、茶等；在娱乐活动方面则有射柳、竞渡、击球等娱乐活动，采药制药及沐浴也较为流行。从现有的文献来看，集中叙述一个地区端午风俗的主要有《析津志》和《至顺镇江志》，分别是对今北京和镇江地区的记录。《析津志》为元代熊梦祥所著，主要是叙述元代北京及北京地区历史的方志性书籍，原书早已亡佚，目前已由北京图书馆古籍善本组工作人员搜集整理为《析津志辑佚》出版。①《至顺镇江志》为元代俞希鲁撰写，原书也已不复存在，清代道光年间阮元依据道光二十二年（1842年）丹徒包氏刊本刊印，后江苏古籍出版社整理出版了《至顺镇江志》。②

北京作为元代都城所在，端午风俗异常丰富。现依据《析津志辑佚》整理如下：

> 午节，宣徽院进宝扇、彩索、珠花、金罗、酒醴、凉糕、香粽。中正院

---

① 孙立慧：《〈析津志辑佚〉中的有关问题》，《文献》2006年第4期。
② 朱云瑛：《阮元与〈至顺镇江志〉》，《档案与建设》2015年第6期。

三后所属衙门，各有故典仪物，以次进献。礼部亦然。盖以此为大节故耳。

击球者，今之故典。而我朝演武亦自不废。常于五月五日、九月九日，太子、诸王于西华门内宽广地位，上召集各衙万户、千户，但怯薛能击球者，咸用上等骏马，系以雉尾、缨络，萦缀镜铃、狼尾、安答海，装饰如画。玄其障泥，以两肚带拴束其鞍。先以一马前驰，掷大皮缝软球子于地，群马争骤，各以长藤柄球杖争接之。而球子忽绰在球棒上，随马走如电，而球子终不坠地。力捷而熟娴者，以球子挑剔跳掷于虚空中，而终不离于球杖。马走如飞，然后打入球门中者为胜。当其击球之时，盘屈旋转，倏如流电之过目，观者动心骇志，英锐之气奋然。虽耀武者，捷疾无过于是，盖有赏罚不佯耳。如镇南王之在扬州也，于是日王宫前列方盖，太子、妃子左右分坐，与诸王同列。执艺者上马如前仪，胜者受上赏；罚不胜者，若纱罗画扇之属。此王者之击球也。其国制如此。

斫柳者于端午日，质明镇南王于府前张方盖，与王妃偕坐焉。是时覃王妃同在，诸王妃咸坐，仍各以大红销金伞为盖，列坐于左；诸王列坐于右。诸王行觞为节令寿。前列三军，旗帜森然。武职者咸令斫柳，以柳条去青一尺，插入土中五寸。仍各以手帕系于柳上，自记其仪。有引马者先走，万户引弓随之，乃开弓斫柳。断其白者，则击锣鼓为胜，其赏如前。不胜者亦如前罚之。仪马疋咸与前饰同，此武将耀武之艺也。①

端午节不仅仅是向朝廷进献，朝廷也向大臣赐予物件，王冕的《重午次韵敬常叶公》"四更风雨客怀壮，五月幽燕地气凉。况是天家赐衣节，不访谈笑引壶觞"即是明证。射柳这种风俗主要是在军队举行，不仅北方都城地区盛行，南方也有类似活动。袁士元《雨中端午》"山馆淹旬留客雨，江乡五月熟梅天。攀榴邻妇羞拖屣，射柳将军懒着鞭"的诗句也反映了此种情况。

上述《析津志辑佚》的记录，叙述元代端午作为盛大的节日，主要的宫廷娱乐活动——击球与斫柳（即射柳）的详细过程及朝廷院、部进献状况。比较辽、金及前代端午风俗，这明显是对旧时端午风俗的延续。不仅如此，在《析津志辑佚·岁纪》部分，还详细叙述了端午节宫廷置办进献的扇子、粽子、果

① （元）熊梦祥著，北京图书馆善本组辑：《析津志辑佚·风俗》，北京：北京古籍出版社，1983年，第203—204页。

子、蔬菜等，当然也略为提及南北端午市场买卖概况。

五月天都庆端午，艾叶天师符带虎，玉扇刻丝金线缕。怀荆楚，珠钿彩索呈宫御。进上凉糕并角黍，宫娥彩索缠鹦鹉，玉屑蒲香浮绿醑。葵榴吐，鍪舆岁岁先清暑。节前三日，中书礼部办进上位御扇，扇面用刻丝作诸般花样，人物、故事、花木、翎毛、山水、界画，极其工致，妙绝古今。若退晕、淡染如生成，比诸画者反不及矣。仍有金线戏绣出升降二龙在云中。以玉为柄，长一尺，琢云龙升。上以赤金填于刻文内，又用金线条缚之如线系，或扇团以银线缠之，如是者凡数样，制俱不同。有串香柄、玛瑙、犀角，成雕龙凤，金涂其刻。又有拂子，用洁白细冗软牛毛，亦有染色者不一。资正院、中正院进上，系南城织染局总管府管办，金条、彩索、金珠、翠花、面靥、花钿、奇石、戒止、香粉、胭脂、洗药，各各精制如扇拂。一如上位仪式。太子詹事院并如上仪进。将作院进彩画扇、翠扇、金碧山水扇、金纱、金罗、白索等。如凉糕、粽饼并同。典饮局并同。光禄寺酒、凉糕、密枣糕、粝米粽、金桃、御黄子、藕、甜瓜、西瓜，并同各大衙，并依上年故事。宣徽院为首，领八作司等院，其三官詹事院属司，并如上年式。是节诸项进呈，所费五千余定。滦都行在资正院、织染总管府，差官一员，乘传赴上都，进上位及三宫后，以表里答劳之，此常典也，或在中途不可定止。是节上自三公宰辅、省院台，俱有画扇、彩索、拂子、凉糕之礼；中贵官同，故其费厚也。都中于节前二三日，小经纪者于是中角头阛阓处，芦苇架棚挂画，发卖诸般凉糕等项。

市中卖艾虎、泥大师、彩线符袋牌等，大概江南略同。南北城人于是日赛关王会，有案，极侈丽。貂鼠局曾以白银鼠染作五色毛，缝砌成关王画一轴，盘一金龙，若鼓乐、行院，相角华丽，一出于散乐所制，宜其精也。太庙荐新：果：桃、李、御黄子、甜瓜、西瓜、藕、林擒、李子，菜：胎心菜、蒜、茄、韭、葱、玉瓜、苦菜。神位前，凉糕、粝米粽、香枣糕、扇拂百索，一如所进仪式。无敢有忒酒、马奶子、笋、蒲、含桃。①

---

① （元）熊梦祥著，北京图书馆善本组辑：《析津志辑佚·岁纪》，北京：北京古籍出版社，1983 年，第218—219 页。

细读上述文献，很明显与辽金风俗一致，宫廷所在地北京地区没有竞渡的记载，但是节日进献诸物比前代丰富许多。文献中写及卖艾虎等风俗时，还提到了"南北城人于是日赛关王会"这一前代所没有的情形。端午节元大都赛关王会主要在城南和城北，据研究，赛关王会主要是人们用各种兽皮缝制、染绘成关羽画像，然后集会游行，各种说唱艺人、鼓乐技师互相叫阵，热闹非凡。① 元代大都节前数日在城中各饮食摊点就开始卖粳米粽、李子等食品和艾虎、泥大师、彩线符袋牌等辟邪物品。由端午节的情况看，元大都市民已经完全接受了汉人的过节风俗，将龙舟竞渡改成了具有地方特点的纪念性娱乐比赛活动。

南方的镇江一带，端午风俗却是另一番景象。《至顺镇江志》不但描述了当时的端午风俗，而且还列举了这些风俗的历史渊源。主要有源自荆楚地区的竞渡、斗力（应为荆楚牵钩之戏，类似于今天的拔河）、系白索、食角黍、饮蒲酒、斗百草、戴钗头符（限女性）、画天师像等。②

镇江的端午竞渡记载虽仅"竞渡"两个字，但吴存和许恕还是较为详细地描绘了当时江南水乡竞渡的盛况。吴存的《水龙吟·督军湖观竞渡》是这样叙述的：

> 平湖暮色冥蒙，雷风唤起双龙舞。吸乾彭蠡，须臾嚄作，一川烟雨。汉女霓旌，湘妃翠盖，冯夷鼍鼓。想祝融指挥，涛奔浪卷，来赴世间端午。此地番君旧境，问当年军容何许。垂杨断岸，几回想像，水犀潮弩。风景依然，英雄远矣，悠悠汉楚。笑邦人只记，饭筒缠彩，泪江怀古。

词中所写的平湖，即今天的鄱阳湖，这里的端午节纪念屈原，举办赛龙舟活动，吃缠着彩线的竹筒粽。不仅鄱阳湖，今天名闻天下的大闸蟹出产地——阳澄湖也有端午竞渡与泛舟风俗。

许恕的《竞渡曲》描写如下：

> 小船凫雁翔，大船火龙骧。船头翠旍舞，船尾彩旗张。水师跳浪健如虎，彷佛冯夷来击鼓。奔走先后出复没，银涛蹴山洒飞雨。棹歌满江声入

---

① 吴承忠、韩光辉：《元大都休闲文化景观研究》，《北京社会科学》2016年第1期。

② （元）俞希鲁编纂：《至顺镇江志》卷3《风俗》，南京：江苏古籍出版社，1999年，第77—78页。

云，醉狂不畏河伯嗔。撇波急桨电光掣，夺得锦标如有神。灵均孤忠照今古，土俗犹能继端午。湘魂不来心独苦，归咏《离骚》酹蒲醑。

诗中"夺标"是竞渡的关键，意味着抢彩头取得胜利，是竞渡力量和速度的最好展示。张宪的《端午词》也提及端午江南"段家桥下水如潮，东船夺得西船标"，并且胜利之后还有奖赏。不仅宋词里端午被吟咏，元曲中也有江南水乡端午竞渡、射柳等风俗。"浴兰芳荆楚风流，艾掩门眉，符映钗头。雪卷鸥波，雷轰鼍鼓，电闪龙舟。骄马骤雕弓翠柳，小蛾讴宝髻红榴。醉倚江楼，笑煞湘累，不葬糟丘。"这是张可久《折桂令·重午席间》中描写端午江楼宴饮所见端午情形。

除以上而外，今浙江定海采艾、宁波收菖蒲、福建莆田采苍耳等活动风俗更为普遍，以致有诗人写道："道逢采药人，不识葵与榴。"在今江苏兴化一带，端午还有祭祀祖先的风俗，郭畀记载至大二年（1309 年）"五月五日微雨，祀先"①。不仅如此，元代的《居家必用事类全集》一书还提到了端午祭祖的祝语。看来，端午祭祀祖先并不是个别现象，在当时中国不少地方都有这一风俗，"五色灵钱傍午烧，彩胜金花贴鼓腰"描述的即是端午祭祖的点滴情景。这些祭祖的风俗被当代的一些学者加以挖掘，认为端午起源即来源于祭祖。显然，端午祭祖只是元代文献记录，属于端午节的流变，而不是其起源。

在元代的诗文里，常州、永嘉、慈溪、信州、淮阴、开平、松江等地端午，涉及喝菖蒲酒、吃粽子、系五彩丝、赏石榴花、纪念屈原等风俗，这里不一一罗列。

## 第二节　明清端午风俗的特点

关于明清时期端午风俗的状况，萧放做了大致的分析，具体情况见前文综述。明清距今数百年，大量的正史、笔记、诗词、小说等文献存留下来，有关端午的记载不绝于书，为当前了解明清端午提供了很好的资源。

和以前端午风俗不断变化、功能日趋多样化不同，此时端午风俗自魏晋以来

---

① 郭畀：《云山日记》卷下，转引自罗亚琳：《郭畀和他的〈云山日记〉——元初江南士人书画世界》，中央美术学院博士学位论文，2015 年，第 241 页。

经历近千年的发展与沉淀，已经大为丰富和趋于稳定。明人谢肇淛曾言："古人岁时之事，行于今者，独端午为多，竞渡也，作粽也，系五色丝也，饮菖蒲也，悬艾也，作艾虎也，佩符也，浴兰汤也，斗草也，采药也，书仪方也，而又以雄黄入酒饮之，并喷屋壁、床帐，婴儿涂其耳鼻，云以辟蛇、虫诸毒，兰汤不可得，则以午时取五色草沸而浴之。至于竞渡，楚、蜀为甚，吾闽亦喜为之，云以驱疫，有司禁之不能也。五月五日子，唐以前忌之，今不尔也。"①

上述谢肇淛的记录是明代端午风俗的大致情形，如果详细阅读文献，我们可以更全面地知道明朝端午风俗：谢肇淛记录的不仅是福建地区端午风俗个例，全国也是如此，只是北方竞渡不及南方普遍，北方以射柳为盛；竞渡风俗不仅楚、蜀大为兴盛，吴越之地竞渡也盛况空前；荆楚江浙一带还流行兰汤沐浴风俗；北京一带零星地区还有五月五日生子等一些忌讳，隐约能让我们想起汉代五月生子不举的风俗。其余如端午节上自朝廷下至百姓宴饮馈赠之俗风靡全国等，也是当时最为普遍的现象，只是作者没有记录。

竞渡，南方水乡泽国的荆楚之地自不必说，因屈原投江，竞渡成风。但江浙一带，包括北京等北方地区也有此风俗。明代张瀚提到："竞渡惟留都为盛，闽中次之。一舟可容十人，大者可二十人，鼓枻而前，顷刻数里，往来如飞，以先后为胜负。近年西湖亦效为之，然行不能疾。"②这里的"留都"，就指的是今天的南京，浙江的西湖竞渡也被作者关注。但是纵观前代文献，竞渡都是因为纪念屈原，而这里却提到了竞渡是因为"驱疫"，显然，竞渡驱疫的主要发生地在福建，也包括浙江地区，但这不是首次记录。

"竞渡驱疫"一说尽管记录的是明代福建地区，但早在宋代，岳阳地区就已经有端午禳灾的风俗。宋人范致明记载的岳州所辖巴陵、华容、平江等地端午驱疫禳灾风俗应当引起我们的注意。前文提及江绍原先生的《端午竞渡本意考》一文，就揭示出端午竞渡本是驱疫的一种活动，这也许是结合这些文献及实际田野调查之后得出的结论，有一定的道理，但不应该就认为竞渡的原始意义就是驱疫。

长久以来，北方地区端午风俗以角黍、五色丝、艾叶、雄黄酒等为核心要

---

① （明）谢肇淛：《五杂俎》卷2《天部二》，北京：中华书局，1959年，第35页。
② （明）张瀚著，盛冬铃点校：《松窗梦语》卷7，北京：中华书局，1985年，第137页。

素形成了在阴历五月五日这一天吃粽子、戴五色丝、门悬艾叶、饮雄黄酒、竞渡等事象，具备了驱邪祈福、宴饮娱乐、纪念屈原、商业功能等稳定的结构。明清时期是中国封建王朝的后期，这一时期的中国传统官方文化在经历了汉唐强盛、宋代成熟阶段后，趋于衰落。而大量留存的文献反映出的民间文化的发展态势，显现出强大优势。端午节风俗在各州、府、县的普及和都城风俗的民间化与遗存也是如此。不过需要强调的是，因为地区人文和自然环境的差异及历史原因，这一时期的端午风俗在具有相似性的前提下，仍然有明显的区域差异，体现出既有总体特征又有区域不同类型的特点。

明清时期端午风俗的总体特点有以下两方面：第一方面，就是对前代端午节的继承。继承的主要表现是节日发生的时间、民俗事象、形态功能甚至是节名都有很大的相似性。首先是都城风俗的一脉相承。宋代东京城端午节的风俗形态、功能在明清时期的北京城得到完整的继承。宋代东京城所出现的端午节风俗，都可以在明清时期北京城端午风俗中找得到，如赏赐宴贺"端午、重阳、腊八日，永乐间俱于奉天门赐百官宴，用乐"①，娱乐射柳风俗如"端午，帝射柳"②，其余也多有继承。第二方面，州、府、县等地端午风俗的形态是接受都城风俗的部分，换句话说是相对都城端午完整形态的残留。地方上端午由于主客观条件的制约，一些风俗活动很少开展，如隋唐长安、宋代开封的风俗，清代地方虽相同，但风俗形态缺少了某些风俗事象（如竞渡、斗草等），明清北京的风俗完整形态，在京城以外的广大地区的表现也是如此。

除了继承而外，更多的却是新的变化。主要有以下几个方面。

第一，政府对端午的重视程度提高。明清端午官吏休假宴饮，"（嘉靖）至五月五日，书吏皆归家度节"③，成为法定节日。到了清代，端午节和元旦、中秋为一年中的三大节日，不但官吏能休假，一般工商士民也休息度假，"至时则商贾歇业，百工休假。官吏士民，于前一日即衣冠贺节"④。

第二，端午风俗的城乡普及化。如前文所述，明清以前端午节的民间扩散

---

① 《明史》卷 53，北京：中华书局，1974 年，第 1360 页。

② 《明史》卷 307，北京：中华书局，1974 年，第 7877 页。

③ 尚秉和著，母庚才、刘瑞玲点校：《历代社会风俗事物考》卷 39《岁时伏腊》，北京：中国书店，2000 年，第 427 页。

④ 尚秉和著，母庚才、刘瑞玲点校：《历代社会风俗事物考》卷 39《岁时伏腊》，北京：中国书店，2000 年，第 427 页。

主要集中于都城或者是大城市附近地区，接受对象也主要是市民阶层，边远的州府因资料的缺乏，无法展开论述。这一时期，端午节的风俗是全国各地，大到国都、州府，小到乡村民间的单家独户，都在五月五日这一天过端午佳节。

第三，形成了北方地区端午风俗的基本形态。北方地区的端午基本模式是由角黍、五色缕、艾叶、雄黄酒等要素构成，形成食角黍（粽子）、小儿戴五色丝、门插或人戴艾叶、饮雄黄酒、亲戚朋友互赠端午节物（以角黍为主）的稳定形态，具备辟邪祈福、宴饮为主，兼有纪念屈原和商业功能的风俗形态。从整个情况看来，这种流行模式跨越北方省区，具有普遍性。

第四，北方区域内部呈现出基本形态以外的差异性。表现在以下几个方面：①西北地区甘肃，尤其是河西走廊端午要素的代表物中，"杨柳"取代了"艾"，形成"门户插杨柳"辟邪祈福的独特风俗区（陕西只有靖边县一个例外，北方其余省区笔者尚未见到）。②以娱乐为主的"射柳、踏柳"等风俗在边镇及个别省区（黄河以东、南的山西、河北、河南、京津地区）存留，成为少数民族风俗汉化的重要表现。③北方端午竞渡风俗在京津地区运河段、黄河流域、汉水流域等地流行，成为一大特色。陇右地区端午点高山风俗及个别县域（甘肃省洮州厅，今临潭县）迎神赛会也具有浓厚的地域文化特色。④从端午风俗的深层含义来看，对弱势人群格外关注，风俗中的许多活动都是针对小孩、妇女的，如各地区都有小孩戴长命缕、五色丝、百索、香囊，涂抹雄黄酒等风俗，性别方面似乎也更关注女性。北京地区端午节被称作"女儿节"，河南、陕西、山西、甘肃等地好多出嫁女都回娘家过节，称"归宁""逆女""迎女"等，这是其新增的内容，未婚妇女缔结婚姻等仪式也在此时进行，形成一种以姻亲关系为核心的端午风俗圈。据笔者了解，这一风俗在今甘肃地区还依然盛行。

## 第三节　明清、民国时期端午风俗的类型特征

### 一、北方地区端午节风俗类型

鉴于以上叙述，我们可以知道，明清以后，端午风俗形态逐渐稳定下来，

因此对其进行分类有了一定的可行性。

目前对传统节日的区域划分，主要还是依据原有节日的名称来定，在论述的过程中对某一个节日进行再分类的做法并不多，至多也是对同一个节日的地区差异作对比，并没有类型划分，因而在论述明清、民国时期端午风俗类型时，我们有必要对同一节日的类型划分作一界定。

尽管是同一节日，由于不同历史时期的社会文化背景、地域环境差异等因素影响，节日在其演变过程中也是形态各异的。明清时期北方端午风俗逐渐形成由粽子、长命缕、龙舟等要素构成，集辟邪、娱乐、商业、纪念等多种功能于一体的形态特征，但不同地区又具有一定的差异。这种差异性的确定，我们可以从整体上去考虑，着眼于节俗形态的构成要素和不同功能来确定。大致有两种情况：①由明显差异的要素构成的风俗形态，虽然功能相同，但它们属于不同的类别，如门户插艾、挂菖蒲等辟邪，而有的地方挂杨柳辟邪，虽然功能相同，但辟邪物有很大差异，且不是个别现象，我们将其划分为一个类型；端午射柳与竞渡风俗同样有娱乐的功能，由于形态的巨大差异，我们也将其归为不同的两个类型。②根据民俗事象不同及功能的表现不同，则可以明显地将其划分为新的类型，尤其是北方地区个别风俗，如陇右点高山风俗等。

根据以上同一节日类型的划分依据，可以大致将清代以后北方地区端午节风俗的类型归为两种形态：基本形态和变异形态。基本形态具体表现为阴历五月五日吃粽子、小孩戴五色丝、门户悬挂或人们佩戴艾叶、饮雄黄酒。以端午节物（粽子为主）相互馈赠的结构，具备驱邪祈福、庆贺佳节的风俗形态，其作为一种民间节日，在北方各省区具有普遍性，如天津"贴门符，插蒲艾，食角黍，饮雄黄酒，系儿以彩线（即五色丝），曰'长命缕'"[1]；山西大同"家家饮雄黄酒，食角黍，孩童插艾佩符、臂缠彩线，与他处同"[2]；山东淄川"端午，悬艾于门，簪于鬓，饮雄黄酒。小儿系五色丝，即长命缕也。食角

---

① （清）朱奎扬等修：《天津县志》卷 13《风俗》，《中国地方志集成·天津府县志辑》第 5 册，南京：凤凰出版社，2005 年，第 3 页。

② （清）黎中辅等纂修：（道光）《大同县志》卷 8《风土·风俗》，《中国地方志集成·山西府县志辑》，南京：凤凰出版社，2005 年，第 104 页。

黍，吊屈原遗俗也"①；河南中牟"端阳，食角黍，饮雄黄酒，门悬艾叶，童子系五色丝，亲友馈礼"②。山东、宁夏、陕西这种端午风俗在北方地区具有普遍性。除此所举资料外，《古今图书集成·职方典》中有以府为单位的端午风俗记载，这里不一一罗列。

风俗的形成与发展往往受多种因素的影响，在不同区域条件下呈现出不同的风俗形态。北方地区内部呈现出变异的情况，遂将其化为变异形态，即表现在插柳、点高山、射柳、北方竞渡等风俗事象上。

竞渡类型。在基本形态的基础上，具备端午竞渡风俗，娱乐功能明显，如河北沧州"端午，插艾、悬符，饮菖蒲、雄黄酒，小儿系五彩丝，斗龙舟"③。其余如安康地区的紫阳也有记载"端午戏龙舟悬艾虎，饮菖蒲雄黄酒"④的风俗。竞渡一般发生在水资源丰富地区的府、州、县治附近，这些地区或者有竞渡历史传统，或者是历史上国都所在的相邻地区。

插柳类型。端午杨柳基本上取代了艾叶的地位，宴饮风俗弱化，商业功能不明显，故将其划分为一个类型。其具体表现形式如甘肃河西走廊地区的甘州府"五日，户插柳枝，家食角菽，人饮蒲酒，以五色丝系小儿手足，谓之'长命缕'"⑤。其余河西地区几乎全部如此，是端午插柳风俗的典型区域。

射柳类型。此种类型带有北方地区游牧民族的风俗特点，以骑射娱乐活动为主，是北方端午特有的一种风俗。表现形式如山东登州府："端午，军校藉柳于教场。立彩门，悬葫、鸽于上，走马射之，中葫则鸽飞跃，为之'演柳'，间一行之……士民之家饷角黍，泛雄黄菖蒲酒，儿女辈彩索缠臂"⑥。其余如山

① （清）张鸣铎修，张廷寀纂：（乾隆）《淄川县志》卷1《舆地志·风俗》，《中国地方志集成·山东府县志辑》，南京：凤凰出版社，2004年，第63页。

② 萧德馨等修，熊绍龙等纂：《中牟县志》卷3《人事志·礼俗》，《中国地方志丛书·河南省》，台北：成文出版社，1968年，第190页。

③ 丁世良、赵放主编：《中国地方志民俗资料汇编·沧州志》，北京：北京图书馆出版社，1989年，第363—364页。

④ （清）陈仅、吴纯修，杨家坤、曹学易纂：《紫阳县志》卷7《记事·风俗》，道光二十三年刻本。

⑤ （清）升允、长庚修，安维俊纂：《甘肃新通志》卷11《舆地志·风俗·时令》，中国西北文献丛书编委会：《中国西北文献丛书·西北稀见方志文献》第23卷，兰州：兰州古籍书店影印，1990年，第607页。

⑥ （清）方汝翼、贾瑚、周悦让，等修：（光绪）《增修登州府志》卷6《风俗·端午》，《中国地方志集成·山东府县志辑》，南京：凤凰出版社，2004年，第72页。

西祁县"祀先，戴艾，悬艾虎，饮菖蒲酒，射柳为乐"①。

点高山类型。整个北方地区只有两三个县或府具有该类型，基本上没有前代历史资料，如陇东漳县端午节"门插柳枝，儿童以红索系腕颈，涂雄黄于耳、鼻。邻友以角黍互相投赠，牧童祀山神，积薪为山，于鸡鸣时焚之，俗称'燃高山'"②。我们称之为端午点高山风俗，与此类似的还有隆德县，"五月五日为端阳节，门插柳枝……牧童点高山"③。

## 二、各类端午风俗的地域特征

目前关于端午风俗的区划有三种方式，即按南北方、流域、民族划分，前文综述中已经交代。还有以省区为单位的，如张晓虹所著《文化区域的分异与整合——陕西历史地理文化研究》将历史时期陕西的岁时节日以陕南、关中、陕北三个地方来区划，即是如此。④选定北方作为研究范围，前文作了交代，虽然北方属于感觉文化区，但是笔者的目的并不是探讨其形成的过程，而是研究其内部的风俗区域差异。文化区是多种文化要素叠加而形成的一种区域，它的形成和发展往往是多种因素的结果。而作为端午风俗来说，它只是一个单一的文化要素，很难上升到文化区的高度，尤其是经过历史的梳理，我们看到端午的某些风俗突破区域限制的事例，所以很少涉及分省区的研究（仅陕西一例），而是试图用风俗类型来解决风俗与地域的关系问题。端午风俗类型确定后，大致的区域对应关系就可以表现出来了。

下面，笔者需要交代一下几种端午变异形态的地域特征。

（1）竞渡类型发生的地域特征。此类风俗首先是在历史时期水资源丰富地区的府、州、县治附近，或有竞渡历史传统，或者是历史上国都所在的相邻地区。明清以前，隋唐长安、宋东京、元大都为主要地点；明清时期主要地点有：北京及其周围通州，河北静海、滦州、沧州、新安县等运河地段，河南颍

① 丁世良、赵放主编：《中国地方志民俗资料汇编·祁县志》，北京：北京图书馆出版社，1989年，第591页。

② 韩世英修：《重修漳县志》卷1《舆地·风俗》，中国西北文献丛书编委会：《中国西北文献丛书·西北稀见方志文献》第40卷，甘肃：兰州古籍书店影印，1990年，第34页。

③ 桑丹桂修，陈国栋纂：《隆德县志》卷1《民族·社会习尚·时令》，《中国方志丛书·甘肃省》，台北：成文出版社，1976年，第139页。

④ 张晓虹：《文化区域的分异与整合——陕西历史地理文化研究》，上海：上海书店出版社，2004年。

水流域商水县、淮阳县，淮河支流潢河流域的光州地区，陕西黄河边大荔县，汉水及其支流附近洋州，汉中府及其所辖南郑、西乡，兴安府县安康县、紫阳、旬阳、白河等地区。

（2）端午插柳类型的地域特点。甘肃大部分地区，尤其以河西走廊为典型，艾并不受人们青睐，人们选择了杨柳作为端午节重要的物品。人们在端午节插柳于门户，选择这种朴素的方式过端午节，这种风俗明清以后一直延续到现在（仅陕西靖边县有一特例，这是一种文化孤岛现象）。

（3）射柳类型的地域分布。射柳可以说是北方典型的端午风俗，可以和南方端午竞渡相媲美。这类风俗是中原和北方少数民族骑射风俗融合的产物，在中国北方东北一带、内蒙古等地相对突出，研究主要涉及河南开封尉氏县、山东登州府、黄县，山西祁县、文水县、榆社县、沁州、武乡县及北京郊区州县。

（4）个别特殊类型。例如，"点高山"，仅有相连的几个县出现这种情况，集中在陇右山区的一些县域，如甘肃平凉府的隆德县、巩昌府的漳县，端午节这天五更时牧童"点高山"，甘肃临潭端午龙神赛会等，其余还有祭祀祖先（山西平遥等）、旁午（河南灵宝等）、瘟神、龙王等情况，由于资料所限，下文主要以陇右地区端午"点高山"风俗为例详细讨论。

# 第四节　以端午风俗圈为主的基本形态及端午节物

## 一、端午风俗圈的形成及其表现

为便于统一起见，在对上述北方端午风俗做了类型划分和地区分布后，笔者将端午节的基本形态在这里一并讨论，下一章节将直接进入变异形态的个案分析。

端午节从明清到民国时期一直是一个全国范围内的、各个阶层都参与的大众化节日，尤其在普通民众的节日活动中扮演重要的角色。它作为日常生活的调和剂，一系列节日风俗活动的开展，制造了与日常平静节奏相异的欢庆狂欢气氛，尤其是龙舟竞渡与端午射柳风俗，更是激发了人们原始状态下的狂欢精神。①除此以外，我们还应该注意在每一个县域之内端午节亲友、师生相互交往而形成的端午风俗圈。学术界在文化研究当中已经有了祭祀圈、婚姻圈、文化圈等。②端午风俗圈应该说和婚姻圈有重合的地方，因为往来之间的姻亲关系包含了这一层，但端午风俗圈更多地产生于人们的相互交往而形成的社会交际网络中。对于端午节的基本形态，这里通过端午风俗圈来作一个简要的论说。

端午的基本形态如前所述，它是北方最为通行的一种风俗，除了节日用品容易取得、过节形式方便以外，它之所以在北方如此广大的范围内出现，还有一个重要的原因，那就是传统社会稳定的宗族关系下形成的人际关系圈的长久保留，使得端午姻亲、师生相互礼仪交往的风俗长久延绵。

自唐以后，端午就成为一种民间节日，由于端午的禁忌，人们都希望这一天家庭、亲友平安幸福，就有了给朋友、家人送长命缕、辟瘟扇的风俗。随着时代的演变，明清时期端午节人们之间的来往日益频繁，聚会主要表现在姻亲、师生关系方面。首先，维持婚姻关系方面。男方给女方送过节礼，包括未婚和已婚者，如河南尉氏县，"五日……家家以衣物、果品遗女家，如女未嫁，则男家行礼如之，皆谓之'追节'"③；新郑县，"五日'天中节'，插门以艾，啖角黍……迎女缀节，各相馈遗"。通许、新乡等县都有"姻戚以角黍相遗"的记载，辉县也有"以角黍相赠，男女婚姻杂以仪物，谓之'追节'"。其他类似情况不胜枚举。山西的情况如朔州，"五日……逆女，追节"④，逆女，实际就是已婚妇女回娘家的意思，与追节相对应。万全县、歙氏县、襄垣县等存在"亲戚以角黍相饷"的情形，泽州府，"五日……角黍交

---

① 所谓狂欢精神，是指群众性文化活动中表现出的突破一般社会规范的非理性精神，它一般体现在传统节日或者其他庆典活动中，常常表现为纵欲的、粗放的、显示人的自然本性的行为方式。龙舟竞渡男女杂沓，人头攒动的场面，以及突破传统礼教束缚的种种情况，正好符合这种狂欢精神的特点。它具有全民性、反规范性的特点（赵世瑜：《狂欢与日常——明清以来的庙会与民间社会》，北京：生活·读书·新知三联书店，2002年，第116—118页）。

② 注：文化圈，目前广泛应用于文化的研究当中，它作为文化传播形成的文化场，指具有相同文化特质、文化结丛的文化群体所构成的人文地理区域。通婚圈是人们从文化、地理、经济等不同角度选择通婚的范围。从文化角度出发进行选择，可以形成通婚的文化圈；从地理的角度进行选择，可以形成通婚的地理圈。

③ 汪心纂修：《天一阁藏明代方志选刊 嘉靖尉氏县志》卷1《风土类 岁时》，上海：上海书店出版社，2014年，第86页。

④ （清）汪嗣圣纂修，王霈彙纂：（雍正）《朔州志》卷3《方舆志·风俗》，《中国方志丛书·山西省》，台北：成文出版社，1976年，第212-213页。

馈，亦有延客解粽者。男女问名过，婿家制蒲艾花朵及粽饵为饷遗"①。阳城则是"亲友相互招宴，角黍交贻，新妇母家以粽饼从丰馈婿"②。端午节成为维系婚姻关系的一个重要节日。陕西、甘肃、河北、山东及京津一带都有类似的记载，笔者在此不多述。

其次，维持师生关系方面。文献中多有"弟子礼拜师长"或"隆师"之文字。河北安平、武强、荆州等有端午"五日……是日，隆师"风俗。其他很多地方也是如此。

与其他传统节日相比较，端午存在显著的姻亲、师生之间的交往现象（春节除外）。其实，看似简单的现象下有着深刻的社会背景。第一，社会的大众心理方面。早先端午是"恶日"，这一天很不吉利，人们心理上脆弱，希望能够通过种种途径平安度过，这便促成了亲友之间互相送续命缕、粽子来表达祝福的风俗，而姻亲之家选择端午送礼也是最佳时期，它能充分体现双方的和睦友好关系。第二，传统社会下的地理交通形成的婚姻圈是促成北方端午风俗圈的地理基础。有些学者研究表明，婚姻圈受到地理交通的影响，如单家集婚姻圈，村里通婚密度最高的区域基本上都在距这个中心 10 千米的范围内。③在明清时期，广大农村没有现代化的交通工具，人们的通婚范围也相对比较小，大多局限于一个县域范围内。从一定程度上说，端午风俗圈的交往范围大体和婚姻圈的范围一致。第三，端午亲友之间的往来成为缔结婚姻的纽带，反过来又促成风俗圈的拓展。历史时期，男女双方婚姻关系的确定需要媒妁之言，讲究门当户对，端午亲友聚会所形成的亲友网络能够在通婚圈的形成中产生作用。在以农业生产为主导的、相对封闭的乡村，许多信息是通过人的流动和人际交往传播的。有亲戚关系的人们，相互往来，成为相互传递信息的有效方式。有关男婚女嫁的话题也就会从各种亲友关系中得到传播，甚至一些亲友就直接成为媒人，由此形成建立婚姻关系的契机。当然，端午风俗圈依托婚姻圈存在估计还有市场（明清端午市场也很发达）因素在里面，因资料所

---

① 丁世良、赵放主编：《中国地方志民俗资料汇编·泽州府志》，岁时民俗"端午条"引，北京：北京图书馆出版社，1989年，第616页。

② （清）赖昌期总修、谭沄、卢廷棻纂：《阳城县志》卷5《风俗》，《中国地方志集成·山西府县志辑》，南京：凤凰出版社，2005年，第268页。

③ 马宗保、高永久：《乡村回族婚姻中的聘礼与通婚圈——以宁夏南部单家集村为例》，《民族研究》2005年第2期。

限，不再涉及。[1]

端午的"不吉利"导致亲友送礼互报平安，近距离亲友往来传播婚姻信息，缔结婚姻之后再次成为亲戚，周而复始，进入下一轮的循环。在传统社会婚姻制度不便的情况下，这种稳定的关系很难改变，这便是端午风俗圈的形成机制，这也是北方端午风俗基本形态长久存在的背后的深层原因。

## 二、北方端午节物的主要类别及其内涵

北方基本形态的端午风俗构成要素十分复杂，涉及饮食、娱乐、商业活动等各个方面。

从饮食方面来看，吃粽子、喝雄黄酒最为突出，以致到现在，每当提到端午，我们就会想起吃粽子。明清时期北方地区端午吃"角黍"，其实也就是粽子，只是文献中几乎都以"角黍"代替"粽子"。明代李时珍《本草纲目》记载："古人以葫芦叶裹黍米煮成，尖角，如棕榈叶心之形，故曰粽，曰角黍，近世多用糯米矣。今俗五月五日以为节物相馈送。"这说明，李时珍生活的那个年代，粽子尽管多数情况下用糯米，但仍然有用黍的情况。其实，查阅明清很多地方州府县志，会发现北方粽子有很多不同于南方的地方，南方的粽子多用糯米，而北方却并不都用糯米，其制作的方法也各有差别。北方省区的一些县志记载了角黍的用料和制作方法。

河北的巨鹿县端午"男女皆佩艾叶……复用苇叶裹枣、黍为粽，亦曰'角黍'"[2]。可见，巨鹿县的角黍并不是用糯米，而是用体现北方特色的枣和黍。黍也就是小米，是一种有黏性的黄小米，煮熟和糯米一样具有黏性，可以说是南方粽子在北方的变形，所以有"亦曰"的说法。南宫县端午"五日……以竹叶裹黍、糯为粽，曰'角黍'"[3]。其余如山西黎城县，"端午……煮黏米为粽子"，沁源县端午粽子，以苇叶包糯米、枣谓之"角黍"。当然，沁源县由于有沁水之利，有种水稻的地理条件，粽子用糯米不足为奇。光绪年间翼城

---

① 例如，施坚雅在研究中国农村与社会结构当中提到的市场圈与婚姻圈之间的关系的论述，以及杜赞奇对1900—1942年的华北农村的研究。

② （清）凌燽总修，夏应麟等总纂：《巨鹿县志》卷6《风土志·岁时》，《中国方志丛书·河北省》，台北：成文出版社，1976年，第308页。

③ （民）黄容惠修，贾恩绂纂：《南宫县志》卷21《掌故志·谣俗·月令》，《中国方志丛书·河北省》，台北：成文出版社，1976年，第725页。

县"'端午'……治为角黍，亦有用糯者，名粽子"①。这种"亦有用糯者"的表述，说明用糯米包粽子在这里并不是普遍现象，原因是北方大部分地区并不产稻，不具备种植糯米这种稻谷的自然条件。绛县端午"五日，饮雄黄酒……用苇叶或竹箨包枣、糯、黍米为角黍"。民国时翼城县"初五日，为端午……以瓠叶裹枣、米食之，名曰'角黍'，亦名'粽子'……"②河南汝南县"……又用枣米包角黍，亲友馈送"。山东乐陵县"五日端阳……以竹叶裹黍、糯作粽，名'角黍'"。③

以上是有文献记载的北方端午粽子情况，还有许多地方只字未提粽子的做法，绝大多数以"角黍"出现。我们知道，端午"角黍"一词最先出现在荆楚地区，开始是以瓠叶裹黏米（糯米）做成，到了北方叫法依然不变，延续千年，但制作方法、用料已非本来面目。

北方适宜稻作农业的区域范围并不多，而黍却容易在北方相对干旱的地区生长，北方端午粽子很大可能是以黍米、枣等具有北方特色农作物果实为原料的。当然也不排除北方个别地方出产或因商品流通购买糯米，出现和南方一样的糯米粽子的情况。

粽子的文化意义是什么，从文献的反映来看，大致有两种说法。一种是包裹阴阳，这在粽子诞生之初就有了。按古代明的阴阳属性，端午为一年节序中属阴阳交替的时候（阴历在五月初五，按阳历计算一般在五月底到夏至之间），呈现阴阳未分的局面，故有包裹未散的意思。人们通过一种意念，希望在这可怕的日子里，通过阴阳转换，顺利度过这一天，避免厄运的降临。第二种便是纪念屈原，这种来自于民间的广泛传说，自魏晋以后就一直流传，至今依然，只是没有划龙舟纪念屈原的说法流传广泛而为人们所津津乐道。明清时期，粽子还有第三种意义，即作为礼物和节日必备的应时食品，象征平安与祝福，因而是亲戚朋友、师生表达友好、尊敬、祝贺的最佳礼品。

① （清）马继桢修，吉廷彦编纂：《翼城县志》卷16《礼俗》，《中国方志丛书·山西省》，台北：成文出版社，1969年，第497页。
② （清）拉昌阿修，王本志纂：(乾隆)《绛县县志》卷2《风俗》，《中国地方志集成·山西府县志辑》，南京：凤凰出版社，2005年，第270页。
③ （清）庄肇奎修，郑成中纂修：(乾隆)《乐陵县志》卷3《风俗》，《中国方志丛书·河北省》，台北：成文出版社，1969年，第486页。

101

端午节还有采药、饮药酒等许多的"药俗"。[1]端午许多的药俗是在人们认为端午节不吉利的心理作用驱使下产生的，对待五月五日这种"恶日"的一种办法就是以药克毒。这种习俗延续数千年，至今在一些地方能看见端午采药、制药的风俗，甚至云南的一些地方还形成了药材买卖市场。在众多中草药中，艾草、雄黄、菖蒲、蟾蜍酥等是南北方常用的药物。这些风俗不胜枚举，即便是在号称"苦瘠甲天下"的甘肃省，清乾隆年间一些府州如静宁州（今甘肃静宁县）也有"采百草，造百药"的风俗。

这些药物大多是浸泡后饮用或涂抹，如雄黄酒，早期人们在端午节这天饮用或将其涂抹在额头，以起到避免虫蛇咬伤的作用。随着人们对雄黄毒性这一副作用认识的增强，民国以后渐渐就很少人饮用了。菖蒲也是一种药物，芳香味重，是很好的辟秽去浊、强健脾胃的良药。早期一些炼丹家为求长生不老使用，后来逐渐向民间普及，人们用它浸泡酒后，不但酒味更加甘醇，而且可以避免因酒精副作用导致肠胃功能损伤，端午节用菖蒲酒其实就是取强健体魄，避免在这一天生病之意。当然，这种酒也是端午宴饮的必不可少的饮料。明代李时珍《本草纲目》记载了菖蒲酒、雄黄的药用价值，如"菖蒲酒，治三十六风，一十二痹，通血脉，治骨痿，久服耳聪目明"；雄黄味辛温有毒，具有解虫蛇毒、燥湿、杀虫祛痰的功效。难怪在南方很多风俗画里，端午有《白蛇传》中白素贞端午现出原形的图画。北方许多方志记载，在端午节这天，雄黄酒不仅成人饮用，还给小孩子涂抹在额头、面颊、耳朵等部位，防止蚊虫叮咬，是配合小孩悬挂香包、佩戴丝线的一种过节风俗。

端午沐浴也是北方地区的一种风俗，但不是普通的清水沐浴，而是一种药浴。这种风俗起源甚早，大约在西周时期已经存在，《周礼》中已经有兰汤沐浴的风俗。屈原《九歌》之二《云中君》即有"浴兰汤兮沐芳，华采衣兮若英"的诗句。他的弟子宋玉在《神女赋》中亦说："沐兰泽，含若芳。"这表明在春秋战国时期，兰汤沐浴业已存在。

关于娱乐方面的情况在个案研究的时候将会详细谈到，此就俗信事象中的艾、长命缕、符等具体事物及其文化意义作一简要论说。已在前面提到艾的药用价值，此不赘述。前文多次提到了五色丝、长命缕、百岁索等端午节物，它们都

---

[1] 常建华：《岁时节日里的中国》，北京：中华书局，2006年，第127—132页。

是悬挂在小孩子手臂、脚腕、颈部的丝线及其附属物，是同一种类型的具有辟邪祈福作用的饰物，"佩戴，取趋吉避凶之意"。只是各地叫法不同。河南商水县"五日为端午……幼者系百索于项，或以五色丝系腕，俗言'续命缕'"①。项城县也有"童子以五色丝线系手足谓之长命丝"的记载。山东长清县"儿女手足及颈或系五色丝缕，俗谓之'长命缕'"。其他如信阳、乐陵、淄川、临淄等多数县都有儿童戴长命缕的记载。陕西、山西和京津等地也是如此。长命缕这种饰物主要是由五种颜色的丝线构成的，具体的颜色是和五行金木水火土相对应的白、青、黑、红、黄等五种颜色。

在中国古代，颜色含有特殊的含义。青色代表永远、和平，赤色代表幸福、喜庆，黄色代表力量、富有，白色代表平和，黑色代表沉稳。所以，小小的五彩线蕴含对小孩成长的一切美好祝福，长长的丝线也寄予了希望儿童成长一帆风顺之意，故有续命之说。它开始出现大约在汉代，是因为五月五日是"恶日"的缘故（具体内容见第一章），以借此避灾祸。明清时期，各地对五彩线的叫法不一，形状除了单一的丝线，此外还有装有香料制成香囊的，如山西翼城县又以五色袖锦制为蛇、蝎、蜈蚣诸毒虫，缀之线上，其下坠以雄黄或麝香囊。看来，佩戴五彩丝也有躲避蛇等毒虫的含义（目前北方许多农村里依旧有给小孩戴五彩丝的习惯，端午节戴上躲过虫蛇的叮咬，下一场雨过后，将其扔在水里，带走瘟疫，小孩就能健康成长）。由于端午"恶日"的观念日渐淡漠，此时用长命缕，除了寄托美好愿望而外，还有过节儿童衣物装饰的作用。②

符也是一种值得注意的北方端午要素之一。符是道家所用之物，端午节所用道符是民间宗教在传统节日中渗透的结果。正是因为历史时期端午节作为"恶日"的深远影响，这一天凶多吉少，鬼怪猖狂，虫蛇出没，人们利用神秘的道家灵符来镇压、祈禳、厌胜，达到趋吉避凶的心理安慰。总的看来，北方地区端午所用道符一般有艾符、葫芦符、桃符、五雷符、朱符、天师符、五毒

---

① 徐家璘、宋景平等修：《商水县志》卷5《风俗》，《中国方志丛书·河南省》，台北：成文出版社，1975年，第486页。

② ［日］守屋美都雄：《中国古岁时记的研究·五月》中就以类似"端午节的饰物谱系"为名对艾、五彩丝等做了梳理（东京：帝国书院，昭和三十八年，第315—341页）。

（蛇、蝎、蜈蚣、壁虎、蟾蜍）符等。①其中，天师符以河南中原地区最为流行，葫芦符以河北、山东最为突出。但不管是什么类型的符，它们都是帮助人们战胜心理恐惧的，由于道士们的介入，平常的东西有了神秘的力量，它们能庇佑人们平安度过端午节。

---

① 注：此在丁世良和赵放主编的《中国地方志民俗资料汇编》"华北卷""西北卷""中南卷"等卷次上多有提及，不一一作注。

# 第四章　北方不同类型端午风俗及其成因

这里的个案考察涉及北方端午龙舟竞渡风俗、射柳风俗、点高山风俗、插柳风俗四种类型，为了论述清楚起见，有些个案涉及清代以前的内容，在此说明。

## 第一节　北方端午龙舟竞渡风俗

### 一、明清以前以国都为主要发生地的龙舟竞渡风俗

如果不考虑特定的端午节竞渡风俗，竞渡这一现象源远流长。据闻一多先生考证，最早是在吴越之地，但从考古学的发现来看，并非如此，1935年汲县出土的铜壶上的竞渡图案反映出战国时期楚地也有竞渡这一活动。而端午出现的竞渡风俗，大致确定在南方荆楚地区，中外民俗学者基本上持这种观点，笔者在前文简单追溯起源时也同意这种说法。[①]端午竞渡相传是为了纪念屈原，自此之后，竞渡之戏就逐渐在南方水乡泽国城镇举行，当时的竞渡主要集中在江淮地区[②]，后来历朝历代愈演愈烈，使其成为一个突出的文化现象，所以导致很多民俗学者、文化研究者只关注南方而忽视北方，认为北方没有或几乎没有竞渡风俗，对其原因也简单归结于北方干旱少雨，不具备竞渡的自然条

---

① ［日］守屋美都雄：《中国古岁时记的研究·五月》，东京：帝国书院，昭和三十八年，第315页。
② 吴玉贵：《中国风俗通史·隋唐五代卷》，上海：上海文艺出版社，2001年，第651页。

件。<sup>①</sup> 如果详细查阅文献，结合历史时间和空间同时关照，则这种偏见就可以被消除了。

进入封建社会以后，汉代长安昆明池曾有过以"水嬉"为名的水军演练性质的竞渡，见"于是命舟牧为水嬉"<sup>②</sup>。《西京杂记》也记载了刘歆回忆小时候"昆明池中，有戈船、楼船各数百艘"的情况，但是是否是五月五日不得而知。经过很长时间的沉寂，隋唐时期，长安宫廷端午风俗又出现了竞渡，此时竞渡不都是在端午节这一天发生，但端午居多。发生的地点主要集中在王朝所在的大都市里的皇家园林水域开阔的地点，主要是为宫廷端午节娱乐而设的一种活动。考察地点除了前文所举长安鱼藻宫最多而外，还有新池，"观竞渡于新池"<sup>③</sup>，西溪，"帝幸西溪观竞渡"<sup>④</sup>。东都洛阳的端午竞渡在一篇官方文件中有所反映，张鷟《龙筋凤髓判》卷25"五月五日洛水竞渡船十只，请差使于扬州修造，须钱五千贯，请速分付"的字样可以说明问题。<sup>⑤</sup> 不管是长安还是洛阳，它们都是国都所在，经济强盛，周围水上运输甚为发达，这都促使竞渡在此发生和举办。

进入宋代以后，社会发生了重大的变革，文化传播更加普及，"华夏民族之文化，历数千载之演进，造极于赵宋之世"<sup>⑥</sup>。宋代的宫廷及其民间娱乐文化异常繁荣，竞渡风俗也深受上下阶层们的喜爱，有学者研究表明，宋代是竞渡活动高涨时期。<sup>⑦</sup> 甚至竞渡已经作为衣服的花纹图案，如"靖康初，京师织帛及妇人首饰衣服，皆备四时。如节物则春幡、灯球、竞渡、艾虎、云月之类，花则桃、杏、荷花、菊花、梅花皆并为一景。谓之一年景。而靖康纪元果止一年，盖服妖也"<sup>⑧</sup>。

北方以东京（今开封）竞渡之戏最为突出，王俊奇介绍了北宋金明池以争名

---

① 注：见前文综述有关竞渡的综述。

② 张子平《西京赋》，（梁）萧统编，（唐）李善注：《文选》卷2，"'水嬉'，嬉，戏也，水嬉则舫龙舟"（北京：中华书局，1977年，第47页）。

③《新唐书》卷八，北京：中华书局，1965年，第228页。

④《旧唐书》卷二〇上，北京：中华书局，1975年，第764页。

⑤ 王利华：《环境威胁与民俗应对——对端午风俗的重新考察》，天津会议讨论稿，转引。

⑥ 陈寅恪：《金明馆丛稿二编·邓广铭宋史职官志考证序》，北京：生活·读书·新知三联书店，2001年，第277页。

⑦ 王赛时：《宋代的竞渡》，《成都体育学院学报》1991年第4期。

⑧（宋）陆游撰，杨立英校注：《老学庵笔记》卷2，西安：三秦出版社，2003年，第83页。

次、夺锦标为主要内容的龙舟竞渡及奖品设置的情况，端午界河水军竞渡（注：宋金时期的界河在北宋时期为海河，南宋以后为淮河，此处当为海河）。

除国都附近以端午娱乐为主的竞渡风俗外，值得一提的是南宋祝穆撰、祝洙增订的《方舆胜览》，该书记载了陕西洋州（今陕西洋县）称之为"踏石"的龙舟竞渡。该书卷68《洋州》下《风俗》云："午节踏石。"小字注"五月五日，太守率僚属观竞渡，谓之踏石"。这成为陕西地区竞渡的肇始，自此以后竞渡活动断断续续在陕南汉水流域传播，一直到今天安康地区依然举行竞渡活动。元代是蒙古族统治，对亡宋的某些风俗进行了禁止，长久以来在中原王朝国都附近的端午竞渡风俗被带有北方典型风俗的射柳等取代。① 北方此时的端午竞渡，仅在江淮路出现，而且是宋代的遗留。我们从刑部禁例当中可以略见踪影："亡宋蕤宾节日风俗，鸠敛钱物，划棹龙船（舡），饮酒食肉，男女水陆聚观，无所不为，以为娱乐一时之兴，江淮、江西、福建、两广诸路，皆有此戏。归附之后，未尝禁治。"② 显然，由于南宋竞渡传统深远的影响，元代统治者的禁止措施并没有奏效。《明史》记载了一位官员文升上书皇帝要注意节约开支，尽力于边防及正当事务，如宫中"内廷曲宴，钟鼓司承应，元宵鳌山，端午竞渡诸戏，皆勿令见"③。这从反面说明了当时在大明宫廷中端午竞渡是很盛行的。相对来说，地方上的资料倒是很少，不过汉中府的兴安州依旧有五月五日竞渡的记载。④

## 二、清至民国时期北方端午竞渡风俗情况

清代前期，国家繁荣安定，风俗传统依然多是对前代的继承（其中服饰变化最为明显），到后期1840年鸦片战争以后国势日渐衰落，随着西洋势力的介入，风俗方面有了新的变化，表现在节日方面便是元旦、圣诞等节日逐渐在一些地方政府、商界流行，而对于传统节日来说，影响并不大。民国采用西历纪年，实行公历制，一反清王朝的历法，同时对清代的许多风俗命令

---

① 陈高华、史卫民：《中国风俗通史·元代卷》，上海：上海文艺出版社，2001年，第451—454页。
② 陈垣校注：《沈刻元典章》卷57《刑部十九·杂禁》，线装书，版本不详，第62页。
③ 《明史》卷182，北京：中华书局，1974年，第4841页。
④ （明）李贤等撰：《大明一统志》卷34《汉中府·风俗》载："端阳，官长率僚属观竞渡，谓之踏石。"（西安：三秦出版社，1990年，第583—584页）。

加以禁止,新增了许多新的节日。诸如大力提倡过元旦、五四青年节等;一些传统节日有了新的名称,如春节(阴历正月初一)、夏节(阴历五月五日)、秋节(阴历八月十五)、冬节(阴历冬至)。但一般民众依然沿袭旧的传统,过阴历节日,这在民国时期一些官员在中国西北考察时所写的游记当中有普遍的反映。

康乾时期,北方端午竞渡则有以下几个地区。河北滦州:"仲夏五月五日……竞渡,由偏凉汀放船,箫鼓争喧,临流竞渡,至夕乃已"[1];新安县:五月"五日,食角黍,饮菖蒲酒……士人间有竞渡者"[2];沧州(见前文),其余时间不明确者如天津静海县,该地县志记载无竞渡[3],民国年间则是"五日,为'端午节',俗用角黍……竞渡之戏今已无"[4]。这里面隐含静海县在民国以前的某些时候是流行竞渡风俗的,但其时间当在康熙年间以后民国以前了。事实确实如此,民国年间有关方志民间文艺类"竞赛"条,第一个便是"斗龙舟",即"五月五日竞渡,纪念以救屈原也"。与此相近的通州竞渡,方志文献叙述说"吾邑南北泊未涸时,届期必演,今作父老之传闻而已"。直到光绪时期,通州还有端午竞渡的记载[5],民国时期方志无载,类似情况还有沧县,材料说明,康乾盛世间,河北地区的这几个州县端午竞渡风俗还很流行。

河南省的竞渡仅在颍水河流域的商水县与淮阳县,以及淮水支流潢河的光州(今河南省潢川县),其中反映乾隆年间的为光州"五日,悬蒲人、艾虎于门以避邪……潢河龙舟竞渡"[6]。民国年间商水,"五日为'端阳节',食角黍……周滨渡头以五色纸作龙形置小船上,谓之'龙舟',荡漾水流……龙舟

---

① (清)陈梦雷编纂,蒋廷锡校订:《古今图书集成·历象汇编·岁功典》第 51 卷《端午部汇考·直隶志书》,北京:中华书局,成都:巴蜀书社,1986 年。

② 丁世良、赵放主编:《中国地方志民俗资料汇编·新安县志》,北京:北京图书馆出版社,1989 年,第 320 页。

③ 白凤文等修,高玉彤等纂:《静海县志》卷1《土风·时俗》载"端午,啖角黍,踏青,饮雄黄酒,簪艾叶彩花以避邪"(台北:成文出版社,1968 年)。

④ 白凤文等修,高玉彤等纂:《静海县志》,《中国方志丛书·河北省》,台北:成文出版社,1968 年,第 941 页。

⑤ (清)吴存礼、陆茂腾纂:(康熙)《通州志》卷1《封域志·风俗》第 450 页记载:"端午节,家以角黍相馈遗……演龙舟于运河之中以为戏"(《中国方志丛书·河北省》,台北:成文出版社,1968 年)。

⑥ (清)杨修纂修:《光州志》卷1《建置·风俗》,《中国方志丛书·河南省》,台北:成文出版社,1968 年,第 145 页。

奋力抢夺，作为欢笑，颇近太平景象"[1]，淮阳，"'端午'，戴艾，插艾于门……周口龙舟竞渡"[2]。

除了以上几个省以外，陕西也是一个值得注意的地区，尤其以陕南沿汉江流域的州县最为典型。康乾时期有兴安州（今陕西省安康市），"官长率僚属观竞渡，谓之踏石"[3]，而最多的却是嘉庆以后的风俗，西乡县，"'端午'，食角黍……河中做龙舟竞渡，比赛泗水"[4]，南郑县，"'端午'……汉水上设龙舟竞渡，咸往观之"[5]，紫阳县，"'端午'戏龙舟悬艾虎，饮菖蒲雄黄酒"[6]。其余还有今安康市所辖的白河县、旬阳县，不一一列举。统计明清以来陕南沿汉水流域共有 6 个县记载有端午竞渡的风俗。关中地区只有大荔的赵渡镇有竞渡的记载[7]，但具体时间不明，估计为民国时期。

以上详细地考查了明清时期北方端午竞渡风俗的大致时期和具体位置。

### 三、北方端午竞渡的时空特征及其演变

据上述，我们可以将历史上北方端午竞渡分为三种情况：第一种，即以国家都城及其周围为发生地的皇家宫廷端午竞渡，它主要是一种娱乐性质的，而且在历代几乎成为一种惯例，只有蒙古族统治者似乎并不重视，明清时期虽然没有唐宋时期那样热衷，但北京依然是北方端午竞渡的一个主要发生地，具体则是皇家园林的池沼如福海[8]（今圆明园遗址公园内）。这一类风俗的产生是国家政治力量催生的结果，它的地域演变随着国都的迁移而从东向西移动，随着王朝的演替而时兴时废，一旦王朝覆亡则风俗就消失不见。原因很简单，不必大作文章。

---

① 徐家璘、宋景平等修：《商水县志》卷5《风俗》，《中国方志丛书·河南省》，台北：成文出版社，1968年，第486页。

② 朱撰卿、高景祺等编纂：《淮阳县志》卷 2《风土志》"端午条"，《中国方志丛书·河南省》，台北：成文出版社，1968年，第117页。

③ （清）刘於义、沈青崖编纂：（雍正）《敕修陕西通志》卷 45《风俗·时令》引《兴安州志》，雍正十三年刻本。

④ 薛祥绥：《西乡县志·民俗志》，民国三十七年石印本。

⑤ 郭凤洲、柴守愚修，刘定铎纂：《续修南郑县志》卷5《礼俗》，民国十年刻本。

⑥ （清）陈仅、吴纯修，杨家坤、曹学易纂：《紫阳县志》卷7《记事·风俗》，道光二十三年刻本。

⑦ 大荔县地方志办公室编：《赵渡史话》（因当时笔者承胡英泽博士借阅，具体出处已不得而知）。

⑧ 徐珂编撰：《清稗类钞》第一册《时令·京师端午》记载"乾隆初，高宗于端午日命内侍习竞渡于福海……仁宗亲政，亦屡循旧制"，北京：中华书局，1984年，第29—30页。

第二种是北方运河段附近的龙舟竞渡，以康乾时期最为突出，清代后期逐渐消失。从省区看则主要在清代直隶境内的运河段，基本上在县治附近，而且地方水资源丰富，具备竞渡举行的水上条件，这也和帝都竞渡的影响力有一定关系。

还有一种是以介于南北方交界地带、以河流附近的州县为代表，从当代地理学区划来看，不属于严格意义上的北方地区。河南以乾隆时期光州为典型，据民国时期的资料反映，还有商水县和淮阳县周水渡口。陕西以汉中、兴安府的一些州县为代表，风俗存在的时间不尽统一，但多在清代后期和民国前期。

从总体上来看，明清时期北方端午竞渡主要集中在康乾时期。这是和端午竞渡发生所需的经济条件相联系的。康乾时期是社会安定、经济强盛的时期，国家和地方政府有经济实力来举办这一活动，加上王朝的统治者大多对各种文化采取宽容的态度，南北民族文化交流密切。康乾盛世阶段，南方几乎各个府都开展了竞渡活动，竞渡风俗影响波及北方地方府县，一改明清以前仅在国都举行宫廷竞渡的局面。乾隆时期，一位官员雷思霈作诗："樵歌社鼓插秧归，肯放江头乐事稀。天下无舟不竞渡，峡中有鸟只争飞。"[①]这里的诗歌虽描述乾隆湖北东湖县的龙舟竞渡场面，尽管"天下无舟不竞渡"一句略夸张，但也能说明乾隆时期北方地区也有竞渡活动，并且有一定影响，这或许是康乾时期北方竞渡发生地在整个明清时代占多数的原因。

康乾盛世时期北方的竞渡以直隶最为突出，而嘉庆以后则逐渐趋于消亡。前举沧州，到民国时期，不再有乾隆时期的盛况，一位官员指出，"乾嘉而后，繁华消歇矣"[②]。雍正时期河北滦州有端午竞渡事，而嘉庆时期的方志记载"五日，为'端午节'，采艾草……妇女临河而游"，并申述旧志载竞渡事，而"今无"[③]。光绪年间的《滦州志》载"初五日，门窗皆插艾……妇女游观者俱以舟，非竞渡也"[④]。民国时期滦州改县，其内容多因袭前志，但是

---

① 丁世良、赵放主编：《中国地方志民俗资料汇编·东湖县志》，岁时民俗"端午条"，北京：北京图书馆出版社，1991年，第410页。

② 张坪等纂修：《沧县志》卷12《方舆志·礼俗·节令》，《中国方志丛书·河北省》，台北：成文出版社，1969年，第1699页。

③ 丁世良、赵放主编：《中国地方志民俗资料汇编·滦州志》，北京：北京图书馆出版社，1989年，第262页。

④ （清）扬文鼎、王大本修：《滦州志》卷8《封域志中·风俗·时序》，《中国方志丛书·河北省》，台北：成文出版社，1969年，第146页。

举了"近年端午节"，龙舟竞渡之地偏凉汀小圣庙会"念余年不开办矣"①的状况。原来热烈的竞渡逐渐演变成为乘船游览，岸上只有众多的游人在亭阁间饮酒娱乐。看来龙舟竞渡的消逝并不全都是因水文条件的变化引起的，这似乎与小圣庙会的"不开办"有很大关系。但天津静海县竞渡消失的一个很大原因是水文条件的变化，即河泊干涸，如前举"吾邑南北泊未涸时，届期必演，今作父老之传闻而已"。新安竞渡本来就不甚发达，只是士人间断断续续的竞渡（前文有引述），随着科举的废除，这类竞赛的组织者不存在了，端午竞渡风俗也因此而消失了，此非全部原因，但也能说明一些问题。

第三种情况，南北交接地带的端午竞渡风俗。讨论之前，我们先将陕西大荔和河南商水县、淮阳县的竞渡情况作一简要分析，这几个地方虽然互不相邻，但是竞渡发生地都是在商业繁荣的集镇渡口。此种类型多赖商业的推动。大致有这样两个原因促使竞渡活动开展：其一，具备参与操作的人员条件，它们是水运码头，自然来往商队多以船运载，这些水运商业的需要催生了一些专门靠以船运为生的水手，这具备了进行竞渡的参与者条件。其二，经济支持及其产生的效益。龙舟竞渡的举办，需要一系列的花费，而商业城镇的经济实力为其提供了保证，商队或许对此出力不少。龙舟的制作、水手的雇佣、祭祀的用品购置，这些与龙舟竞渡相关的事务，无一不需要资金的大力支持。商人团体在此起了很大的推动作用。相反，普通百姓和政府在举办龙舟竞渡方面并不积极，也不情愿。举办竞渡不但耗费大量金钱，还存在重大安全隐患。因竞渡存在很大的危险性，有时会溺死人，因而政府会禁止该活动的举办，元代就出现过禁止竞渡的事情。故而官方对竞渡活动往往是憎恶有加，而青睐不足，商水县对此的评价是"唯男女混杂，良莠不分，素有家教者亦纵妇女往观，此风俗之患也"②。政府认为，不利的因素反而成为商贩、商家们谋利的有利时机。从效果来看，正是如此多的人群，带来了很多的经济机会，因而出现两岸"市肆旁列，游人如织"的状况。这些因素便促成了这两个地方端午竞渡的生成。民国以后则逐渐消失了，具体原因存疑。

---

① 丁世良、赵放主编：《中国地方志民俗资料汇编·滦县志》，北京：北京图书馆出版社，1989 年，第270 页。

② 徐家璘、宋景平等修：《商水县志》卷5《风俗》，《中国方志丛书·河南省》，台北：成文出版社，1975 年，第486 页。

## 四、汉水流域的端午龙舟竞渡风俗

因陕南端午竞渡具有地域和文化的特殊性，这里单独作一分析，独立成为一个研究内容。

### （一）宋明时期洋州龙舟起源与延续

陕西汉水流域端午龙舟竞渡风俗的起源与其他地方上出现的端午竞渡相比，起源时间较早。张晓虹在《明清时期陕西岁时民俗的区域差异》《清代移民与陕西汉水流域民间风俗的嬗变》等文章中都提到了这一风俗，但对其起源、流变、影响并没作具体论述。[1]从文献记载来看，至迟在北宋时期的洋州已经存在，具体地点在今汉中市洋县傥水河上。[2]以传世文献来看，陕西汉水流域的龙舟竞渡起源甚早，北宋时期洋州的西溪已有端午"踏石"的龙舟竞渡风俗。最早记载陕南龙舟竞渡为南宋祝穆著、祝洙增订的《方舆胜览》。在该书的卷68《洋州》下《风俗》云："午节踏石。"[3]小字注"五月五日，太守率僚属观竞渡，谓之踏石"。[3]与此同时，在该卷的《题咏》中提到韩宗魏的诗："南浦揭蒲当凛冽，西溪踏石正暄妍。"韩宗魏为宋真宗时期（998—1022 年在位）人，曾在洋州为官。[4]故陕南龙舟竞渡起源甚早，北宋真宗时期洋州境内西溪的"踏石"风俗就是现在的端午龙舟竞渡风俗，只是说法不同而已。西溪的具体地点应为当时洋州附郭兴道县西的傥谷水，《太平寰宇记》卷138《洋州》有"傥谷水，一名骆谷水，在县北三十里。南注汉水。"[5]等记载，嘉庆《大清一统志》中明确说傥水即骆谷水，并引《水经注》说，"水发西溪，向南注汉水"。由此可以断定西溪为傥水上流，诗人借此指代傥水。今天洋县境内依然有傥水这一条河流，对照谭其骧先生主编的《中国历史地图集》和以上文献，我们可以认为，北宋洋州的西溪为今天洋县境内汉江的一级支流——傥水。[6]从时间上说，陕南的竞渡风俗有文献记载的为北宋时期，其

① 张晓虹：《明清时期陕西岁时民俗的区域差异》，《中国历史地理论丛》1997 年第 2 辑；《清代移民与陕西汉水流域民间风俗的嬗变》，《中国历史地理论丛》2002 年第 3 辑。

② 晏波：《陕南龙舟竞渡起源辨误》，《中国历史地理论丛》2005 年第 1 辑。

③ （宋）祝穆撰，祝洙增订：《洋州·风俗》，《方舆胜览》卷68，北京：中华书局，2003 年，第1193 页。

④ 《宋史》卷 315《韩亿、韩绛、韩维、韩缜传》，北京：中华书局，1977 年，第 10297 页。

⑤ （宋）乐史：《太平寰宇记》卷 138《洋州》，北京：中华书局，1985 年，第 2689 页。

⑥ 晏波：《陕南龙舟竞渡起源辨误》，《中国历史地理论丛》2005 年第 1 辑。

实推想这种风俗应当在被记载之前可能已经很有影响了，否则很难引起学者的注意，其起源的时间估计会在唐代后期到北宋初年。

龙舟竞渡在洋州的产生，是有其历史地理背景、区域文化特色的。

时代背景。陕南是南北方风俗融合之地。唐宋时期端午节龙舟竞渡已经深受上层统治者喜爱和下层民众欢迎，其影响也波及陕南，这是陕南龙舟竞渡形成的时代文化背景。唐代宫廷曾多次举行龙舟竞渡[①]，唐代陕南与都城长安之间的交通主要是穿越秦岭的几条栈道，而傥骆道在安史之乱后，成为长安和兴元府的主要通道，国都长安的一些风俗也因此波及陕南。陆游在《山南行》描写汉中"平川沃野望不尽，麦陇青青桑郁郁。地近函秦气俗豪，秋千蹴鞠分朋曹"。其虽然记载为南宋汉中的风俗，但是关中风俗影响可见一斑，如宫廷娱乐"蹴鞠"。所以在唐代汉中地区的风俗估计也一样会受到关中的浸染，长安为唐代国都所在，是文化的渊薮。竞渡兴起的地点恰恰在傥骆道所经过的傥水河上，基于这些认识，笔者认为陕南龙舟竞渡极有可能是受长安宫廷竞渡之戏的影响。陕南龙舟竞渡其一开始便有"太守率僚属"参观，也体现了官方对这项活动的支持与欢迎。

地理条件。从全国范围来看，最早见于文献记载的端午龙舟竞渡风俗出现于荆楚地区。南北朝宗懔《荆楚岁时记》详细地论述了他的家乡荆楚地区端午节的诸多风俗，其中就有龙舟竞渡："五月五日竞渡，俗为屈原投汨罗日……一自以为水军，一自以为水马。州将及士人悉临水而观之。"[②] 荆楚地区的地理范围虽然众说纷纭，但大多都涉及汉水下游、安康及其以西一带，因此，此时汉中地区的风俗在某些方面又有荆楚特色，历史久远，端午节就深受楚地文化影响，如隋代时就有大端午"汉中五月十五日，必以酒食相馈，宾旅聚会，有甚于三元"[③]的记载。这和同书记载荆楚地区重视大端午的情况一致，端午节正是龙舟竞渡发生所依赖的节日，正是如此看重端午，才为后来竞渡在端午节举行创造了良好的条件。从客观上讲，陕南气候条件有南方亚热带特征，植被、山川也和荆楚地区相似，此时陕南甚至可以说在元代以前，一直被认为是南方地区。综合以上两个方面的条件，陕南处于南方最北端、北方最南端，因

① 耿占军：《唐代长安的休闲娱乐文化》，西安：西安地图出版社，2000年，第185页。
② （梁）宗懔著，姜彦稚辑校：《荆楚岁时记》，长沙：岳麓书社，1986年，第36页。
③ 《隋书·地理志》卷29《梁州》，北京：中华书局，1974年，第817页。

栈道和汉水水道的沟通，成为南北文化的交汇之地，人们对端午风俗的重视以及竞渡的形成，就是在这种综合的自然、人文条件下产生的。

洋州区域水上文化特色是陕南龙舟竞渡产生的又一诱因。唐宋洋州地区独特的自然、人文景观是龙舟竞渡兴起的直接原因。宋代的洋州境地大致在今洋县及其周边地区，那时汉江水文条件明显好于现在。北宋韩亿《洋州》诗写到，"杨柳影中沽酒市，芰荷香里钓鱼船"。汉江在流经洋州的地方，"川陆宽平，鱼稻丰美"[1]，一片江南鱼米乡的景象。许多诗篇都赞叹洋州"汉江波光粼粼，龟鱼无数"的美好景象。处于承平时代的陕西汉中，人们的文化生活异常发达，尤其是洋州丰富的水上娱乐活动，直接促成了龙舟竞渡在洋州的形成。与端午节赛龙舟同时记载的洋州风俗还有"腊日揭蒲"，其活动内容为"冬月，以蒲藻盖鹅公潭上，寒鱼皆往依之，太守率僚属泛舟张乐，往揭取之，游人纵观"。另外，还有"孟春解缴"，即"孟春四日，居人游江上，遇藤葛缠缴草木者解之"，其目的在于"解殃缴咎"。这时还有集会。其余如"系石宜蚕"等，这一活动也是"游人集于江上，求石之穿者以丝系归"。据此，我们不难看出龙舟竞渡起源于洋州的原因之一，就是其地大众性水上娱乐的形成的活跃的人文环境，成为这一风俗产生的温床。

该风俗形成后，在很长一个时期，直到明代，一直限于洋州，并没有在其他地区流行开来。元代关于陕南的龙舟竞渡及相关风俗依然在洋州。据《大元大一统志》卷上《陕西等处行中书省·洋州风土》"尚气勇斗"。《郡志》："孟春解缴。孟春四日，居人游江上，遇藤葛缠缴草木者，解之，取解殃缴咎之意，因而有会，谓之孟春解缴。系石宜蚕。孟春中澣，游人集江上，求石之穿者，以丝系归，谓之系石宜蚕。祝佛送耗。孟春中澣后一日，州人将五谷攒于寺观中，因而祝佛，以祛禳虚耗，谓之送耗。端午踏石。五月五日，太守率僚属观竞渡，谓之踏石。腊月揭蒲。冬月，以蒲藻盖鹅公潭上，寒鱼皆往依之，腊月，太守率僚属泛舟张乐揭取之，游人纵观，谓之揭蒲。"[2]

元代竞渡之风俗当时谓之"踏石"，《大元大一统志》所引资料出处不详，但从"尚气勇斗"之风注明出自《洋州风土》，"端午踏石"诸风俗之记载也当

---

① （宋）文同：《丹渊集》卷28《谢就差知兴元府表》，上海：商务印书馆，1929年，第42页。

② （元）刘应李原编，詹友谅改编，郭声波整理：《大元混一方舆胜览》，成都：四川大学出版社，2003年，第174页。

引自前代旧志，可见当时竞渡已在洋州很盛行，且为官方所认可。但内容却与北宋时期龙舟竞渡略同。明代的记载见于《大明一统志》卷 34《汉中府·风俗》，有"踏石解缴"之风俗，并云："《洋州志》：孟春四日，居人游江上，遇藤葛缠缴草木者，解之，取解殃缴咎之意……五月五日，太守率僚属观竞渡，谓之踏石。"所记与《大元大一统志》略同，这些材料虽有抄录之嫌，但也说明洋州还是存在这种竞渡风俗的。

需要探讨的问题是，元之兴元路、明之汉中府临江之州县甚多，何故仅洋州有"踏石解缴"之风俗，而没有扩展。《大明一统志》言及汉中府之风俗有"俗随五方"之说，云："宋《图经》：金居襄、沔上流，其人半楚风俗，自宋南渡后，舟车辐辏，五方之民会焉，故风俗各随其方。"[①] 此语或可以解释此时洋州龙舟竞渡未扩展的原因。当时由于宋室南渡，移民杂处，今安康地区移民五方杂处，没有哪一地的移民占据主流，因而各有自己的风俗，其影响并未波及金州（今安康）地区，而一直在洋州延续。

（二）清代陕南龙舟竞渡的地域拓展

清代大一统后，我国各地的文化逐渐趋于融合，在岁时风俗方面形成了诸如正旦、端午、中秋等汉民族共有的传统岁时节俗，但南北差异也很明显，有人就说"北人骑马，南人竞渡"形象地描述了风俗的区域差异性。陕南在明代中后期以后直到清代末，社会急剧变化。突出的问题是移民及由此而导致的经济大开发等一系列社会变化。[②]这都成为影响风俗变化的重要因素。

清代关于陕南龙舟竞渡的资料很丰富，在省志、府志、县志当中都有反映，其记载地域也不尽相同。清代前期，自北宋以来洋州流行的龙舟竞渡消失了。但与其地相邻的兴安州（今安康地区），史书却有明显记载。查嘉庆《兴安府志·沿革》可知，兴安设州在明万历二十三年（1595年），乾隆四十七年（1782 年）升府。可以断定在清代前期陕南龙舟竞渡的地域发生了转移。

兴安府与竞渡相关的风俗还有"解缴"，其记载内容与前代洋州的"解缴"相同。而此时的洋州也有"踏石"一俗，如"洋州春时，游于傥坝，求石

---

① （明）李贤等撰：《大明一统志》卷34《汉中府·风俗》，西安：三秦出版社，1990 年，第592 页。
② 陈良学：《湖广移民与陕南开发》，西安：三秦出版社，1998 年，第27 页。

之穿者，以丝项之，取其宜蚕，郡官张乐于其下，与民同乐，谓之踏石"。两地"踏石"有了差异，洋州"踏石"失去了竞渡，兴安继承了竞渡风俗。为何作为发源地的洋州此时却没有龙舟竞渡的风俗，而相邻的兴安州却存在？

笔者认为有以下几个方面的因素：首先，风俗本身的区域选择性。兴安相对于洋州来说，相对处于汉江下游，举行龙舟竞渡的条件优于洋州。在我们见到的洋州举行龙舟竞渡的地方是一条支流——西溪。其本身一开始就受到地域条件的限制，再加上这时候傥水附近修了很多的堤堰，破坏了固有的水文条件。明末清初人顾祖禹在《读史方舆纪要》中记载洋县傥水时说"今县北五里有斜堰，又西北五里有土门堰，又北五里有傥滨堰，皆引傥水而成"，可以想见傥水在未筑堰之前，其水量是很大的，而此时由于水利工程的兴修，正值五月稻田用水之际，傥水水量自然很小，因河道、水量改变而失去了举行竞渡的有利条件。

兴安州的府治所在地，位于安康盆地中心，汉江主干道上（按当时兴安州的治所在安康县，以地方志记叙方式，龙舟竞渡当在其地）。"川流漫阔，城外为水陆通衢，舟骑络绎"[①]，出现了"楚客帆樯云际落，万山环绕大江流"[②]的人文、自然景观。这从后来的民国时期安康地区汉江流域龙舟竞渡的繁盛中也可以得到反映，更重要的是"楚客"、湖广籍的主流人口，从而为流行于荆楚地区的端午竞渡之风在陕西汉水流域大规模扩展创造了得天独厚的人文条件。[③]

另外，洋州区位优势的丧失和兴安经济地位的上升，由此引起的此种风俗影响范围的变化。在清代前期，汉中地区的经济、政治、文化转移到位于汉中盆地中心的南郑，洋州相对偏远，与北宋时期不可同日而语。兴安在清代前期由于移民的迁入，经济迅速发展。[④]由于兴安地处陕、鄂、川的交界地带，又有丹江、汉江水路的沟通，因而其地的商贸也很繁荣。后来，在乾隆四十七年（1782年），兴安升为府的事实也说明了其经济情况相比以前有了较大发展。

---

① （清）卢坤撰：《秦疆治略·兴安府》，道光年间刻本。
② （清）王志沂、鲁全撰：《汉南游草》，道光年间刻本。
③ （清）严如煜：《三省山内风土杂识》，《丛书集成》本。
④ 陈良学、邹荣础：《清代前期客民移垦与陕南的开发》，《陕西师范大学报（哲学社会科学版）》1988年第1期。

这可以说是兴安龙舟竞渡兴起的经济基础，毕竟竞渡是一项大型的群众参与活动。以上是安康地区龙舟竞渡的成因。

清代后期，是陕南龙舟竞渡扩展的最重要时期。汉中府的西乡、南郑，兴安府的紫阳、安康、白河、旬阳等六个县都有赛龙舟的记载，竞渡在多个县域出现。西乡端午节的龙舟竞渡经历了由"宦室登舟游乐"①到"河中作龙舟竞渡戏，比赛泅水"②的发展过程，其发生地在县治附近的木马河，这也是汉江的一条较大的支流。今安康地区的紫阳县也有记载"端午戏龙舟悬艾虎，饮菖蒲雄黄酒"③的风俗。南郑县端午"汉水上设龙舟竞渡，咸往观之"④。道光以后陕南龙舟竞渡风俗带已基本形成，并有向安康地区转移的趋势。这一风俗带以汉江沿岸的汉中府、兴安府为中心，所辖县治附近汉江或较大支流为扩展区域，起于汉中地区的府治所在南郑县，止于安康地区的白河县。

清代后期陕南龙舟竞渡的扩展尤其迅速，其内容也因地区不同而有所差异。宋明以来一直以洋州为中心，清代短短几十年便扩张到几乎整个陕西汉水流域。这并不是偶然现象，它有其特殊的原因。

首先，这一时期陕南凡是有竞渡风俗的县区，普遍重视端午节。例如，记载颇为详细的西乡"五月端阳，家悬蒲艾、角黍、雄黄枇杷之物，彼此相遗，宦室登舟游乐，妇女以茧作艾虎佩焉"⑤，人们对于端阳日的重视也不同一般：汉中地区的褒城县（与南郑县相邻）"令节知正旦端午不知中秋、七夕"⑥，西乡的端午节最为隆重，一直过到五月十五，称大端节。对端午节的高度重视，很容易导致依赖端午节举行的竞渡风俗自然蔚然成风。

其次，最关键的方面是移民的驱动力因素。陕南主要的移民运动从明代中期就开始了，大规模的移民是乾隆以后的事，并且延续到道光年间，这方面许多学者做了论述。⑦从文献上和一些学者的研究结果来看，这一时期的陕南人口中移民占到 80%以上且以南方籍居多，如"川陕边徼，土著之民十无一二，

---

① （清）严如煜：《汉中府志·西乡》，民国重刊本。
② 薛祥绥：《西乡县志·民俗志》，民国三十七年石印本。
③ （清）陈仅、吴纯修，杨家坤、曹学易纂：《紫阳县志·记事·风俗》，道光二十三年刻本。
④ 郭凤洲、柴守愚修，刘定铎纂：《续修南郑县志·礼俗》，民国十年刻本。
⑤ （清）严如煜：《汉中府志·西乡》，民国重刊本。
⑥ 杨虎城、邵力子修，宋伯鲁、吴廷锡纂：《续修陕西通志稿·汉中府》，民国二十三年铅印本。
⑦ 葛剑雄主编，曹树基著：《中国移民史》（第 6 卷），福州：福建人民出版社，1997 年，第 126 页。

湖广客籍约有五分，安徽、河南、江西各省约有三四分"①。萧正洪根据陕南四县所的墓碑资料统计，结果当地人仅占 8.1%，鄂湘占 46.3%，四川占17.3%，安徽占 9.2%。②毫无疑问，移民尤其是川楚移民是陕南移民的主体。这种情况下，本身具有南方亚热带环境的陕南，适合南方风俗的传播自然条件，加上移民的南方主体文化的介入，使得陕南的龙舟竞渡如雨后春笋般成长起来，如"地虽属陕，而服饰、器用、文字、语言实有南方之风"③。外来移民对当地的信仰、丧葬、居住等风俗都产生了深远影响，端午的竞渡风俗亦是如此。表现在以下两个方面：第一，从龙舟竞渡的形式上看，有了关于祭祀屈原的意味。这在接近湖北的白河的县志中有记载，民国初年以前赛前还投粽子、甜酒于江中，吊念三闾大夫。④这是以前没有的，原来只是纯粹的娱乐，此时又增加了祭祀屈原的内容，风俗内容增加了，因而更有利于竞渡的发展成熟。第二，移民中各船帮、行会、会馆对这一活动的支持，也是这一风俗广泛开展的又一动因。在举行竞赛的时候，他们为这一活动提供船只、各会首集合大家共同出资，为自己所在的龙舟队伍服务。

其他如水文条件是基本决定因素，从文献考察其发生的地点来看，都在汉江主流或较大支流上，且水流量大，河面开阔，能够行船，比如旬阳有"八百里洵河，其可行舟者，计程四百余里"⑤。紫阳洞河，"兴安诸水紫阳洞河三百数十里可至四川"。

（三）民国时期陕南龙舟竞渡向东推移和影响

如前所述，清代后期陕南的龙舟竞渡已有向今安康地区转移的趋势。前面提到汉江沿线的六个县有龙舟竞渡的记载，而仅安康地区就有三分之二。汉中府仅府治所在的南郑及与安康相邻的西乡有记载⑥，很明显东部地区占了很大比重。而且从中华人民共和国成立后所修的地方志反映的情况来看，龙舟竞渡

① （清）严如熤撰，李雪峰点校，贾三强审校：《三省山内风土杂识》，《陕西古代文献集成》，西安：陕西人民出版社，2017年，第 545 页。

② 萧正洪：《清代陕南的流民与人口地理分布的变迁》《中国史研究》1992 年第 3 期。

③ （清）萧兴会修，欧阳文学纂：《褒城县志·食兵志》，乾隆四十二年抄本。

④ 白河县地方志编纂委员会：《白河县志·社会风俗志·岁时风俗》，西安：陕西人民出版社，1995 年。

⑤ （清）严如熤撰，李雪峰点校，贾三强审校：《三省山内风土杂识》，《陕西古代文献集成》，西安：陕西人民出版社，2017年，第 542 页。

⑥ 郭凤洲、柴守愚修，刘定铎纂：《续修南郑县志·礼俗》，民国十年刻本。

风俗在安康地区发展成熟，如政府在某些地区每年定期举办、龙舟种类的增多、龙舟队伍的出现、向支流的扩散等可以反映其已基本发展完善。安康地区的紫阳县在民国时期龙舟竞渡很发达，除了县城之外，还有汉王城、洞河两镇，为了适应竞赛需要，各镇都有业余龙舟队，还有自己的"龙舟会"组织，在各自的队伍中，也有独特的龙舟色彩和式样，有黄、白、青、金、混色等龙舟。①赛前还有预演，正式举行之前鸣炮焚香，赛后将龙头送回庙里等。

民国时期安康的龙舟竞渡，其影响深远，一直延续到现在，当然期间也有变化。就中华人民共和国成立后所修地方志来看，安康地区的安康市、紫阳县、白河县、旬阳县，中华人民共和国成立后曾多次举办龙舟竞渡。而其发生地域与民国时期重合。紫阳县在1956年举办过一次，而白河县在1987年首开女子划龙舟之风，1990年端阳节的赛龙舟，湖北十堰也有人前来参观，1991年的赛事曾在《陕西新闻》和中央电视台的《体坛内外》节目中播放。②从举办方式来看，多是政府承办，群众参与。正是如此，安康的端午节龙舟竞渡内容日益丰富，影响范围不断扩大，走出小盆地，面向大西北。现在安康市每年"五一"、端午期间，还举办龙舟赛，规模很宏大，可以说已成为陕西乃至整个西北地区端午节最为独特的一个传统民俗活动。

为什么在今安康地区陕南的龙舟竞渡依然存在，而起源地的汉中这一风俗却消失了？笔者分析有以下几个方面的因素：首先是政府的支持和重视程度方面，安康优于汉中，如白河县，"民国初年……除战乱、大灾之年，每年按例举行"③；紫阳县最重视，"民国年间每年举行一次，解放后基本上停止"④。龙舟竞渡已经形成一种例行制度。汉中地区的竞赛似乎只是群众自发组织的民间活动，是断断续续进行的，没有形成规模化和制度化，如南郑县仅是"……汉江南岸群众举行龙舟活动"，其余情况不见记述。

其次是水文条件的变化，汉中的水上条件本身不如安康。在民国初年，一位赴陕南考察的官员在其游记当中记到，"汉中至安康一带只一二万，安康以

① 紫阳县志编纂委员会：《紫阳县志·民俗志·端午》，西安：三秦出版社，1989年。
② 白河县地方志编纂委员会：《白河县志·社会风俗志·岁时习俗》，西安：陕西人民出版社，1995年。
③ 白河县地方志编纂委员会：《白河县志·社会风俗志·岁时习俗》，西安：陕西人民出版社，1995年。
④ 紫阳县志编纂委员会：《紫阳县志·民俗志·端午》，西安：三秦出版社，1989年。

下可载五万斤"①，可见水文条件之差异。民国后期，今汉中地区由于军事及对西部开发的需要，国民政府在这一地区兴修水利工程、交通道路，河流水量减少，河道被破坏。例如，由著名水利学家李仪祉主持引汉江、褒河、湑水河而修建了汉惠渠、褒惠渠、湑惠渠等，由于稻作农业此时大量用水，加上此时河流雨水补给太少，本身处于上流的汉江，江面水流量难以行船，当时有官员建议开发西部时，提出汉中恢复水运，但是疏浚河道困难重重，也从侧面反映了龙舟竞渡无法开展的水文条件。

当然并不是说安康地区没有兴修水利工程，只是相对处于下游，其支流丰富，如旬河、岚河、蜀河、白河等大支流汇入，况且安康地区多山地丘陵，水田用水根本不如汉中。清代前期一直不间断地传承，加之与湖北比邻的天然优势（在龙舟竞渡比较发达的旬阳、白河，均有"秦头楚尾"之称），竞渡风俗遂在今安康地区发展完善（表4-1）。

**表4-1　汉水流域龙舟竞渡分布地点**

| 时期 \ 地点 | | 汉中地区 | 安康地区 |
|---|---|---|---|
| 宋 | | 洋州西溪（今洋县傥水河） | 未见记载 |
| 元 | | 洋州西溪（今洋县傥水河） | 未见记载 |
| 明 | | 洋州西溪（今洋县傥水河） | 未见记载 |
| 清 | 前期 | 西乡木马河（今地名同） | 兴安州（具体地点不明） |
| | 后期 | 南郑汉滨（今汉中市汉江上）西乡木马河（今地名同） | 安康（今市区汉江边）、白河（今县城附近汉江上）、旬阳（今县城附近汉江上）、紫阳县城、洞河、汉王城（今地名同，在县城附近汉江上、汉江支流洞河上、汉王城镇所在的汉江地段） |
| 民国 | | 南郑汉滨（今汉中市汉江上）西乡木马河（今地名同） | 安康（今市区汉江边）、白河（今县城附近汉江上）、旬阳（今县城附近汉江上）、紫阳县城、洞河、汉王城（今地名同，在县城附近汉江上、汉江支流洞河上、汉王城镇所在的汉江地段） |

资料来源：《方舆胜览》《大元一统志》《大明一统志》以及清代、民国时期地方志民俗资料

从以上的论述中我们基本上了解了陕南龙舟竞渡的起源及其全部流变经过

---

① 凌鸿勋：《陕南杂录》，《中国西北文献丛书·西北民俗文献·西北导游》，兰州：兰州古籍书店影印，1990年，第226页。

和它的空间拓展过程，以及呈现这种情况的一些基本成因。起源甚早的洋州以"踏石"命名的龙舟竞渡，最初只在其境内汉江的一条大支流上，由于种种因素的作用，清代以后逐步扩展，向汉江下游主干道及个别大支流的沿江府、县推进，最终在民国时期的安康地区发展成熟。从最早记载到现在，端午龙舟竞渡在陕南已有近一千年的历史了。而作为起源地的洋州却由于河流水道情况变化、经济中心的衰落等因素而日趋消亡。汉中是陕西龙舟竞渡的第一故乡，它的历史文化价值当不亚于安康地区，而它的消失，对历史文化名城汉中的城市文化景观来说是一个莫大的损失。所以，如何恢复和重建历史时期特色民俗，保护现有优秀民俗等，从而丰富历史文化名城的魅力，应当引起人们的重视。

# 第二节　北方端午射柳风俗

## 一、中原射柳起源与少数民族射柳的融合

端午射柳风俗起源很早，民俗学者和一些体育工作者从不同方面做了研究，在综述中已经涉及。研究者多集中在少数民族地区，对中原汉族的射柳风俗及其与少数民族此风俗的相互关系问题，却几乎无人问津，笔者想廓清这几个问题。

少数民族的射柳风俗，尤其以辽国最为突出，一些学者已经考证出了其起源于古老鲜卑族的自然崇拜的绕林而祭祀的风俗。[①]其实中原也有射柳风俗，它经历了一个缓慢发展的历史过程。中原自西周时期就有一种射礼，见之于《周礼·大司马》、《仪礼·大射》和《礼记·射义》等，这是一种等级严格的礼仪制度，它往往和祭祀是连在一起的。举行射礼时要穿射服。射的结果决定了射者是否有机会参加祭祀神祇，所谓"射中者得于祭，不中者不得于祭"[②]。可以看出，射礼的过程中要祭祀、行燕礼，按照身份进行祭祀。后来这种礼仪渐渐消失，而由于战争的需要骑射逐渐被重视，国家军队里流行以比赛射箭为主的竞赛活动，如《战国策·西周策》记载："楚有养由基（人名）者，善

---

① 王承礼：《契丹的瑟瑟仪和射柳》，《民族研究》1988年第3期。
② 王云五主编，王梦鸥注译：《礼记今注今译》第44《射义》，台北：商务印书馆，1970年，第813页。

射，去柳叶者百步而射之，百发百中。"①这可能是中原最早的射柳记载了，但主要是武术类的，并没有形成一种风俗。

古代人们将射柳逐渐改变成所谓的"百步穿杨"。这估计和古代杨柳互相指代有关，因为中国古代诗歌当中往往是杨柳并举。"百步穿杨"这种射箭对技术要求很高，一般只在军队中流行。梁昭明太子《弓矢赞》："弓用筋角，矢制良工，亦以观德，非止临戎，杨叶命中，猿堕张空"，唐何据《射杨叶百中赋》说"虑轻叶之摇风"，贾𫗧《百步穿杨叶赋》："舍矢而破，固叶是穿"等，是讲的作为射杨叶的活动。射杨柳也作为一项节仪式活动的内容，常在九月九日举行，附着于重阳节而发展。庾肩吾《九日侍宴乐游苑应令诗》："尘飞金埒满，叶破柳条空。"唐高宗李治诗《九月九日》："柳空穿石碎，弦虚侧月张。"

由于射叶的难度太大，唐后期则逐渐成为射柳枝了。晚唐诗人李涉《看射柳枝》："万人齐看翻金勒，百步穿杨逐箭空。"诗句当中并没有柳的字样，诗名却有，这正是杨柳互代的表现。显然，这些射柳的活动，时间并不在端午节，与端午射箭有关的为《开元天宝遗事》记载的宫中用小弓射粉团，但却不是射柳。九月九日是重阳节，这些骑射活动逐渐成为节日的一种娱乐活动，因此依托节日而成为一种定时举行的活动，有了向风俗转变的趋势，后来的辽、金等也有在重阳射柳的风俗，这或许是对汉族射柳风俗的吸收。

射柳风俗的日期逐渐固定于端午是在辽宋时期，这是来自于少数民族，尤其是女真族的改造。

辽国为契丹民族所建立的国家，他们早期没有历法，"不知纪年，以草一青为一岁"（《松漠纪闻》卷上），后来中原汉族的历法逐渐被其接受，传统岁时风俗也逐步形成。他们的节日虽然采用汉族的叫法，但节日风俗的内容却有自己的特色，端午射柳便是一例。据研究，最开始的射柳是一种国家礼仪，被称为"瑟瑟仪"，是为天旱求雨的一种国家巫术，这大概与干旱有关。《辽史·国语解》："瑟瑟仪，祈雨射柳之仪，遥辇苏可汗制"②，记载了唐时期契丹族祈雨的起源情况，后来辽国建立以后，这种仪式在皇帝的主持下曾多次

① （汉）刘向：《苏厉谓周君》，《战国策·西周策》，上海：上海古籍出版社，1985年，第56页。
② 《辽史·国语解》，北京：中华书局，1974年，第1537页。

进行。①

金朝的射柳风俗大概到金世宗时候很受重视，"念本朝风俗重端午节，比及端午到上京，则燕劳乡间宗室父老"②。金朝沿袭辽朝的风俗，依然有射柳的仪式，但在举行的时间和参与者的身份，以及其意义方面有了新的变化。举行的时间上，逐渐集中在端午、中秋、重阳，金代端午节最为突出。③金代的帝王经常在宫廷举行射柳活动，并让百姓参与，如大定三年（1163 年）五月五日，太宗"幸广乐园射柳，命皇太子、亲王、百姓皆射……自是岁以为常"④。这有一个显著的变化，即除了王公贵族以外，一般百姓也可以参与，而且年年习以为常。不仅如此，州县军中也开始流行，有南宋文惟简《虏廷事实·拜天》记载为证："虏人州军及军前，每遇端午、中元、重九三节，择宽敞之地，多设酒醴、牢饩、饼饵、果实祭于其所，名曰'拜天'。祭罢，则无贵贱、老幼，能骑射者，咸得射柳，中者则金帛赏之；不中者，则褫衣以辱之。射柳既罢，则张宴饮以为极乐也。"⑤射柳的目的逐渐向娱乐的方面转变，已经不是纯粹的祈雨仪式了。

上举资料，国家的射柳仪式，比如按身份显要程度的次序、祭祀、射后宴会等，都是对《周礼》射礼的变相继承，可以说少数民族射柳的风俗中包含汉族传统礼制的成分。

宋金对峙时期，双方时战时和，但并没有阻碍风俗的传播。宋代的宫廷也出现了模仿辽国的射柳活动，但有时却含有一定的政治意图在里面，如程大昌引《西北录》："太祖时，契丹使来朝，诏使者于讲武殿观射，令其从者与卫士射毛毬、截柳枝。"宋太祖赵匡胤在接待辽国使者时，特意安排了"截柳枝"的射箭比赛，含有威慑对方的意思。自此，"截柳枝"一类射柳活动，屡

---

① 《辽史》卷 56《仪卫志二》："行瑟瑟仪，大射柳"；《辽史》卷 3《太宗纪上》："天显三年，太宗六月己卯，行瑟瑟礼。"其余比较详细叙述过程的是《辽史》卷 49《礼仪志一·瑟瑟仪》。

② 《金史》卷 8《世宗纪下》，北京：中华书局，1975 年，第 186 页。

③ 宋德金、史金波：《中国风俗通史·辽金西夏卷》第 418 页认为，金朝射柳来源于辽朝的瑟瑟仪，已经有了固定的日期，通常在五月五日举行。其实举行的时期此时并没有固定，即使是皇宫也并不是如此，州郡更不用说了，除了文中所举实例而外，程大昌《演繁露》还记载了三月三日金陵射柳事情（上海：上海文艺出版社，2001 年）。

④ 《金史》卷 6《世宗纪上》，北京：中华书局，1975 年，第 131 页。

⑤ （宋）文惟简：《虏廷事实·拜天》，（明）陶宗仪纂：《说郛》卷八，北京：北京市中国书店，1986 年，第 47—48 页。

有出现，直到南宋时期。①《东京梦华录》也记载了开封军人射柳的事情："又以柳枝插于地，数骑以划子箭，或弓或弩射之，谓之'襻柳枝'。"宋代嘉祐年间，"上（太祖）设宴琼林苑，观卫士射柳枝"②等，这些都是开封地区的射柳情况。而明确记载端午射柳风俗的是《文昌杂录》，即"军中以端午走马，谓之蹴柳，亦曰扎柳，又曰剪柳；今武人于端午为穿杨之枝"③。

从以上的历史追溯，我们可以大致勾勒出射柳风俗在南北两系的延续，以及这一风俗在中原和北方少数民族地区的相互融合，辽宋时期已经渐渐集中于端午，成为端午风俗事象的一个组成部分。后来，端午的"走马""射柳"种种活动，便和"射柳"有着千丝万缕的联系。

## 二、明清时期以兵士娱乐为主的射柳风俗

明清以后的射柳风俗特点主要表现在以下几方面：首先是日期固定在端午节这一天；其次是地域范围的日渐扩大和明确；再次是射柳的娱乐意义逐渐增强，很少有契丹的祈雨，金国的拜天、祭祖，以及政治意义④；最后是有些地方逐渐弱化，仅有射柳的名称而没有具体内容，详见下文叙述。

明清以前，以兵士娱乐为主的射柳风俗已然存在。元代北京地区即有射柳风俗。大概也是承袭金国制度。⑤由于悠久的历史传统延续不断，北京地区成为自金以后历代射柳的典型地区，而且宫中端午射柳最为显著，如《明史·礼志》：永乐"十一年五月五日，幸东苑，击球射柳，听文武群臣、四夷朝使及在京耆老聚观"⑥。其他如"永乐中，禁中有剪柳之戏，剪柳即射柳也……往往会于清明端午日，名曰射柳"⑦。清人高士奇的《天禄识余·剪柳》中则说：

①　韩丹：《我国古代东北民族的射柳活动考》，《哈尔滨体育学院学报》2004年第1期。

②　（宋）孟元老撰，李士彪注：《东京梦华录·驾登宝津楼诸军呈百戏》，济南：山东友谊出版社，2001年，第75页。

③　（清）陈梦雷编纂，蒋廷锡校订：《古今图书集成·历象汇编·岁功典》第52卷《端午部纪事·〈文昌杂录〉》，北京：中华书局，成都：巴蜀书社，1986年，第540页。

④　说明：金国射柳在拜天之后举行，而有些学者认为女真人的祖先为柳树妈妈，故有祭祖说。

⑤　（元）熊梦祥著，北京图书馆善本组辑：《析津志辑佚·风俗》，北京：北京古籍出版社，1983年，第203页。

⑥　《明史·礼志》，北京：中华书局，1974年，第1441页。

⑦　（清）陈梦雷编纂，蒋廷锡校订：《古今图书集成·历象汇编·岁功典》第52卷《端午部纪事·〈识小编〉》，北京：中华书局，成都：巴蜀书社，1986年，第542页。

"永乐时，禁中有剪柳之戏。剪柳，即射柳也。以鹁鸽贮葫芦中，悬之柳上，弯弓射之。矢中葫芦，鸽辄飞出，以飞之高下为胜负，往往会于清明、端午日，名为射柳。"他们反映的都是明朝前期端午宫廷射柳故事。明后期北京的射柳风俗见于刘侗等的《帝京景物略》，曰："端午用角黍……携酒游高粱或天坛，坛中有决射者，盖射柳遗意。"和前代相同的是都是宫廷内部射柳，不同的是时间已经集中在端午节这一天。嘉靖以后地方志的资料逐渐多起来，这或许是因为端午射柳地域范围也具体化了。

明代北方地方射柳风俗，以军事重镇最为突出，它是军人端午的娱乐风俗，如"京师及边镇最重午节。至今各边，是日俱射柳较胜，士卒命中者，将帅次第赏赉。京师唯天坛游人最胜……竞以骑射为娱……内廷自龙舟之外，则修射柳故事，其名曰走骠骑，盖沿金元之俗"①。另外，王直《端午日观打球射柳应制》诗"杨柳绿含滋，雕弓纵射时。向风飞白羽，和露折青丝；辇路晴光动，旌门午漏迟。营前挝鼓急，捷报万人知"也反映了军队射柳的盛况。它们都是驰马射柳枝的竞技活动。明代的边镇，当是沿长城而设的九边。这些地方在明朝及其以前历代都是少数民族活动之地，有着悠久的骑射传统，射柳的风俗在这里出现是很自然的事情。更重要的是，边防重镇，乃用武之地，经常发生战争，射柳这种活动很容易锻炼骑兵作战的骑射技术以及其勇敢果断的战斗意识，将帅们的激励和赏赐，更加促进了活动的气氛和目的。

除了这些边地的端午射柳风俗而外，中原一些府县也存在该风俗。而地点恰恰是以往历史时期射柳风俗相当盛行的地区，且主要在开封附近。嘉靖时期尉氏县端午："五日，门前悬艾……饮菖蒲酒。县宰下校场校武艺，射柳……"②与其毗邻的祥符顺治时期仍然有端午"五日射粽绪丝"的记载。③乾隆时期，"五日曰'天中节'。阃司张筵于演武堂，谓之'蹋柳'"④。这一风俗直到光绪时期依然有文献记载。⑤

① （明）沈德符：《万历野获编》卷2"端阳"条，北京：中华书局，1959年，第67页。

② 汪心纂修：《天一阁藏明代方志选刊·嘉靖尉氏县志》卷1《风土类·岁时》，上海：上海书店出版社，2014年。

③ （清）张俊哲纂：《祥符县志》卷1《舆地·风俗》，1989年据天津图书馆藏顺治十八年刻本影印，第17页。

④ （清）鲁曾煜修：《祥符县志》卷2《地理志·风俗》，乾隆四年刻本，第36页。

⑤ （清）沈传义纂：《河南开封县志》卷5《地理·风俗》，光绪十四年刻本，第14页。

　　河南省所辖县很多，射柳的风俗却只在开封及其相邻的个别县存在，究其原因，这是原有国都射柳风俗的遗留。虽然此时开封早已经失去了原来国都的地位，但仍不失为中原地区政治、经济、文化较为发达的地方，国都的风俗却在某些方面得到了延续。原先是国家组织下的宫廷射柳，此时成为在"县宰""阃司"主持下的武艺比赛，地点在各县的军事训练场地，其隆重与激烈的场面自然不可与先前相比。

　　清代以后，重新划定政区，明朝的九边多建立了府县政权，边防的战略重点以及防守的方式都发生了很大差异，随着时间的推移，明代边镇流行的端午射柳风俗也就渐渐湮灭无闻了，尽管这并不是全部原因。

　　考察清代北方端午射柳的风俗大致有这样两个序列：都城北京及附近区域和山西省、山东省的一些县区。北京地区依然是最为突出的一个地区，它的情况和以前宫廷的端午射柳大致相同，不过除了宫廷外，其所辖的一些县也开始有了射柳的风俗，射柳的地点则以天坛最为集中，这是新的变化。光绪年间修的《顺天府志》也有类似的记载。① 宛平县："午日……天坛墙下，走马为戏。"② 其他类似记载还有大兴县。此外，远在郊外的平谷县："'端午节'，射柳悬艾，包角黍相遗。"③

　　第二个端午射柳比较典型的是山西太原府和沁州地区。这一地区明确记载射柳风俗的是太原府的文水县和祁县。其余则是踏柳（蹿柳的异写）④，是一种空有其名、无实质竞赛射柳的风俗，是射柳渐趋消亡的表现。

　　从资料的反映情况来看，文水县早在明代嘉靖时期就有射柳的风俗，即"五月五日，名端阳节……采百草，射柳为乐，小儿采五色丝，亲识作角黍相

　　① （清）万黎青、周家楣修，张之洞、缪荃孙纂：（光绪）《顺天府志》卷1《京师志·风俗》，《中国地方志集成·北京府县志辑》，上海：上海书店出版社，2002年，第299页。

　　② （清）王养濂修，李开泰等纂：（康熙）《宛平县志》卷1《风俗》，《中国地方志集成·北京府县志辑》，上海：上海书店出版社，2002年，第9页。

　　③ 李兴焯修，王兆元纂：《平谷县志》卷3《社会志·礼俗·四时习俗》，《中国方志丛书·河北省》，台北：成文出版社，1968年，第303页。

　　④ 注：方志中山东临淄县以及齐河县等的一些地方"踏青"亦写作"蹿青"。此外，据韩丹的研究，射柳有多种称呼，如出现了蹄柳、截柳、射柳、扎柳、措柳、剪柳、搓柳、新柳、走骤骑、射葫芦等名。此外，"演柳、踏柳"也是当时其异名叫法。

赠"①。直到康熙时期文水县这种风俗依旧"……饮菖蒲酒，采百草……射柳，亲识作角黍相遗"②。祁县端午节"……饮菖蒲酒，采百草，射柳为乐"③。而其他如沁州地区，仅有游览风俗，却称之为"踏柳"，如榆社县端午："五月五日为'天中节'。男女簪艾，饮雄黄酒……或游饮郭外，曰'踏柳'……小儿以五色丝线系手足"④，沁州端午："'端午'，包角黍……同侪具酒食携往郭外，会食欢饮，俗呼'踏柳'"⑤，与此相类似的记载还有武乡县⑥。踏柳和射柳相同的地方是有会食、宴饮等，而没有具体的骑射比赛。

山东地区有射柳记载的是康熙时期登州府，端午风俗："'端午'，军校蹿柳于校场。立彩门，悬葫、鸽于上，走马射之，中葫则鸽飞跃，谓之'演柳'。间一行之。士民之家饷角黍……"⑦可以看出，登州府的射柳演变为射葫芦这一风俗。此外，相邻的黄县："'端午'，民快乡兵角技于演武场为'演柳'。士民之家食角黍……饮菖蒲酒。"⑧光绪年间增修的方志大致相同，改变的是"儿女以五彩线缠手足，家家作角黍，聚饮为乐"⑨。

明代射柳的情况主要集中在边镇和北京地区，但是具体的地点因文献的缺乏而无法考证。清代的端午射柳风俗大致如上所说，在本书研究所涉及的几个

---

① 米世发等纂修，李裕民点校：《文水县志》卷1《舆地志·风俗》，太原：山西古籍出版社，1996年，第25页。

② （清）付星修，郑立功纂：（康熙）《文水县志》卷3《民俗志·节序》，《中国地方志集成·山西府县志辑》，南京：凤凰出版社，2005年，第41页。

③ （清）刘发元、李芬纂：《祁县志》卷4《风俗》，《中国地方志集成·山西府县志辑》，南京：凤凰出版社，2005年，第330页。

④ （清）王家坊、葛士达修：《榆社县志》卷7《典礼志·风俗》，《中国地方志集成·山西府县志辑》，南京：凤凰出版社，2005年，第472页。

⑤ （清）叶世宽、姚学瑛等修：（康熙）《沁州志》卷8《风俗·时节》，《中国地方志集成·山西府县志辑》，南京：凤凰出版社，2005年，第261页。

⑥ （清）白鹤修，史传远纂：（乾隆）《武乡县志》卷2《风俗》"端午条"："五月五日天中节……同侪具酒肴携往郊外会食欢饮俗呼'蹿柳'。"（《中国地方志集成·山西府县志辑》，南京：凤凰出版社，2005年，第42页）

⑦ （清）任璇纂修：（康熙）《登州府志》卷6《风俗·端午》，《地方志民俗资料汇编·华东卷》，康熙三十三年任睿增刻本。

⑧ （清）尹继英、王堂等纂修：（乾隆）《黄县志》卷1《疆域志·风俗》，第14页。注：同治时期端午已经不见射柳的风俗了，记载只是"食角黍饮雄黄菖蒲酒，儿女辈彩索缠臂"等，见《中国地方志集成·山东府县志辑》第49册《黄县志》卷1《疆域·风俗》，南京：凤凰出版社，2004年，第413页。康熙时期黄县的射柳风俗与乾隆时相似，见（清）李蕃修：《黄县志》卷7《风俗》。

⑨ （清）方汝翼、贾瑚、周悦让，等修：（光绪）《增修登州府志》卷6《疆域·风俗》"端午条"，《中国地方志集成·山东府县志辑》，南京：凤凰出版社，2004年，第72页。

省区当中，除陕西、甘肃、宁夏文献无载而外，京津、山东、山西、河南等地都存在，而时间也不尽一致。

尽管如此，射柳这种风俗也有一些地域上的特点：首先，真正意义上的射柳传播范围并不太大，只在相邻两个（府）县之间，如河南开封的祥符县与尉氏县、山西的祁县与文水县、山东的登州府与黄县、北京的顺天府（宛平、大兴、房山等地的记载都是天坛附近射柳，这和顺天府所记为同一地点，可视为同一个地方的射柳风俗）与平谷县。其次，各个地区射柳发生的地点基本上都是府县（天坛为祭天场所，但天坛附近的开阔场地也常常作为军事训练用途）的军事训练地，多由政府的闸司、军校等组织，它们是端午军人娱乐的一个重要地点。明清时期河南开封府尉氏县与祥符县以及北京地区出现射柳风俗，其原因都是相同的，即它们都是前代都城射柳风俗的遗存。但登州府估计受辽东射柳风俗影响，而山西太原府文水一带的射柳风俗或许是受明代山西边镇射柳影响而产生并遗留下来的。

### 三、射柳风俗消失的原因

射柳风俗自战国时期萌芽，又经过与少数民族的祈雨等仪式的融合，明清时期逐步形成了以军人为主要参与对象，形成激烈的骑射竞赛，并附有节日宴会性质的一种官方组织的骑射风俗，直到民国时期，北方地区的个别州县还有记载。[①] 自此之后，流行几千年的射柳风俗在中国消失了。

其消亡的原因，笔者分析主要有以下几方面：首先是该风俗适宜的环境和人群具有特殊性。我们可以看出，它是战争和骑射催生的产物，历史时期带有深深的民族烙印。凡是在历史时期中原民族和少数民族争夺疆域的战争年代，这一风俗就表现得很突出，如宋辽、宋金对峙，明朝设立九边抵御北方少数民族等。清朝大一统后，满族本身作为骑射民族入主中原，还有所提倡，因此河南、山西、山东等地也有一些存在。民国以后战争是存在的，但是经过数千年的历史融合，风俗也日益萎缩。其次是组织者和参与者的局限性。这类活动历来不是宫廷举办，就是首领倡导，参与者也是以士兵为主，即使这样也不是所有的士兵都可以，因为它要求的骑射技术水平很高，一般的平民百姓顶多只是

---

① 注：仅北京平谷县有此记载，而方志时间是民国二十三年。

望"柳"兴叹而已。这或许是清代中原射柳风俗没有扩展的主要原因之一。最后是承办的花费问题，由前举射柳发生的主要地区在府及其附近县域经济发达之地，可以得知。再如，康熙时期正值大清王朝鼎盛之时，登州府一级的政府机构举办射柳活动也是隔年举行，"间一行之"说明经济的影响也不容忽视。

新制度的确立及现代化的军事技术的应用是该种风俗消失的致命因素。民国建立以后，废除了清朝的许多制度，在军事方面学习西方，建立了新的军队。作战方面虽然有骑兵，但是武器装备已经在很大程度上采用了西方的枪炮等，完全改变了延续几千年的用弓箭、大刀、长矛等作战的方式，结束了封建社会的冷兵器时代。全新的军队、崭新的新式武器出现了，军队比赛射击也再不使用弓箭，射击的靶子也不再是柳枝、柳叶。流行久远的射柳风俗逐渐退出了历史的舞台，成为过去式。

# 第三节　北方端午点高山风俗

端午点高山风俗是比较典型的北方山地端午风俗，既不同于河谷地带的竞渡风俗，也不同于在府县举行的以士兵为主的军人射柳风俗。

## 一、陇右地区点高山风俗现状

在我国广袤的土地上，端午节时各地都有独特的民间文化娱乐活动，除了前面列举的射柳、竞渡等风俗而外，在陇右地区还流传着一种成千上万人成群结队的旋鼓舞活动，即由青年男子组成代表各自村庄的队伍，敲打由羊皮制成的带有九个铁环的羊皮鼓的舞蹈活动，当地人形象地称之为"旋鼓"。

旋鼓舞又称"点高山"，是因为最初是在山间点着堆积如山的柴火，大家围着火堆敲打羊皮鼓，翩翩起舞而来，目前这一说法已经逐渐被旋鼓舞的说法所取代，点高山只在有些老年人当中流传。旋鼓舞所用的乐器以羊皮鼓和钹为主，这种鼓很特别，小的直径有二三十厘米，大的有七八十厘米左右，上下厚度不到 0.5 厘米，呈椭圆形，拿在手里就像一把扇子一样，鼓柄后方有大小不等的九个圆环，有些地方（秦安县）称作"扇鼓"。

旋鼓舞由一系列的动作组成了多达 20 个套路和队形变化的方阵。主要的动作有端庄行、喊山岳、拜四方、冲云霄、拜天地、羊跳欢、回马枪、奔走相告、拉弓射箭、扬鞭催马、左突右冲等25个，而队形变化主要有长蛇阵（又称龙摆尾、旋八字）、太子游四门、蛇蜕皮、旋蜗牛、二龙戏珠、野马分鬃等。正式比赛在每年阴历五月五日举行。此时镇上汇演，而此前数月已经开始有人断断续续地制作、练习旋鼓舞，据说在以前（大概20年前）过了二月二才开始打鼓，现在每当遇到端午节庆及祭祀、娱神、祈雨、赛会的时候，就可以看到那种阵容恢宏、鼓声震天、舞姿优美的旋鼓舞表演，近几年来，天水的地方文化工作者对传统的端午旋鼓舞进行了改编，使得这种具有悠久历史和地方文化特色的民间风俗走出了大山深处，逐步向城市发展。[1]

目前，陇右地区的旋鼓舞组织分为两种情况：职业化的和非职业化的。职业化的旋鼓舞队伍有职业舞蹈人员，有领队。他们除了在端午节当天举行的民间赛会上进行表演外，更主要的是外出表演，市场化运作明显，如天水武山县滩歌镇代家沟的一支队伍。[2] 除此而外，则是村民自发组织的临时性的旋鼓队伍，虽然有具体人负责组织本村的舞蹈队伍，但是对人没有严格要求，凡是男性、老幼皆可参与跳舞。这种组队以村为单位，在祭祀、祈雨等时候才临时编队，平时不参加外出的表演活动，但是如果遇到端午节乡镇表演，也会参与，但参加人员也只限于年富力强的青年男子，自发组织、无市场化运作是其特点。

## 二、点高山风俗的历史时空考察

点高山（因为不在放牧时山地举行，但是点高山时打羊皮鼓这种活动在祭祀和娱乐庆祝时仍然流行，当前称之为"旋鼓"）从可考的文字资料来看，主要见之于前代的零星方志，如清代漳县、隆德县。这些方志的记载基本一致，即"牧童于鸡鸣时点高山"。点高山风俗的主要特点是：端午节"门插柳枝，儿童以红索系腕颈，涂雄黄于耳、鼻。邻友以角黍相馈赠，牧童祀山神，积薪为山，于鸡鸣时焚之，俗称'点高山'"[3]。在隆德县也有"牧童点高山"等

---

① 海和平编著：《天水旋鼓》，兰州：甘肃民族出版社，2004年。

② 此系代某某口述，代某某，男，时年40余岁，为武山代家沟村支书。他系这支队伍的领队，曾带队出席天水、兰州、平凉等多次演出；本书在叙述方式上为了维持口述资料的真实性，有一些口语化的言辞，在这里一并说明。

③ 韩世英修：《重修漳县志》卷1《舆地·风俗》，中国西北文献丛书编委会：《中国西北文献丛书·西北稀见方志文献》，兰州：兰州古籍书店影印，1990年，第34页。

记载。之所以称为点高山，就是因为发生的地点在山上，点燃堆积如山的柴草，祭祀山神，跳旋鼓舞以驱邪。

至于其来源，是否其他地方还有类似的情况，文献缺载，这为本节内容的写作带来了难度。不过幸好笔者在翻阅资料的时候，发现了一位体育工作者在《体育文化导刊》中发表的一篇文章，获悉这种古老的民间活动在今天水一带还有存留。按照民俗学田野调查的方法和"文化遗留物说"的理论，本来无法解决的问题便迎刃而解。为此，笔者曾去天水一带做了为期一周的调查和访谈，查阅相关的方志、地方文史资料并拜访了一些文化工作者。[①]

经过调查，关于历史时期这种风俗，文献记载有并不完全反映实际的情况。首先是地域范围过于偏小，除了以上的漳县、隆德县而外，历史时期还有甘谷、武山、秦安、清水、天水等地区，涵盖天水及其以西的很多县域（定西的漳县、岷县等地）。[②]不仅如此，据笔者近些年的关注，发现这种旋鼓风俗当前不仅在甘肃、宁夏上述一些县域出现，甚至陕西西部的宁强县、略阳县等地及四川平武县等地也存在。这些分布地区和历史时期或者当前的羌族分布范围有相当大的吻合性。

不过，遗憾的是，作为点高山最为突出的天水市武山县则缺乏记载。对于此问题，调查了解当地人的说法是，点高山（旋鼓舞）是一种比较"野蛮"的活动，是放牛娃们的事情，读书人认为这不足挂齿，故而有缺漏。这只是部分理由，漳县、隆德县的记载可以推翻这种说法，其不被记录估计和采访民俗与撰写地方志者有很大关系。另外是记载模糊，这主要有两个方面，第一个方面，即使是此县有记载，但是县所辖的具体乡镇是否存在缺记，就拿漳县来说，新寺镇就缺载。[③]第二个方面，对于点高山活动的时间与事实有差异，这一活动的准备从阴历二月二日就开始了，五月初五端午节是其高潮，也是结束，在端午节这天不光是牧童点堆积如山的柴薪，更重要的活动就是围绕着火堆跳旋鼓舞，从早到晚，深夜方可结束，但文献只字未提旋鼓舞。

---

① 他们包括天水师范学院雍际春教授，武山县志办公室的王永峰、包永庄，县人大常委会教科文卫工委原主任蒋望宸，天水地方志办公室刘雁翔等同志。

② 海和平编著：《天水旋鼓》，兰州：甘肃民族出版社，2004年，第1页。

③ 于申明：《西部旋鼓》，武山县政协文史资料（内部刊物），后载于王永峰主编：《武山史话》，兰州：甘肃文化出版社，2004年，第144—147页。

对于这一风俗的起源，现在有三种说法，即牧羊人发明说、祭祀起源说、军事起源说，这几种说法都是民间的传说。祭祀是因为农村祭山神求雨有这项活动，军事是因为队列队形以及战鼓等有军事的因素在里面[1]，笔者访谈、查阅历史后，认为牧羊人这一说法似乎更为合理，下文将详细叙述。

至于起源时间，从实地调查的情况来说，当前旋鼓舞最为流行，而武山县滩歌镇老百姓对此也是模棱两可，莫衷一是，他们说："太早了，代代相传，找不到记载"，"大概有上千年的历史了吧"，甚至是"这里有人的时候就存在了"，这只能说明这一风俗的年代久远，无法确定具体产生的年代。

这一风俗的历史纪录在漳县，因而笔者详细查阅了漳县的材料，但没有关于点高山过程的描述，倒是在《武阳文史》资料当中发现了记载漳县社火时，在唐宋之际已经有一种叫"走散灯"的活动，所用乐器以"抬鼓、钹等为主，表演地点在漳县山区，以灯为定数，具体表演时最前面执红旗为导向，列队表演"。在队形队列变化的时候有"太子游四门""二龙戏珠""长蛇阵""蛇蜕皮"等，队形整齐，变化多端，在黑夜演出最为壮观。[2]民间社火这种活动有以下几个方面和点高山极为相似：第一，所用乐器以抬鼓、钹为主，这和点高山所用相同（抬鼓，就是点高山所打羊皮鼓，钹是打鼓时用来控制节奏的乐器）。第二，发生地点与点高山的风俗相一致，都是在山区。第三，也是最关键的一点，其队列队形的变化已经有了和旋鼓舞一致的地方，所列四个套路，完全包含在旋鼓舞的队列队形中（旋鼓舞的队形变化是：长蛇阵、太子游四门、蛇蜕皮、旋蜗牛、二龙戏珠等20个套路）。第四，每个队领队都要手执红旗，这和旋鼓舞的"打幡"相似。第五，旋鼓舞夜间最为热闹，这也是和文献记载的整个活动的高潮相似的方面。第六，二者都有镇压邪魔、祈求吉祥的意味。综合这些理由可以看出，唐宋时代这一地区的民间社火中已经有了点高山的某些雏形。

但是，与原始记载不同的是，社火活动的参加人员是村民，没有牧童的记载，其次是发生的时间并不是端午。针对这些问题，笔者将综合在武山滩歌镇的采访来解释。选择滩歌镇有以下几个方面的考虑：第一，漳县和武山紧紧相

---

[1] 海和平编著：《天水旋鼓》，兰州：甘肃民族出版社，2004年，第6—10页。

[2] 陈俞：《漳县社火》，政协漳县文史资料委员会编：《武阳文史》第一辑（内部资料），2002年，第202页。

连，在历史时期，政区变化频繁，且有很多的插花地现象。现在的武山县新寺镇，历史时期曾被划分在岷县、漳县等地，武山洛门镇曾为山丹县辖区，在清代民国就属于漳县[①]，1958 年还将漳县并于武山（这也是后文的文献资料将引述上述几个县的原因）。选择武山滩歌镇在某种程度上就是选择了文献记载的点高山发生地漳县。第二，据了解，现在的漳县已经很少有这种活动，只有在武山最为典型，而武山旋鼓又以滩歌镇最为典型。第三，武山和漳县具有相同的自然地理地貌和几乎一致的历史人文环境。第四，考察需要解决向导、语言障碍等一系列的问题，恰好这一问题在这里能够得到解决，这样就具备了调查的种种条件。

武山县位于甘肃省东南部，渭河上游，西接漳县、南靠岷县、东连甘谷。武山滩歌镇在清代为永丰里的滩歌乡，民国时期始为滩歌镇。滩歌镇（自然镇）为明清以来县内的主要集镇之一，四周群山环抱，白马河与南河在镇北交会，自古有"山峡小盆地"之称。全镇地形复杂，海拔为 1700—3120 米，境内自古林茂草丰，多松、杨、竹等。南部中山地区气候温和湿润，作物两年三熟。[②] 在滩歌镇，笔者就端午旋鼓舞的相关问题做了调查和采访。

旋鼓舞的具体情况，清代以前每年农历二月二过后，山区的牧童就要零星地敲鼓，四月初一开始练习旋鼓，端午节达到高潮，每年如此，相沿千百年，久传不衰。这一风俗来源于狼吃羊的故事。远古时候，武山、秦安一带生活着羌族，他们以畜牧为主，而牲畜又以羊为大宗。牧羊人放牧的过程中，饱受恶狼之害，羊群时常受到狼的骚扰。机智的小伙观察了狼的生活习性，在狼哺育期间，点燃篝火，围绕火堆，敲其自制的羊皮鼓恐吓恶狼，这样就保住了羊的性命。后来点高山也即旋鼓舞，就逐渐形成了一种风俗。

对端午节通过点高山活动震慑、驱赶狼群，当地人有他们朴素的认识。当地对于狼的生育习性，流传着这样的谚语："正月正，窝里蹲，二月二，狼子儿，三月三，领下山，四月四，领到羊伙（群）里试一试，五月五，狼娃世的苦。"[③] 前面意思很简单，就是五月五，狼世的苦很难理解。原来按照当地人

---

① 韩世英修：《重修漳县志》卷1《舆地志·沿革》，民国三十三年，甘肃学院出版部，第14页。
② 武山县地方志编纂委员会编：《武山县志》，西安：陕西人民出版社，2002 年，第66页。
③ 此系刘某某述。刘某某，男，武山县滩歌镇人，农民，时年 70 岁。初中文化程度，长期搜集民间歌谣、滩歌镇历史。以下类似此种话语多为其及乡民口述，不一一作注。

的说法，五月份天气炎热，狼容易出天花，再加上到处都是喊声、鼓声震天的旋鼓活动，小狼受到惊吓，就更容易死掉。

对于旋鼓舞风俗意义，他们认为端午人容易生病，邪恶侵袭的时候，通过敲打羊皮鼓，就像放鞭炮一样，镇山鬼，赶走邪魔。中华人民共和国成立前巫神也用这样的鼓，庙会也打，自从"破四旧"之后，庙宇、迷信活动逐渐少了，以前主要是放羊人打，现在封山育林，羊都圈养，很少有人去放羊，旋鼓的人也少了。

旋鼓舞不单单是一种舞蹈活动，它的背后隐含乡民之间交流感情（和平友好、敌视争斗）的社会意义，这一点历来为研究者所忽视。据老人们讲，清代到中华人民共和国成立前，旋鼓舞主要是各个村里的男青年参加，年轻人居多，老人少，小孩跟在队伍后面练习。镇上的各个庄有自己的队伍，在端午节这一天，祭祀山神（黑爷庙，主管地方水旱，保佑地方平安），给它表演（娱神）。端午的时候，到镇上汇演，队伍大小代表着各自的势力大小，判断的标志从是否打幡来衡量，如人多、经济好的代家沟、董家坪、漆家庄、关家庄都打幡（幡相当于旗帜，由代表每年月份的花组成，平年 12 个，闰年 13 个）。

在打幡进行旋鼓舞的时候，往往是两个村（庄）相互"旋"（即敲鼓），平日里的一些矛盾，便在相互舞蹈的过程中，通过碰撞、呼喊，打乱对方的旋鼓队伍体现出来。因此会发生口角，甚至出现打架斗殴的现象，按照当地人的说法就是"打鼓时候人们很野蛮、疯狂，是非多"。被访者向笔者讲述了一次董家坪和白马峪进行旋鼓舞的时候，白马峪的两个人故意打乱董家坪的队形，董队就借人多势大将白队的幡撕掉、鼓砸烂，发生打架事件。事情发生后，由各村的年老有威望的长者去收拾残局，最后言归于好。镇上表演之后（在某种程度上是各自村庄力量的一种展示），各自回到自己的山神庙那里，围绕着火堆旋鼓，直到深夜，希望村（庄）神保佑村子平安、人民幸福，从此之后这一年中就不再举行旋鼓舞活动。"现在这种事情逐渐少了，村上有了专业队，比如参加伏羲文化节等。"

中华人民共和国成立后，寺庙逐渐被毁坏，人们旋鼓的场地转移到了公社的集体院场，主要是娱乐、驱邪，参加的也主要是年轻人，以逢年过节的晚上最为显著。人们集体干了一天活，这样旋鼓，能够忘记一天的疲劳，端午节旋鼓舞活动尤其是高潮。现在端午节参加旋鼓舞的也主要是年轻人，主要为了娱乐、驱邪。旋鼓以前很大，鼓面直径 70 到 80 厘米，现在大多只有 50 厘米左右。

综合以上的考察，可以看出点高山的风俗经历着如下的演变格局：参加人员从牧童—男性—青年男性的演变；地点上，以县为单位，文献由清代的漳县、隆德，加上考察所知的武山、山丹、秦安、天水等地均有，而目前以武山最为典型，几乎村村都有。具体到发生地，则经历了山间—村庄庙宇—集体公社—镇的变化（后三者都是公共场所，当然也在部分大城市演出，但它不是一种风俗）。从组织的角度来看，经历了自发个别的—以村庄为单位的民间组织队伍—兼有商业文化团体的转变。这一民俗的文化意义驱邪始终一直伴随着它的发展，但是有日趋淡漠的倾向，旋鼓自身也在变化之中（在有些地方，鼓面上绘有八卦图像，暗含地方伏羲文化之意）。

### 三、点高山风俗演变的时空特征

前文叙述了几种起源说，如何廓清其起源和流变，笔者认为应该将这一风俗放到其发生地域的历史地理背景中来考察。

第一种起源说，这一风俗的发生有如下几个条件：牧童、高山、羊皮鼓、狼。不论是漳县、隆德县、武山县，还是与此相邻的山丹、岷县，它们都属于陇右地区，这一地区的基本自然特点是多山，明清时期，森林茂密，动植物资源丰富，如隆德"地跨陇山之西，地高寒"，伏羌县（今甘谷县）"三面皆山，中流渭水，正南则层峦重叠，茂林确石，车不能方轨，马不能并骑"[①]，宁远县（今武山县）"山险恶，水湍急，林木繁，产不乏"[②]，岷州（今岷县），"山形雄丽，水势湍急，贸易惟林木为最广"[③]。各个县志的物产里面都记载有种类丰富的动植物，这恰是自然环境良好的见证。植被茂密、山地地形复杂，为动植物的栖息创造了良好的生活环境。笔者在访谈本地老人时，当

---

① （清）周铣修，叶芝纂：《伏羌县志》卷 2《地理志》，《中国方志丛书·甘肃省》，台北：成文出版社，1976 年，第 46 页。

② 武山县旧志整理编辑委员会编：《武山旧志丛编》卷 1《舆地》，兰州：甘肃人民出版社，2005 年，第 37 页。

③ （清）郭京范等纂：《岷州志》卷 11《风俗》，《中国西北稀见方志丛书》第 39 册，兰州：兰州古籍书店影印，1990 年，第 137 页。

他们谈到以前武山的森林情况，他们指出那时候森林多，雨量多，野物很多，有时候狼吃人也很正常。更早时，北宋年间曾在这一代进行皇木开采（事情发生在大中祥符五年，见《武山县志·大事记》，第 9 页）。从气候带上来看，这里属于暖温带湿润气候向暖温带半干旱气候过渡，在南边还有部分的亚热带气候，所以雨量、温度相对北方其他地区较为优越，适合生物生长。这也许就是狼一类的野生兽类出没的原因所在。

这一地区人们的生活方式在前代是什么样子的？宁远："治生惟务耕牧。"① 岷州："……遍郊□所畜牛羊鸡猪惟孳息。"② 山丹县在民国时候也记载"在昔牧畜为业，弓马是尚"。人们的生活方式是半农半牧。当地人回忆以前的生活，他们都认为"那个时候羊很多"，这都说明了畜牧在这里的重要性，实地考察时候，笔者也发现许多地方有盐碱水冲刷形成的沟壑，上面灰白，说明这里也是适合放牧的。即便在当地人们的日常生活中，畜牧产品，尤其是羊的用途很广，如山丹县："地寒产羊，其所便者，衣服多宜羊裘"③，隆德县："近边陲……地饶羊，亦能织褐"④，服饰"老者，以羊皮为冠"。其余祭祀所用牲畜，也多以羊为主（笔者了解到先前祭祀的时候每个村庄杀羊，之后每户平均分羹）。以羊皮作鼓就不足为怪了。

虽然我们知道历史时期这一环境具备了牧童、高山、羊皮鼓、狼，以及狼吃羊的情况，但是我们不能忽视点高山风俗发生的时间。从了解的情况来看，端午节的点高山只是高潮，其时间从访谈得知，旧时在农历二月二就开始，这是一个值得关注的问题，在考察羊皮鼓的时候，笔者获悉了这种鼓最早是羌族发明的，而且在二月二敲打，意义并不是驱邪，而是因为羌族羊吃天书的传说。⑤

考察陇右地区的历史，远自秦汉下迄民国一直就有少数民族的历史，这里

---

① （清）沈仁敫纂修：《宁远县志》卷 1《舆地》引《新巩志》，兰州：兰州大学出版社，第 41 页。巩，即巩昌府，所辖地域范围大致如笔者所涉及范围。

② （清）郭京范等纂：《岷州志》卷 11《风俗》，《中国西北稀见方志丛书》第 39 册，兰州：兰州古籍书店影印，1990 年，第 137—138 页。

③ （清）黄璟、朱逊志等纂修：《山丹县志》卷 9《食货》，《中国方志丛书·甘肃省》，台北：成文出版社，1970 年，第 389 页。

④ （清）常星景等纂辑：《隆德县志》卷 2《风俗》，《中国方志丛书·甘肃省》，台北：成文出版社，1970 年，第 12 页。

⑤ 雪犁主编：《中华民俗源流集成》卷 4《游艺》，兰州：甘肃人民出版社，1994 年，第 700 页。

的少数民族以氐、羌、回、藏等族最为突出。比如以县名来看，"伏羌""宁远"，乡镇名如"滩歌"（藏语"平川"的音译，汉语"草滩歌舞"之意）等。从历史的资料来看，反映少数民族历史的信息也不少，如万历时期的方志，"巩属人性直质，以射猎为生，蕃汉杂居，好于弓马"①。山丹，"古西戎地，汉以后徙民实之"，岷州，"明洪武十七年始筑城垣……因羌人错处，叛服不常"②，武山，"元明清初，南山一带有猓猡种……由四川等处来窜林箐深密之地者也"③。其余还有不少关于藏族的记载，这里不一一胪列。

　　采访当中有一个地名称作"白马峪"，相传为白马羌住地。按照白马峪乡民的说法，旋鼓是归顺朝廷的一种表演（当时朝廷和羌族的首领达成议和条件，答应在某天兑现，如果汉族朝廷失言，他们就借旋鼓舞表演乘机起义，但是朝廷履行了诺言，后来就有了一系列的队形变化和娱乐性的旋鼓舞，这种传说，笔者分析当时归顺表演的旋鼓舞已经有很多动作和套路，这只能是点高山风俗的流，而不可能是源④）。尽管这一传说不可尽信，但从中透露出一个信息，即这一风俗的形成中，融合有羌族的某些风俗。

从上面的分析来看，端午点高山风俗的发生有着深刻的历史地理背景，是特定历史环境下的产物，融合了民族的成分。文献里面除了点高山而外，还伴随牧童祭祀山神的活动，这也容易理解。历史时期端午节是"恐怖"的节日，祭祀山神是为了祈求平安。这在以后的端午旋鼓舞当中也一直存在，但是将点高山的旋鼓舞风俗起源归于祭祀说，则似乎不太可行。按照人类学的观点，风俗习惯先于祭祀（祭祀有一系列的完整的仪式，而风俗却不是）⑤。上文提到的民间社火中有了旋鼓舞的某些套路，这估计也不是最开始点高山风俗的初始形态。

---

　　① 邹浩：《明万历宁远志》卷 2《舆地·风俗》，武山县旧志整理编辑委员会编：《武山旧志丛编》卷 1，兰州：甘肃人民出版社，2005 年，第 37 页。

　　② （清）郭京范等纂：《岷州志》卷 2《舆地·沿革》，《中国西北稀见方志丛书》第 39 册，兰州：兰州古籍书店影印，1990 年，第 55—56 页。

　　③ 李英明：《武山县志》卷 5《民族》，武山县旧志整理编辑委员会编：《武山旧志丛编》卷 4，兰州：甘肃人民出版社，2005 年，第 14 页。

　　④ 此系杨某某口述。杨某某，男，时年 40 多岁，滩歌镇中学语文教师，长期致力于乡镇碑刻、文史资料收集工作。

　　⑤ 莫尔根：《古代社会》对于易洛魁人部落风俗习惯与宗教信仰的调查，对此费孝通《江村经济》一书当中在考察开玄弓村的风俗习惯时也持此观点。

合理的解释当是：源于古老羌族游牧风俗，在陇右地区耕牧并重的生活方式下，吸纳了汉族民间社火套路、端午驱邪文化意义等形成的一种特殊民间风俗。

漫长的历史演变，它逐渐褪去了原有的特色。目前，清代文献记载的点高山活动已经为旋鼓舞所取代，参加的人也逐渐减少。问及情况，大致有如下几方面的原因，首先，自然环境的变化。以前森林植被好，水草丰美，现在是濯濯童山，只有南部小陇山有许多国家林场。"现在不点了，没有那么多柴"，回想以前他们的说法是，"人多要吃饭，大集体时候开荒，好多的林子都作旱地了"。正是因为中华人民共和国成立后人口增加，人们大都以种植为主要生存之道，举办点高山的山林环境改变了，这种风俗呈现萎缩的局面。

其次，制度政策的影响。"很少有人去放羊了，退耕还林，有些山都封了，没人敢去，那会犯法"。没有牧场，人们转变了生活的方式，牧羊人这一阶层就消失了。在生活的压力下，许多年轻人外出打工，使得这一风俗逐渐失去了最初发生的主体和场所，才有上文所述的几个方面的历史演变。而其顽强的存在，源于端午节历经数千年的驱邪祈福的文化魅力，以及某些商业行为的推动，这样才使端午旋鼓活动在今天的某些地区继续存在。

## 第四节　北方端午插柳风俗

### 一、清至民国时期甘肃插柳风俗概况

甘肃端午风俗的总体情况，一些地方志和乡土志中有所反映，如"五月五日门插艾柳，儿童戴五色丝，佩香束，涂雄黄于发际及耳鼻口，馈角黍（粽子）交相贺节，并饮雄黄酒"[1]。这或许反映的是省会城市兰州府的情况。但实际情况并不是这样的，艾在甘肃用的并不普遍，主要表现在端午节"门户插杨柳"，而最为典型的是河西走廊地区。这种风俗形态持续时间长，从所见文献来看，自乾隆年间一直持续到民国时期，具有很强的稳定性，因而在叙述当中就不再作具体的时间划分了。甘肃陇东的庆阳、平凉、天水、定西，陇南的

---

① 朱允明：《甘肃省乡土志稿》第 19 章"甘肃省之人民生活习尚"第一节"汉人之一般习俗·时令"，中国西北文献丛书编委会：《中国西北文献丛书·西北稀见方志文献》第 32 卷，兰州：兰州古籍书店影印，1990 年，第 183 页。

一些县都是门户插柳，但也插艾，兼有中原插艾、河西插柳两种情况，具有过渡色彩。而甘肃民族聚居地甘南和临夏的州县因为仅有零星记载，端午节风俗语焉不详（表4-2）。

乾隆年间，河西地区如甘州府"五日，户插柳枝，家食角菽，人饮蒲酒，以五色丝系小儿手足，谓之'长命缕'"[①]。武威地区，端午节"插柳，饮雄黄酒，食角黍及糕，小儿戴花胜及灵符"[②]。这种风俗具有很强的生命力。肃州，"端午日，门插杨柳……悉如中土"[③]。光绪年间，甘肃省所修的省志当中，就记载了今兰州市所在的皋兰县端午节"门插艾柳，儿童戴五色丝、索，佩香囊，涂雄黄酒于发际耳鼻。亲友馈角黍，交相贺节"的情况，其余如高台、张掖、镇番等县，均有此类的记载。这种风俗具有很强的生命力，直到民国时期甘肃大部地区依然很流行。临泽县"'端午节'[④]，各家门首插杨、柳、枣枝。饮雄黄酒，食米糕"[⑤]。高台县"端五，各家门首插杨柳，食枣糕、角黍，饮雄黄酒"[⑥]。甘肃省清代至民国时期端午风俗具体情况如表4-2所示。

表4-2　清至民国时期甘肃端午风俗一览表

| 资料出处 | 模素 | 活动 | 人物 | 功能 | 年份 |
|---|---|---|---|---|---|
| 《皋兰县续志》 | 艾1、柳2、五色丝3、香囊4、雄黄酒5、角黍6 | 门插艾或柳、耳涂或饮雄黄酒、贺节、戴五色丝（以下简略） | 儿童、亲友 | 馈贺 | 光绪年间 |
| 《西和县志》 | 1、2、蒲7、3、5 | 门、喝、戴 | 小儿 | 避五毒 | 光绪年间 |
| 《洮州厅志》 | 2、7、艾虎8 | 门、饮 |  | 御瘟疫 | 光绪年间 |
| 《镇番县志》 | 百草9 | 制药 |  |  | 光绪年间 |
| 《甘州府志》 | 2、7、5、3 | 门、饮、系 | 儿童 |  | 光绪年间 |
| 《敦煌县新采访》 |  |  | 已嫁女 | 女儿节 | 光绪年间 |
| 《通渭县志》 | 2、3、6 | 门、系、啖角黍 |  | 馈贺 | 光绪十九年 |

① （清）升允、长庚修，安维俊纂：《甘肃新通志》卷11《舆地志·风俗·时令》，中国西北文献丛书编委会：《中国西北文献丛书·西北稀见方志文献》第23卷，兰州：兰州古籍书店影印，1990年，第607页。

② 丁世良、赵放主编：《中国地方志民俗资料汇编·武威县志》，北京：北京图书馆出版社，1989年，第219页。

③（清）吴人寿纂，何衍庆修：《肃州新志》卷5《风俗·时令》，中国西北文献丛书编委会：《中国西北文献丛书·西北稀见方志文献》第48卷，兰州：兰州古籍书店影印，1990年，第90页。

④（清）升允、长庚修，安维俊纂：《甘肃新通志》卷11《舆地志·风俗·时令》，中国西北文献丛书编委会：《中国西北文献丛书·西北稀见方志文献》第23卷，兰州：兰州古籍书店影印，1990年，第607页

⑤ 丁世良、赵放主编：《中国地方志民俗资料汇编·临泽县志》，北京：北京图书馆出版社，1989年，第225页。

⑥ 丁世良、赵放主编：《中国地方志民俗资料汇编·高台县志》，北京：北京图书馆出版社，1989年，第227页。

续表

| 资料出处 | 模素 | 活动 | 人物 | 功能 | 年份 |
|---|---|---|---|---|---|
| 《隆德县志》 | 1、2、3、5、6、9、玫瑰、苍术 | 点高山、折、剪、插、饮、画、采、摘 | | 馈贺 | 民国年间 |
| 《庄浪志略》 | 1、6 | 佩、食 | 男女、亲友 | 馈遗 | 抄本 |
| 《重修灵台县志》 | 1、2、3、5、6 | 门、饮、赠、系、佩 | 男妇 | 馈赠 | 民国二十四年 |
| 《合水县志》 | 1、3、5 | 插、饮、佩 | 女儿 | 解棕 | 抄本 |
| 《重修镇原县志》 | 1、2、6、8、香扇 | 插、祀先、馈、宴 | 弟子、父兄、师长 | 享节 | 民国二十四年 |
| 《天水县志》 | 6、豆糕 | 祭先 | | | 民国二十八年 |
| 《清水县志》 | 2、3、兰、6、7、8 | 浴、插、系、食、采 | 小儿 | 禳疫驱虫 | 乾隆六十年 |
| 《西和县志》 | 1、2、3、5、7 | 插、饮、系 | 小儿 | 御瘟疫 | 乾隆三十九年 |
| 《漳县志》 | 2、3、4、5、6 | 门、系、涂、燃高山、赠 | 儿童、牧童、邻友 | | 民国二十三年 |
| 《文县志》 | | | 小儿 | | 光绪二年 |
| 《康县县志》 | | | | | 民国二十五年 |
| 《岷州志》 | 1、2、3、5、6、面 | 门、戴、饮、佩、摸、馈 | 亲朋邻友、儿童 | 与南方无异 | 抄本 |
| 《洮州厅志》 | 2、7、8 | 门、饮、佩 | 小儿 | 御瘟疫 | 抄本 |
| 《和政县志》 | 2、3、5、6 | 门、系、饮、食 | 小儿 | 御瘟疫 | 抄本 |
| 《武威县志》 | 2、5、6、糕、花胜、灵符 | 插、饮、食、戴 | 小儿 | | 乾隆十四年 |
| 《新修张掖县志》 | 2、3、6、7 | 插、食、饮、系 | 妇女、小儿 | | 1959 年油印本 |
| 《高台县志》 | 2、5、6 | 插、食、饮 | | | 民国十四年 |
| 《临泽县志》 | 2、糕、5 | 插、食、饮 | | | 光绪二十四年 |

资料来源：丁世良、赵放主编：《中国地方志民俗资料汇编·甘肃省》，北京：北京图书馆出版社，1989 年

注：为清楚起见，第二行第二列以下数字即指代第一行第一列数字之前的端午要素。再次出现的其他端午要素重新标注数字指代，如 1 指代艾，2 指代柳，3 指代五色丝等，依次类推

以上 23 个州县的统计当中，有 18 个县都存在端午插杨柳的记载，有的地方既用柳枝也用艾叶，这类情况有 7 例。仅用艾的只有 2 例（合水县和庄浪县），这是与北方其他省份（北方其他地区端午节用艾）很不相同的。所以在分类的时候笔者将其归纳为北方端午插柳风俗区。

除了方志反映端午插柳的情况而外，一些民俗风情的调查也反映了这一事实，如宣统时期武威县，"五月五日食甫麦、角黍，饮雄黄酒，插柳而祀"①。民国时期曾开发大西北，这一时期笔者曾对甘、宁、青、藏等地区做了考察。一些考察日记当中也反映了端午节插柳的情况。当时的敦煌，"五月五日端阳节，

---

① （清）佚名：《武威县民情风俗》"赛会条"，宣统元年稿本，第 194 页。

各家门前插柳枝……谓之'女儿节'"①。此外，甘青交界河湟地区也有"是日为夏历端午，家家户户，门外屋檐，均插以杨柳小枝三五……一路经行，颇为可观"②。作者还赋诗一首："骤见红旗绿影飘，方知端午是今朝。料因灾毒堪除被，檐下家家插柳条。"青青的柳枝成了诗人辨认端午的标志，诗句还反映了插柳具有去灾祛毒的功能。

## 二、河西走廊端午插柳风俗形成的原因

端午门户插柳风俗是自然环境下的产物。河西走廊位于甘肃省西北部，祁连山、马鬃山和龙首山夹峙南北，东起乌鞘岭，西至省界，延绵一千余千米，宽十至一百多千米。走廊平原地势平坦，其间有石羊河、黑河、疏勒河流过，它地处内陆，气候干旱，光照充足，风力强劲，属干旱气候。③在这样的地理条件下，人们多居住在靠近绿洲等水源相对丰富的地方，作为沿河地带和绿洲地带，柳树最宜生长，况且它有顽强的生命力。因此在荒凉的北方，柳树格外引人注目，如民国时期一位记者对北方的描述："所见是一片黄土，只有一丛丛的柳树，才点缀着相当的绿色。"④干旱的环境里，树木种类相对南方要少，而柳树的意义就很明显了。河西也不例外，柳树几乎是城市、道路、家庭绿化的良好树种，它易于得到，栽植以后易于成活和生长，同时杨柳依依的美化作用更是受到了人们的喜爱。尽管历史时期河西就有柳树了，但作为行道绿化树种的推广，应该归功于左宗棠收复新疆在行军道路两旁栽植柳树，民国时期河西一些地区对高大的柳树还称作"左公柳"⑤，借此表达了人们对其功绩的肯定。对于以上的论据很多，兹例举如下：武威"道旁新植杨柳，柳条畅

---

① 陈赓雅：《西北视察记·敦煌商业矿务及民风》，《中国西北稀见方志丛书·民俗卷》，兰州：兰州古籍书店影印，1990年，第293页。

② 侯鸿鉴：《西北漫游记》第五章"自青返兰"，《中国西北稀见方志丛书·民俗卷》，兰州：兰州古籍书店影印，1990年，第58页。

③ 中国科学院地理研究所编：《中国省（区）地理》，北京：商务印书馆，1977年，第83页。

④ 范长江：《中国的西北角》，《中国西北文献丛书·西北稀见方志文献》，兰州：兰州古籍书店影印，1990年，第25页。

⑤ 侯鸿鉴：《西北视察记·敦煌商业矿务及民风·大佛寺与左公柳》，"陕甘驿道两旁所植'左公柳'当其繁茂……今数十里无一株"（《中国西北稀见方志丛书·西北民俗卷》，兰州：兰州古籍书店影印，1990年，第294页）。

茂,中有高三丈余者,尤古秀可爱"①;永昌"河柳阴翳,水磨声闻数里"②;张掖"西北行十余里,夹道柳线依依,流声淙淙"③;酒泉"正街宽坦,两旁插柳,新吐枝叶,嫩绿可爱"等。其余还有山丹、安西等地全是如此。这些明显反映了河西地区柳树作为一种植物的突出特点,其也是端午插柳的地理基础所致。

柳树的驱邪功能。艾是中医中一种最为常见和普通的草药。芳香、苦燥辛散,能理气血、温经脉、逐寒湿。艾叶预防瘟疫已有几千年的历史,中草药可以就地取材,且现代医学的药理研究表明艾叶是一种广谱抗菌抗病毒的药物,它对好多病毒和细菌都有抑制和杀伤作用,这便是古代人们对端午艾青睐的原因,所以端午插艾、戴艾、悬艾等都取避瘟疫、虫毒之意。而柳的用法,我们很容易想到折柳送别、清明插柳等风俗,端午插柳风俗则很少有人涉及。

论及河西走廊端午插柳之前,我们需要澄清一点,就是河西走廊也是产艾的。艾是一种多年生草本植物,广泛分布在中国热带、亚热带、温带和暖温带地区,在温带沙漠地区也有此种艾蒿类植物,如沙蒿。按艾生长的地理环境要求,河西走廊生长艾是不存在问题的。另外,我们从所列的县记录情况来看,河西附近的兰州有用艾的情况,庄浪县也有端午用艾的记录,可以肯定地说明,河西地区是产艾这种植物的。④

有艾而不选择杨柳枝,应该说与柳在这一地区的特殊意义有关。河西地区柳与艾具有相同的功效。前文我们已经从诗句当中发现了插柳的目的在于祛毒去灾,如上文提到的"料因灾毒堪除被,檐下家家插柳条"。此外,柳枝还有镇鬼神的作用,如贾思勰的《齐民要术》就记载了将柳枝折来插在门上,可以

---

① 陈赓雅:《西北视察记》,《中国西北稀见方志丛书·西北民俗卷》,兰州:兰州古籍书店影印,1990年,第237页。

② 陈赓雅:《西北视察记》,《中国西北稀见方志丛书·西北民俗卷》,兰州:兰州古籍书店影印,1990年,第242页。

③ 陈赓雅:《西北视察记》,《中国西北稀见方志丛书·西北民俗卷》,兰州:兰州古籍书店影印,1990年,第247、252页。

④ 高国藩在《敦煌俗文化学》中论及敦煌插柳的风俗时说:"敦煌地区内不生长艾草这类水生植物,所以便用杨柳枝来代替。"(上海:上海三联书店,1999年,第181—182页)笔者不同意该种说法,杨柳本身就喜水,一般情况下地势低下的河边、湿地柳树多些(人工栽培另当别论),敦煌地区应该有适合艾草生长的地方。

镇鬼神，使其不敢进门入室的风俗。<sup>①</sup> 在河西地区，五月的禁忌很多，早在汉代就有生子全部杀掉的记载<sup>②</sup>，在敦煌文书中也有"五月五日取东南桃枝，悬户上，百鬼不敢入舍""取狗胆等涂四壁，家□□举其问恶，皆走去"的记录。<sup>③</sup>可见，河西地区认为端午节这天是不吉利的，要杀掉亲生骨肉、会有恶鬼出没等，门户（家的象征）插柳就可以保证恶鬼不入家门，一家平安。

柳在干旱环境下是生命力的象征。甘肃除了陇南为亚热带气候及气候湿润颇似南方而外，从陇东到河西走廊的尽头，由温带到暖温带过渡，干旱灾害是其最大的威胁，而河西走廊尤其如此。日本学者水上静夫提到了杨柳信仰（如避邪、祈子、降雨等）的起源，沙漠绿洲柳树是生命意义象征，以及门户插柳用以除旱的情况<sup>④</sup>，这正符合河西的实际情况。不仅河西如此，天水地区也用柳来祈雨。安德明在《天水的求雨——非常事件的象征处理》记载了当时天水地区干旱情况下求雨时用柳的情况。<sup>⑤</sup> 求雨时在取水的瓶子上、神案的缸中都插柳，由此看来插柳具有抗旱祈雨的某些功能。河西走廊地区阴历五月的时候，正是初夏农业耕作开始的时候，这时候的旱情也最为严重，门户杨柳青青意味着勃勃生机，大概用"感染巫术"的方式驱除旱魃作祟，希望夏季里风调雨顺。

插柳风俗的纪念性意义。据周处的《风土记》载，相传该风俗起源于春秋时代介子推，因其隐居而不仕，有一天被晋文公烧死在柳树下，人们为了纪念、想念他，将柳树枝条插在门框、屋檐、窗户等处表示对他的怀念。<sup>⑥</sup>笔者认为，河西地区的人们选取了最容易得到又简单易行的插柳枝于门户的方式去纪念屈原，原因如下。明清以后甘肃经济急剧衰落，频繁的自然灾害和社会动荡的影响，使得人们的生活甚为艰难，普通民众主要以杂粮为生。<sup>⑦</sup>在民国时

---

① （北魏）贾思勰：《齐民要术》卷5《种槐柳楸梓梧柞》，光绪廿二桐庐袁氏渐西村舍刻本，第50页。

② 《后汉书》卷65《列传》第55，北京：中华书局，1974年，第3139页。

③ 《法藏敦煌西域文献》二十七，P2661.3735V.（9-6）、P2661.3735V.（9-5），上海：上海古籍出版社，2002年，第132页。

④ ［日］水上静夫：《中国古代的植物学之研究》，东京：角川书店，1997年，第417、424页。

⑤ 王铭铭、潘忠党主编：《象征与社会：中国民间文化的探讨》，天津：天津人民出版社，1997年，第129—131页。

⑥ 郭康松：《戴柳、插柳风俗考论》，《湖北大学学报（哲学社会科学版）》2002年第5期。

⑦ 孟述祖的《西北花絮》记载："西北虽然产麦，可是他们要用麦去换必须用物品，人民大部分吃的是杂粮。"（兰州：兰州古籍书店影印，1990年，第267页）

期，考察官员路过一些村落时依然是这种情况，"甘肃自鼎革以还，即为军阀割据之地。历年横征暴敛，惟供内战消耗，加以水旱各灾，货币纷乱，农村经济遂一蹶不振"①。河西名郡武威的情况是"惟各村落因遭同治巨变，迄今六七十年，不但元气未复，且房屋更加倒塌，几至全城废墟"②，甚至有十五六岁的孩子依然没有衣服穿。米价在这里很昂贵，所以端午节吃粽子纪念屈原的情况并不普遍，他们选择把柳枝插于门户，大概如同纪念介子推一样，表示对屈原的怀念，但驱除瘟疫的意义并没有减弱。所以插柳在这里包含两重意义：纪念屈原与驱除瘟疫。

河西走廊端午插柳风俗，是特殊环境下人们对北方端午基本形态的一种合理改造，但端午驱邪除灾、纪念屈原的功能并没有改变，一直延续到现在。

## 第五节　端午风俗类型的地域传播

端午自魏晋时期形成以后，经唐宋元等多个历史时期的南北融合、民族交流，由南方荆楚地区的区域风俗逐渐转变为一种全国范围的节令风俗，得到了社会各个阶层的承认，明清时期已经基本上趋于定型，明清至民国时期北方端午的不同特征也反映了这一事实。北方端午风俗的特点是基本形态和变异形态同时并存。基本形态和变异的多样类型充分反映了北方自然、人文环境影响下的风俗事象。作为文化的一种，它的地理传播也符合文化传播的一些原则，在逐个讨论了风俗类型以后，这里以文化传播理论对其传播方式作一叙述。

端午的基本形态是北方最为普遍的一种，它在各个地区普遍存在，从地域及其人群的特点所形成的风俗特征来讲，就像相似的人感染病菌的病情症状相同，在文化传播上属于传染扩散。③

---

① 陈赓雅：《西北视察记·甘肃民政概况》，兰州：兰州古籍书店影印，1990年，第122页。

② 陈赓雅：《西北视察记·武威城市之一瞥》，兰州：兰州古籍书店影印，1990年，第237页。

③ 文化传播中的扩散理论：迁移扩散、扩展扩散（传染扩散、层级扩散）。文化扩散是指文化从一地扩散到另一地的空间过程。美国学者将文化扩散分为两大类：迁移扩散和扩展扩散。迁移扩散是指作为文化载体的人将文化从一地带到另一地的过程。通常文化特质的扩散不一定需要有大批的人迁移到新的地方来实现。扩展扩散当中的传染扩散，它是指一种文化事象从该文化的初始载者，传播到其他正准备接受这种文化事象的人群的空间过程。等级扩散是指一种文化事象按照某种等级顺序，从高到低，或者从低到高扩散的过程，这种等级可以是人群的社会等级，也可以是空间的等级（周尚意、孔翔、朱竑编著：《文化地理学》，北京：高等教育出版社，2004年，第175—178页）。

北方特有的射柳风俗产生以后，经过历史时期的演变，体现了游牧文化和中原汉族礼仪的结合，明清以后逐渐走向了娱乐方面，褪去了神秘的原始信仰，风俗更加世俗化。其发生、发展的地域范围体现了历史时期的时代特征，如少数民族及和中原对峙的边疆，随着民族部落的入侵，其风俗也在中原汉族地区出现，而政权的更迭所导致的政区变化、制度更新及风俗自身的特殊性，始终没有在北方广大范围内流行，并且日益消亡。这一类型的风俗主要是在北方少数民族政权中心最先发生的，随着政权的推进向中原挺进，但也是在都城里。明代宫廷和边镇射柳，宫廷射柳实质是继承前代礼俗，这种风俗传播具有从都城向边关重镇、从中央到地方扩散的特点，视为迁移扩散。边镇属于同级政权，它们之间射柳风俗的传播为传染扩散的类型。清代以后的射柳风俗，除了宫廷继承前代外，最大的一个特点就是与北京相邻的一些府与下辖县也有了射柳风俗，发生地在政权层级上有上下级之分，属于层级扩散，只是它的范围受到局限，未能继续裂变下去。总的看来，明清端午射柳风俗的扩散有两个序列：都城迁移型扩散和地方府县的层级扩散。

北方端午竞渡风俗，明清以前大多是伴随王朝国都的迁移而逐渐向东推移。地方上的端午竞渡，南方竞渡蔚然成风，而北方却零零星星，不成气候。它对地域有着很强的依赖性，一般是县城及府城附近运河、河流上，其局部存在也反映了北方某些地区社会经济状况。然而，由于北方的经济、社会人文，以及自然的状况未能提供给其良好的拓展空间，最终导致它只是局部流域的风俗。端午竞渡最开始在荆楚地区，自唐宋传入北方都城以后，就随着国都向西迁移，明清以前北方大致如此，此属于迁移扩散。明清以后国都、运河段、陕西汉水流域，以及颍水地段相继出现了竞渡的风俗。但最能说明其传播方式的是汉水流域。北宋洋州，明代兴安州，后来相邻的西乡、安康、紫阳、白河与旬阳，以及民国时期的南郑，从时空特征来分析，则先后经历了迁移扩散、层级扩散两个层面。

区域特征最为明显的要数河西走廊端午插柳风俗了。河西走廊之所以选择这一方式，充分说明了自然环境对繁多的端午风俗的筛选。区域自然特征（气候、水文、山川等）的一致性和区域社会经济状况的相似性，导致人们产生对风俗认同的心理，人们采取了几乎相同而且适应自然、经济条件的端午节的过法。河西走廊端午插柳风俗具有典型的区域特征，且风俗具有惊人的相似性，府与县、县与县等几乎一致。从理论上来说属于典型的传染扩散。

北方个别地区的端午风俗，更是受制于自然条件，以其为基础的信仰更加导致了这一风俗在个别地区存在，其间有传染扩散的可能性。

以上仅是按照文化理论的一种解释，具体的地域演变过程前文已做了交代，但是弄清具体的传播过程中的人为因素更为重要，这里限于学力和篇幅，只好日后再作涉及。

# 第六节 地理、文化条件多样性的省区端午风俗研究——以陕西为例

## 一、明清以前陕西地区端午风俗

中国许多古老的节日中，端午节历来被列为重大节日之一，目前在许多地方的城乡地区依然存在。一提到端午，人们就会想到粽子、龙舟赛、艾叶，并和纪念屈原联系在一起。其实，端午风俗和意义并不是如此简单，它是有历史演变和区域差异的。

本书以陕西境内不同地区端午风俗为例，探讨不同地理环境下人们对于风俗的选择，揭示民俗的分异规律。

陕西北邻内蒙古自治区、宁夏回族自治区，西与甘肃省接壤，南界四川省，东南与湖北省为邻，东部以黄河与山西为界，地处中国西部内陆省份。以秦岭和北部黄土高原为地理分界，整个省域可以分为绵延不断的北部黄土高原区、中部物产丰饶的关中平原区、南部高山险峻的秦巴山地。

当前陕西省的三大区域分布格局在元代已经奠定。地理形状南北狭长，东西狭窄且跨越地理纬度较多，自北而南有温带、暖温带、亚热带过渡带的地带性特征。因降水、温度、所处地理位置的不同，陕西省的自然地带性差异南北较为明显而东西差异不明显。陕北、关中、陕南几乎自成相对独立的自然地理单元。

在传统社会，陕西北部的黄土高原区农业生产方式长期以来是以农业为主、畜牧为辅的经济形态，而关中地区河网密布，沃野千里，号称八百里秦川，历史上一直是陕西农业最为发达的地区。陕南秦巴山地间的丘陵与山间盆地除适宜多种农作物的种植而外，兼有渔猎经济成分。如果按照人文因素进行综合的地理区划，同样可以将陕西划分为陕北、关中、陕南三个片区进行相应

的文化要素研究。历史时期陕西境内端午节风俗的研究即是基于上述考虑。

陕西地区端午风俗的记载最早在今汉中，见于《隋书》。隋代就有大端午"汉中五月十五日，必以酒食相馈，宾旅聚会，有甚于三元"①，它给我们的印象是摆酒设宴、宾旅聚会，俨然是喜庆的吉日。宋代汉中端午节俗以龙舟竞渡最为突出，北宋时期洋州的西溪已有端午"踏石"的龙舟竞渡风俗。据笔者研究，西溪当是离洋州治所（兴道县治所在地）不远的傥水。②元明时期今汉中地区洋县端午龙舟竞渡风俗依然很盛行。③

唐代目前所见的文献中关于端午节的记载主要在《新唐书》和《旧唐书》，以及唐代诗人的作品集《全唐诗》当中，它们中尤其又以反映宫中端午节俗居多，而文人笔记小说对地方上端午节的描述则寥若晨星。当然，这也和唐代地方文献留存很少有很大关系。

首先是宫廷端午宴会，主要在长安国都所在地。唐玄宗曾留大臣奉先端午日留宿宫中，"明日端午，请宿为令节"④。他曾在端午皇宫宴会上作诗。《开元天宝遗事》中记载"宫中每到端午节，造粉团、角黍"，有粽子宴，粽子的品种很多如九子粽、糯米粽等。在吃粽子的过程中也有很多的游戏，射粉团"以小角造弓子，架箭、射盘中粉团，中者得食……都中盛行此戏"⑤。

关中地区开始引入竞渡之戏，主要集中在长安皇家园林水域开阔地点。考察地点如鱼藻宫，举行竞渡之戏最多，"五月庚戌，观竞渡于鱼藻宫"，"九月辛丑，大合乐于鱼藻宫，观竞渡"⑥，其余还有西溪、太液池等。

端午节还继承了汉代以来民间佩戴五色丝以避兵止恶的风俗。唐玄宗端午作诗，"旧来传五日，无事不称神。穴枕通灵气，长丝续命人"⑦。后宫妇女

① 《隋书·地理志》卷29《梁州》，北京：中华书局，1974年，第817页。

② 晏波：《陕南龙舟竞渡起源辨误》，《中国历史地理论丛》2005年第1辑。

③ （元）刘应李原编，詹友谅改编，郭声波整理：《大元混一方舆胜览》卷上《陕西等处行中书省·洋州·风土》，成都：四川大学出版社，2003年，第174页；（明）李贤等撰：《大明一统志》卷34《汉中府》，西安：三秦出版社，1990年，第592页。

④ 《旧唐书》卷121，北京：中华书局，1975年，第9页。

⑤ 王裕仁：《开元天宝遗事》卷16，周光培编：《历代笔记小说集成》，石家庄：河北教育出版社，1995年。

⑥ 《旧唐书》卷16，北京：中华书局，1975年，第9页。

⑦ （唐）李隆基：《端午三殿宴群臣探得神字》，中华书局编辑部点校：《全唐诗》第一册，卷3，北京：中华书局，1960年，第572页。

系长命缕，"美人捧入南薰殿，玉腕斜封彩缕长"①，其实，在过节之前，中尚署就准备好了百索，每到端午节，皇帝照例要向大臣赐百索②，当然还会赏赐衣物、腰带等。这些彩丝的作用，除了表示皇帝对大臣的眷顾而外，还在于民间传说"续命"，如李商隐诗里就有"兼续修龄"的说法。长命缕除了悬挂于门、手臂以外，还有缠绕在画轴上的。③

民间端午节虽然记载很少，但是从宫廷端午节的盛况我们可以想见，如佩戴续命缕、吃粽子、聚会宴饮等，至少在长安所在的关中地区是普遍现象，当然这里面也有商业活动的情况，如《秦中岁时记》中就记载了长安城"端午前二日，东市谓之'扇市'，车马阗集"。扇市的扇子估计是避瘟扇，从唐代冯贽记载的洛阳地区民间端午的盛况可以得到侧面印证："洛阳人家，端午术羹、艾酒，以花丝楼阁插髻，赠遗避瘟扇。"④长安和洛阳都曾是唐代都城，人文社会环境、自然地理条件很相似，我们有理由相信，同一时期在端午节的某些风俗上，二者具有一致性。古代扇子是炎热夏天的必备之物，而端午节的扇子更走俏，原因在于人们认为它有扇风避瘟的功能。

关中地区是隋唐时期经济文化比较发达的地方，都城长安更是文化的渊薮。这一时期，陕西境内的端午节在京城最为完备，从它的端午节俗要素来看，核心要素粽子、艾、长命缕已经出现；节日功能方面，则有商业贸易、娱乐、宴饮、避瘟求福等诸多种类，这是后来陕西任何一个地方端午节不可企及的，隋唐长安端午风俗是整个历史时期陕西端午风俗的完型。而在此以前和以后，各地端午只是它的残式。⑤

陕北地区的端午风俗记载寥寥，无法论及，直到明清以后方志上才陆续有所记载，这将在后文叙述。

## 二、明清时期陕西境内端午风俗总体特征

长久以来，北方地区端午节主要以角黍、五色丝、艾叶、雄黄酒等为主要

① 中华书局编辑部点校：《全唐诗》卷 798，北京：中华书局，1960 年，第 8973 页。

② （唐）李林甫等撰，陈仲夫点校：《唐六典》卷 22《中尚署》，北京：中华书局，1992 年，第 11 页。

③ 吴玉贵：《中国风俗通史·隋唐五代卷》，上海：上海文艺出版社，2001 年，第 653 页。

④ （唐）冯贽：《云仙杂记》"洛阳岁节"条，《丛书集成新编》，第 86 册，台北：新文丰出版公司，1985 年。

⑤ 高丙中：《民俗文化与民俗生活》，北京：中国社会科学出版社，1994 年，第 149—154 页。

模素，形成了在阴历五月五日这一天吃粽子、戴五色丝、门悬艾叶、饮雄黄酒等稳定的结构，以及具备了驱邪祈福、宴饮娱乐、纪念屈原等稳定的结构。①
明清时期是中国封建王朝的后期，中国传统官方文化在经历了汉唐强盛阶段及宋代成熟阶段后，趋于衰落。相反，民间文化却逐步成长，显现出强大优势。端午节风俗在各州、府、县的普及和都城节俗的民间化与遗存，说明了这一点。

明清时期，陕西境内的端午节呈现出多种复杂的状况。为了在纷繁芜杂的风俗事象中理出头绪，我们以民俗模素的多寡和形成民俗结构所具备的功能来划分此时端午风俗。② 我们将明清民国时期文献所载的端午风俗列表如下（表4-3）。

表4-3 清至民国时期陕西地区端午风俗一览表

| 府县志 | 模素 | 活动 | 主要人物 | 意义 | 文献时间 |
|---|---|---|---|---|---|
| 《兴平县志》 | 角黍1、符、艾2 | 悬艾、贴符、馈遗符艾、角黍 | 姻亲 | 御瘟疫 | 雍正十三年 |
| 《临潼县志》 | 1、2、雄黄酒3、五色丝4、艾虎5 | 饮雄黄酒、插艾、系五色丝 | 小儿女 | | 雍正十三年 |
| 《高陵县志》 | 2、百索6、4 | 头戴艾虎、系百索 | 幼者 | | 雍正十三年 |
| 《咸长两县采访录》 | 1、2、3、4、香包、油糕7 | 戴香包、抹雄黄酒 | 妇女、新妇 | 躲端午、追节 | 民国十五年 |
| 《周至县志》 | 1、3、4、7、铅睿花兽8、符9 | 戴香包 | | | 民国十四年 |
| 《凤翔府志》 | 1、2、榴花10、彩胜11、蒲酒12 | | | 祀先、相馈 | 民国十四年 |
| 《重修咸阳县志》 | 1、3、4 | | 姻亲 | 避五毒 | 民国八年 |
| 《兴平县志》 | 2、3、5、8 | 项系五色丝、馈遗符艾、角黍 | 姻亲、族人、小儿女 | "耍娃娃" | 光绪二年 |
| 《兴平县志》 | 1、4、9 | 臂系百索、插艾 | | | 民国十二年 |
| 《高陵县志》 | 2、4、8 | 戴花兽 | 姻亲 | 去疾、纪念屈原 | 光绪十年 |
| 《泾阳县志》 | 1、2 | 悬艾、贴符 | | | 宣统三年 |
| 《周至县志》 | 1、3、4、8、9 | 悬艾、贴符 | 幼者、妇女 | 耍娃娃 | 民国十四年 |
| 《续修礼泉县志》 | 1、2、3、4 | 插艾、戴五色丝 | 姻亲、幼者 | "送午节" | 民国二十四年 |
| 《乾州新志》 | 1、2、3、4 | 插艾、戴五色丝 | 姻亲、小儿女 | | 雍正五年 |
| 《乾州志稿》 | 2 | 簪艾 | 姻亲 | | 光绪十年 |
| 《永寿县志》 | 4、5 | | | | 光绪十四年 |

---

① 萧放：《明清时期的端午节俗》，《文史知识》2004年第6期。
② 高丙中：《民俗文化与民俗生活》，北京：中国社会科学出版社，1994年，第149—154页。

| 府县志 | 模素 | 活动 | 主要人物 | 意义 | 文献时间 |
|---|---|---|---|---|---|
| 《新续渭南县志》 | 1、2、菖蒲、3、4、5、6 | 食角黍 | 男妇 | | 光绪十八年 |
| 《富平县志》 | 1、2 | 尝新麦 | 妇女 | 馈父母 | 乾隆四十三年 |
| 《临潼县志》 | 1、2、3、4、5、杏、白团13 | 悬艾 | 姻亲 | 新亲迎节 | 乾隆四十一年 |
| 《同州府志》 | 1、2、4、5、6、13 | | 姻亲 | 女归宁 | 乾隆五年 |
| 《朝邑县志》 | | | | 迎女 | 康熙五十一年 |
| 《澄城县志》 | 1、3、2、4、5、6 | 插艾、戴艾虎、悬百索 | 姻亲、妇女 | 归省 | 咸丰元年 |
| 《华阴县续志》 | 1、2、3、4、5、6、10 | 食角黍、戴艾、悬百索 | | | 民国二十一年 |
| 《浦城县志》 | 1、2、4、5 | 插艾 | 姻亲 | | 乾隆四十七年 |
| 《浦城县新志》 | 1、2、3 | 戴艾、饮雄黄酒 | | | 光绪三十一年 |
| 《同官县志》 | 2、3、4、5、6、7 | | | "镇病""续命" | 民国二十一年 |
| 《同官县志》 | 1、2、3、4、麻花果品 | 送女婿物品 | 女婿、姻亲 | | 民国三十一年 |
| 《白水县志》 | | | | | 民国十四年 |
| 《洛南县志》 | 1、2、4、火酒14、10、11、兵符 | 戴彩胜 | 妇人、姻亲 | | 乾隆五十一年 |
| 《凤翔县志》 | 1、2、3、4、10、11 | | | | 乾隆二十二年 |
| 《宝鸡县志》 | 1、2、4、鸡蛋、10 | 会食 | 妇人 | | 民国十一年 |
| 《陇州续志》 | | | | | 乾隆三十一年 |
| 《榆林府志（端阳）》 | 1、2、3、4、5、6 | 簪艾虎 | 男妇、姻亲 | | 道光二十一年 |
| 《怀远县志》 | 1、5、3、6、4 | 悬艾 | 长幼 | | 民国十七年 |
| 《横山县志》 | | | | | 民国十八年 |
| 《靖边志稿》 | 2、3、4、柳梢 | 戴艾虎、插柳 | 男妇、姻亲 | 避邪 | 光绪二十五年 |
| 《定边县志》 | 1、2、3 | 食角黍 | | | 嘉庆二十三年 |
| 《葭县志》 | 1、3、2、4 | 食角黍、佩五色丝 | | | 民国二十二年 |
| 《神木县志》 | 1、2、3、4、5、6 | 戴艾虎、插艾、悬艾、系五色丝 | 姻亲 | 避邪 | 道光二十一年 |
| 《府谷县志》 | 3 | | | | 乾隆四十八年 |
| 《府谷县志》 | 1、2、3、5 | 戴艾 | | | 民国二十八年 |
| 《绥德州志》 | 1、2、3、4 | 饮雄黄酒、插艾 | 亲友 | 避邪 | 光绪三十一年 |
| 《米脂县志》 | 1、2、3、4 | 食角黍 | 亲友 | | 民国三十三年 |
| 《清涧县志》 | 1、2、3、4、6、兵符14 | 食角黍 | 姻亲 | 避邪 | 道光八年 |

续表

| 府县志 | 模素 | 活动 | 主要人物 | 意义 | 文献时间 |
|---|---|---|---|---|---|
| 《安塞县志》 | 1、2、3、4、5、9 | | | 御瘟疫 | 民国十四年 |
| 《安定县志》 | 1、2、3、4 | 悬艾、食米粽 | 姻亲 | | |
| 《宜川县志》 | 1、2、3、4 | | | 避疫 | 民国三十三年 |
| 《延安府志》 | 1、2、3、4、5、12、14 | 售卖五色缕 | | | 光绪三十年 |
| 《延长县志》 | 4、6、蒲、纸牛 | 贴门神 | | "镇病" | 雍正十三年 |
| 《延长县志》 | 2、3、4、6 | 插艾、饮雄黄酒 | 男女老幼 | | 嘉庆十一年 |
| 《延长县志》 | 1、2、3、4 | 食角黍 | 男、妇 | | 民国三年 |
| 《洛川县志》 | 1 | | | | 民国三十三年 |
| 《中部县志》 | 1、4、5 | | | 避兵 | 民国二十四年 |
| 《中部县志》 | | | | 避兵 | 民国三十三年 |
| 《兴安府志》 | | 竞渡 | 官长、僚属 | | 雍正十三年 |
| 《紫阳县志》 | 香囊 | 竞渡 | | | 民国十三年 |
| 《宁陕厅志》 | 1、2、3、药、丹砂 | 沐浴 | | 避虫 | 乾隆二十一年 |
| 《汉阴厅志》 | 1、2、3 | 邀饮 | | | 嘉庆二十三年 |
| 《汉中府志》 | 1、2、3、4、9 | | 儿女、妇人 | | 民国十四年 |
| 《城固县志》 | 1、2、3、4、9 | | 儿女 | 祛毒 | 雍正十三年 |
| 《洋县志》 | 1、2、3 | | 亲友 | 追节 | 雍正十三年 |
| 《西乡县志》 | 1、2、3、5、枇杷 15 | 登舟游乐 | 亲友、妇女、官僚 | | 道光八年 |
| 《南郑县志》 | 1、2、3 | 龙舟竞渡 | | | 民国十年 |
| 《西乡县志》 | 1、2、3、5、15 | 竞渡，比赛泅水 | 亲友、妇女、官僚 | | 民国三十七年 |

资料来源：丁世良、赵放主编：《中国地方志民俗资料汇编·西北卷》各府、州、县"岁时民俗"，北京：北京图书馆出版社，1989 年

注：编号 1、2、3……代表模素，如角黍 1，第二次出现在第 2 行以后，均以 1 指代角黍，依次类推

　　由于明代陕西端午风俗的记载很少，很难说明其当时的情况。清代至民国时期的端午风俗如表 4-3 所示，有以下几个特点。

　　首先，时段上，清初康雍乾时期记载以乾隆时期最多，康熙时期很少。清代中期嘉庆至道光时期，道光居多。清末至民国，以民国时期记载最为详细。

　　其次，从所涉及的地域范围来说，涉及陕南、陕北、关中地区几乎所有府、州、县，尤其以关中、陕北地区记载最为丰富。综合两者因素来看，关中地区时段连续性很强，排除县志撰修的时间、体例等问题，很能说明端午风俗

在同一区域内的演变情况。笔者认为，清代到民国时期关中地区最重视端午风俗，陕北次之，陕南再次之。

考虑到端午风俗的一些具体活动方面，从表 4-3 中我们也可以得到如下信息：活动的参与者男女老幼都有，身份上有一般老百姓、师生、官僚等，所以说清代到民国时期端午节是一个大众化、普及化的节日，陕西也不例外。但是手臂缠五色丝、带香包等避邪，主要针对小孩和妇女，其余门贴符、悬挂艾叶等活动主要为避邪求福，另外，防止瘟疫也是陕西端午的一般风俗，但是陕北地区节日气氛似乎更浓一些，关中次之，陕南则记载很少。族人姻亲之间以粽等为主要礼物相互馈送过节，关中为盛，端午对妇女的重视程度尤其以关中东部为最。陕南端午风俗则不甚发达，但是汉水流域端午龙舟竞渡风俗则愈演愈烈。

端午模素与所出现的府州县次数如图 4-1 所示，从图 4-1 中所揭示的端午风俗内容来看，具备 1 个模素的有 5 个州县，结合表 4-3 可知，陕南紫阳、白河（民国）[①]，关中的乾州（光绪），陕北的洛川（民国）、府谷（乾隆），关中以簪艾、喝雄黄酒来避邪或镇病，而紫阳、白河主要是佩戴香囊、观竞渡之戏，节俗趋向截然不同。

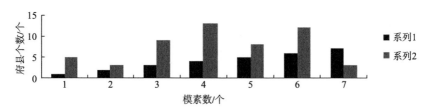

图 4-1　端午模素数与府县对比图

具备 2 个模素角黍、艾的有泾阳（宣统）、富平（乾隆）、永寿（光绪）等 5 个县，节日风俗也比较简单，主要体现对妇女、小孩子的重视，通过这些风俗活动，达到驱邪求福功能。

此外，我们还可以将陕西省各府县端午模素出现次数作图，结合表 4-3 来分析端午风俗的一些特点。

由表4-3可知，具备3个模素角黍、艾、雄黄酒或五色丝的州县有9个，陕

---

① 杨虎城、邵力子修，宋伯鲁、吴廷锡纂：《续修陕西通志稿》卷196《风俗》，民国二十三年铅印本。

北有延长（雍正）、中部（民国）、定边（嘉庆），以"镇病"、"避兵"驱邪求平安为主要功能，关中有兴平（雍正）、咸阳（民国）、高陵（光绪），主要以"御瘟疫""去疾""避五毒"等驱邪祈福为主要功能，陕南有汉阴（嘉庆）、洋县（民国）、南郑（民国），主要以"邀饮""追节""竞渡"等亲友往来和娱乐为主要功能。

具备4个模素且以角黍、雄黄酒、艾叶、五色丝为主的州县有13个，陕北有延长（嘉庆）、宜川（民国）、安定（民国）、绥德（光绪）、府谷（民国）、葭县（民国）、靖边（光绪）、米脂（民国），关中有临潼（雍正）、兴平（光绪、民国）、礼泉（民国）、乾州（雍正）、浦城（乾隆），陕南则无。

具备角黍、雄黄酒、艾叶、五色丝以及其他共5项模素的有8个府县，关中有周至（民国）、宝鸡（民国）、华阴、凤翔（民国），陕北有怀远（民国），陕南有汉中府（嘉庆）、城固（民国）、西乡（民国）。

具备6个模素角黍、雄黄酒、艾叶、五色丝及其他的有12个府县，陕北有榆林府（道光）、神木（道光）、清涧（道光）、安塞（民国），关中有同官（民国）、渭南（民国）、同州府（乾隆）、澄城（咸丰）、凤翔（乾隆）、周至（民国）、咸宁（民国）、长安（民国）。

具备7个模素的县仅有3个，即临潼（乾隆）、华阴（民国）、洛南（乾隆）。

从上能很清楚地得知端午节时人们对风俗节物的偏好与价值趋向，也能了解这一时期端午节的大致情况。从中我们看出，角黍（粽子）、艾、五色丝、雄黄酒出现频率最高，接着便是艾虎、菖蒲，仅有1次的有柳梢[①]、枇杷、鸡蛋、丹砂等，其余像白团、榴花、药、麻花、杏等，主要和地方饮食及物产有很大关系，不具备全局意义。这些端午节物的用途可以分成驱邪类和宴饮类，两者兼有三种情况。

由上可知，宴饮类节物中粽子最受人们青睐，几乎为端午必备之物，其余地方特色小吃如麻花、油膏、白团、季节果类枇杷、杏等也成为个别地方端午佳节特色种类。驱邪类的节物则占有相当成分，如艾叶、五色丝、艾虎、菖

---

① （清）丁锡奎修，白翰章纂：《靖边县志稿》卷1《风俗》，台北：成文出版社，1970年，第122页。

蒲、符等，两者兼有的就是雄黄酒和火酒了。[①] 需要说明的是，某些驱邪物如五色丝、艾虎、香包、彩胜等，还具有佩戴衣物的装饰功能，起到增加节日气氛的作用。

根据图4-1及表4-3所反映的清代至民国时期的陕西端午风俗情况，可以将其总体特征概括为：清代到民国时期，陕西地区端午风俗是以角黍、艾叶、雄黄酒、五色丝、菖蒲、艾虎为模素，构成几乎每家每户门插艾枝、小孩戴五色丝艾虎、吃粽子饮雄黄酒、亲友之间相互馈赠角黍等物品为主要风俗事象，具备驱邪祈福、亲友宴饮、轻松娱乐等多项功能的一种大众化的风俗。种种风俗活动寄托了人们远离疾病与瘟疫，盼望平安，祈求幸福，尤其希望儿童健康成长的美好愿望。

## 三、陕西地区端午节的区域特征与环境的关系

（一）陕西地区端午风俗的主要类型及地域分布

上文笔者概括了陕西地区端午风俗的总体特征，通过对图4-1及表4-3的分析我们隐隐约约发现，陕南、陕北、关中地区，甚至每个区域内部都存在着差异，故这里作一专门的讨论。

首先是关于区分差异的标准的确定，从表 4-3 中的模素、主要人物、活动、意义有无这几个方面综合考虑。陕北延安、榆林府的大多数州县具有"端阳日，具角黍，饮菖蒲、雄黄酒，男妇簪艾叶，小儿系五色丝为避邪"[②] 的特点，很少有亲友聚会、妇女归宁，甚至观竞渡这类的记载。而活动的"意义"中，"辟邪""避兵""镇病"出现频繁。而关中地区相对复杂，从端午模素的 7 种情况来看，任何一种情况关中地区都具备，参与的人主要为姻亲、族人、亲友，"妇女归宁"成为这一地区主要风俗活动。在 "意义"这一栏内，我们看到有"御瘟疫""去疾""送五节"等，似乎人们对节日的恐惧要弱些，端午成为姻亲、族人等亲友聚会的佳节，但是端午的诸多禁忌依然存在。故关中地区是端午风俗较为丰富与流行的地区。

---

① （清）范启源重纂，薛韫订证：《洛南县志》卷二《风俗》；（民国）《华阴县续志》，兰州：兰州古籍出版社，1990年，第288页。

② （清）李熙龄纂修：《榆林府志》，上海：上海古籍出版社，2014年，第457页。

陕南是陕西端午风俗发育比较早的一个地区，最早文献记载是汉中的大端午宾旅聚会，尔后便是从宋代洋州开始独具魅力的南方龙舟竞渡[①]，一直到现在（目前由于旅游驱动，"五一"黄金周期间安康市举办一年一度的龙舟文化节）。清代至民国时期陕南的商洛、安康、汉中端午风俗没有像关中那样发达，端午驱邪求福、聚会宴饮功能有所弱化，但是唯独具有娱乐功能的汉水流域，龙舟竞渡绵延千载，成为独特的风俗景观。

其次是关于端午风俗类型的划分。粗略将其划分为陕北风俗区、关中风俗区、陕南风俗区，也未尝不可[②]，但似乎有先入为主之嫌。笔者认为应当从风俗本身要素入手，以类型对应区域，从而分析风俗与环境两者之间的关系。基于这种考虑，可以将陕西地区端午风俗划分为一般型，这种风俗的主要特点是具备粽子、角黍、雄黄酒、五色丝及菖蒲或艾虎4—6个模素，主要以门插或头戴艾枝驱邪，家人吃粽子、喝雄黄酒，小儿手臂拴五色丝续命为特征，它的分布特征在全省各个地区都有，呈现不规则点状分布特征，但以榆林府、延安府、邠州、乾州、绥德州最为密集。

妇女归宁类型主要特征：如同州府"端午，戴艾，妇女小儿系艾虎、彩缕，食角黍、白团，饮雄黄、菖蒲酒，麦熟女归宁"[③]。这种类型以同州府、临潼、澄城等为代表，分布在关中平原东部渭河以北、黄河以西地理范围内，所处地区地理条件一致，但所属政区不同，主要为同州府大部分区域和西安府西边礼泉、兴平，东边高陵、三原以东，渭河以南咸宁、长安、周至等县域，成不规则片状分布，按照今天的政区划分来看，主要是咸阳市、西安市、铜川市、渭南渭河以北的地区。基本具备风俗区特色。

采药沐浴类型主要特征：只有西安府宁陕厅"端阳日，食角黍，饮雄黄酒，午后采药煎汤沐浴，并以丹砂涂小儿口鼻避虫"[④]，此外还有孝义厅也是这个类型，该地位于陕西秦岭段东南。

龙舟竞渡类型主要特征：陕南汉水流域如西乡[⑤]、南郑，安康、旬阳、紫

---

① （明）李贤等撰：《大明一统志》卷34《汉中府》，西安：三秦出版社，1990年。
② 张晓虹：《文化区域的分异与整合——陕西历史地理文化研究》第五章"陕西岁时民俗的区域差异"在探讨陕西地区的岁时民俗时便是这样划分陕西境内岁时区域差异的。
③ （乾隆）《同州府志》卷 《风俗》，兰州：兰州古籍出版社，1990页，第602页。
④ （清）林一铭修，焦世官、胡官清撰：《宁陕厅志》（道光）。
⑤ 薛祥绥：《西乡县志·岁时》，民国三十七年石印本。

阳、白河等，呈沿汉江线形分布特征。明清时期经历了一个逐步发展的过程，由零星的县开始向整个汉水流域东南扩展（本书后边详细叙述）。

外省类型主要有三种情况，即靖边端午"门悬柳梢、艾叶，男女折艾插头，饮雄黄酒，又用彩线作绳系小儿手足"[①]，米脂县"男女折艾插头上，饮雄黄酒，以彩线系小儿手足为避邪，以米棕馈亲戚师友，僧众建平安醮"[②]，以及洛南、华阴、凤翔府"饮火酒，佩榴花，祀先"[③]。

将它们归纳为外省类型，主要是因为它们这种情况在邻近的省份显得十分普遍（笔者在翻检端午风俗资料时，已经发现甘肃省端午节的一个最大特点就是端午插柳，而很少插艾，而河南端午节风俗则佩戴榴花，僧众作符，礼拜师长），而在本省却是一个特例，受外省风俗影响更为明显。

端午节不发达类型主要在关中盆地西部及陇山以东、秦岭以北的凤翔府某些地区。在陕北北部邻近山西的府谷县、邻近甘肃的定边县，端午节模素少于一般型，呈零星的风俗点状分布。不过，民国时期这些地区的端午节有向一般式转变的趋势。

## （二）不同类型风俗与人文社会、自然环境的关系

从上面的分析当中可以知道，首先，风俗类型并不是严格的具有某些地域对应关系，如一般类型分布地域十分广泛，受地域条件制约很小，可以说在整个北方来说都是如此。而恰恰是一些特殊类型风俗的形成，则在很大程度上依赖自然环境，如龙舟竞渡类型。

其次，某些类型风俗在地域条件相同的情况下，则取决于文化传统、经济条件，以及外来风俗的浸染，关中地区虽然地形地貌基本一致，但风俗种类不一。至于行政区划，尤其是统县政区对于风俗的影响，笔者不同意张晓虹统县政区决定该区域风俗的一致性特点的观点。不是所有的岁时节日都受统县政区这种行政区划的影响，这种情况并不适合端午风俗。应该说，因风俗的不同，影响因子也不同。

① （清）丁锡奎修，白翰章纂：《靖边县志稿》卷1《风俗》，台北：成文出版社，1970年。
② （民国）《米脂县志》卷1《风俗》。
③ 杨虎城、邵力子修，宋伯鲁、吴廷锡纂：《续修陕西通志稿》卷196《风俗》，民国二十三年铅印本。

我们从龙舟竞渡型来看，陕南并不是历史上最早发生竞渡的地方。早在汉代今西安昆明池中已有竞渡之戏，只是不在端午节举行。唐代长安宫廷举办竞渡活动，陕北则在历史上从来没有竞渡风俗。竞渡首先要有足够的水文条件，这种条件在陕北大部分地区是不具备的，因而陕北无龙舟竞渡的记录。隋唐时期宫廷、苑囿的池沼很多，加上皇帝们的青睐，宫中经常有竞渡之戏，但是它毕竟只是宫廷上层娱乐，始终没有向民间流传。明清以后，西安不再作为国都，整个北方地区处于小冰期，由于战乱等因素，许多池沼干涸，没有先前发展竞渡的自然、社会条件了。西安府城以外的关中水利条件相对于陕北比较丰富，但是缺乏风俗流行的社会群体，北方人不习水性，官员对竞渡淡漠，导致宫廷龙舟之戏没有流传开来。

竞渡类型的端午风俗主要在陕南的原因如下。第一，气候、水利条件和南方竞渡盛行的荆楚地区相似，都处于亚热带季风气候带，汉江从中穿流而过，大小支流南北纵横，水文条件在陕西境内首屈一指，为这种水上娱乐提供了得天独厚的条件。

第二，竞渡具有悠久的历史传统。宋代洋州就出现了竞渡①，它一开始便是官员与民众一起参与的观赏性极强的集体项目，这种形式一直延续到现在，历史传承绵延不绝。汉江充当了风俗传播的通道。明清时期，汉中西至勉县的货物都可以沿汉江运往汉口，随之而来的许多风俗也被接纳，当时记载"四方商旅聚而成族，其间冠婚丧之仪，岁时伏蜡之习各不相同"②，元代以前，陕南汉中、安康地区一直不在陕西的管辖之内，所以受秦岭北边的风俗影响很少。

第三，明清时期陕南川楚移民，使原有的竞渡风俗很快在汉水流域扩展开来。由于政府的极力推动（如明代洋州"官长率僚属观竞渡"，清代到民国时期紫阳竞渡"按例举行"），汉水谷地与秦巴山地自乾隆起至道光年间大量接纳移民③，而且流民只要来自南方各省，"湖广客籍约有五分，安徽、河南、

---

① 祝穆撰、祝洙增订的《方舆胜览》中关于洋州龙舟竞渡风俗记载如下："午节踏石"，小字注"五月五日，太守率僚属观竞渡，谓之踏石"。

② 舒钧纂修：《石泉县志》卷1《地理志》，《中国方志丛书》，台北：成文出版社，1969年，第32页。

③ 葛剑雄主编，曹树基著：《中国移民史》第6卷，福州：福建人民出版社，1997年，第120—125页。

江西各省约有三四分，土著约十分之一"①，南方移民对南方竞渡风俗的接纳和倡导则是不言而喻的，所以清代嘉庆以后，龙舟竞渡风俗在整个汉江流域适宜竞渡的汉江主干道、大支流盛行，蔚然成风。

陕南汉水谷地主要为竞渡类型以外，因秦巴山地交通阻隔，加上开发比较晚，端午风俗则很少记载，只有宁陕厅、孝义厅山地可归为采药沐浴类型，宁陕厅、孝义厅属于西安府但却独立发展了一种风俗，主要是由于环境对风俗影响大于政权的影响。

处于秦岭群山环抱的宁陕厅（今安康宁陕县）和孝义厅（今商洛柞水县北），端午采草药沐浴这种风俗和秦岭山区具有丰富的药用植物有很大关系。人们恰恰利用了这一资源，希望煎汤沐浴来祛除疾病，这比戴艾叶更具有实际功效。在封闭的环境里，交通隔绝，与外边很少来往，但依然存在商周时期"蓄兰沐浴"的影子，这在陕西境内是很少见的。两县相邻，彼此联系紧密，形成了共有的风俗区。

妇女归宁类型：族人姻亲来往风俗很盛。主要原因在于西安府和同州府所在的关中的社会经济相对发达，人们对于端午的恐惧减少，端午节已经成为"佳节"，人们准备好礼物，相互宴饮为乐。西安府和同州府同处于关中盆地中东部平坦地带，加上女子出嫁不对外的观念影响，姻亲来往十分便利，阴历五月农事结束正是妇女回娘家的好机会。

外省类型：华阴、洛南和凤翔府的端午风俗虽是一种类型，但它们却不相邻。类似的情况还有靖边与米脂。这种风俗类型的形成符合文化传播中的迁移扩散理论。②它有两个表现，一是和陕西所辖其他相邻县域端午风俗差异明显，二是具有外省风俗的特色。华阴、洛南和凤翔府的端午风俗是一种类型，与河南郑县（今郑州）、新乡、商丘、夏邑等县的端午风俗一致③，靖边端午与甘肃端午趋同，如甘州府"五日，户插柳枝，家食角黍，人饮蒲酒，以五色丝系小儿手足，谓之'长命缕'"④，洮州厅则"五日，门首插柳，以御瘟

① （清）严如煜：《三省山内风土杂识》，《丛书集成》本，兰州：兰州古籍出版社，1990年，第311页。

② 陈慧琳主编：《人文地理学》，北京：科学出版社，2007年，第102—104页。

③ 丁世良、赵放主编：《中国地方志民俗资料汇编·河南省》，北京：北京图书馆出版社，1991年，第5、48、130、131页。

④ 丁世良、赵放主编：《中国地方志民俗资料汇编·西北卷》，《甘州府志》，北京：北京图书馆出版社，1989年，第220页。

疫；并饮蒲酒，扎艾虎令小儿佩之"①。外省类型在这几个地方的形成，按照
文化迁移扩散理论来说，首要的是文化主体介入，可能与外来移民将其风俗带
入新的地区并延续下来有关。这因年代久远无法说明，但是所在地区环境适应
了外来风俗。

---

① 丁世良、赵放主编：《中国地方志民俗资料汇编·西北卷》，《洮州厅志》，北京：北京图书馆出版社，
1989 年，第 217 页。

# 结论与思考

　　端午节是我国传统的节日之一，它吸收了北方五月五日风俗的某些特点，融合了南方竞渡纪念屈原的习俗，最终在魏晋时期的荆楚地区形成。经历了由驱邪祈福功能向兼有纪念屈原、娱乐等多重功能的转变。隋唐以后，端午节成为法定节日，以国都为中心形成了北方端午风俗的核心区，它的影响深远，历代多有继承。而在地方，因资料所限，零星的资料也对北方民间端午风俗有一定的反映。宋元时期是北方端午风俗的大发展时期，北方游牧民族吸纳了汉族传统节令，加入了新的文化要素，汉族政权辖区内某些地方也引入了少数民族的风俗，如射柳习俗。除此而外便是商业功能的加强，宗教界的活动对端午风俗也有所渗透。

　　明清以后直到民国时期，北方端午风俗在长久的历史积淀中，逐步形成了大致趋同的情况，造就了它的基本形态。那就是具备角黍、五色丝、艾叶、雄黄酒等基本要素，形成在阴历五月五日吃粽子，小孩戴五色丝，门户悬挂或人们佩戴艾叶，饮雄黄酒，以端午节物（粽子为主）相互馈赠等的结构，具备辟邪祈福、庆贺佳节、娱乐与商业功能弱化的风俗模式。而变异形态主要有竞渡、射柳、插柳、点高山等几个类型。它们是在基本形态的基础上因地域、人群、社会经济等因素的不同而形成的。

　　通过历史时期，尤其是明清以后北方端午风俗研究，我们知道历史时期端午风俗形态是多种多样、丰富多彩的。明清时期端午节在一年之中是除正旦以外最为隆重的节日，在此期间人们走亲访友，融洽关系，贮备丰盛的节日物品，将它作为一个喜庆的日子，充满了脉脉温情。节日期间，人们显示出了季节转换期间的敏感，充分凸显了人本关怀，不管是给儿童戴长命缕以求成长，还是喝雄黄酒辟邪，以及插艾叶防虫毒等都说明了这一点。一系列的风俗活动表达了人们祈求健康幸福的美好愿望，节日期间一些娱乐活动诸如射柳、竞渡、插杨柳、悬艾草、戴五色丝、祭祀祖先和神祇等更加增添了节日的气氛，使得节日具有了丰富的文化内涵，因而在历史时期长久不衰。

北方端午风俗在明清直到民国时期呈现两种形态：基本形态和变异形态。基本形态在北方地区具有普遍性。悠久的历史传承和风俗自身简单易行，加之与封建社会家族婚姻关系圈的互动，导致其长久不衰。但是由于地理环境、人文环境的特殊性，导致了一些端午风俗变异类型的出现，主要有北方竞渡、端午射柳、插柳、点高山等几个风俗类型。而变异形态的发展却各自有各自发展、消亡的原因。

端午竞渡风俗类型：这一类型在北方历史悠久，明清以前主要是国家组织的宫廷活动，随着国都的迁移而由东向西变化，在地方上零星存在。它最大的特点是：发生依赖于相当量的水文条件，举办需要一定的经济实力，是一种有组织的具有众多群众参与的风俗类型。该类型在北方按发生地分两种情况：国都及地方竞渡。国都竞渡，明清以前从资料来看多随王朝的兴衰而时兴时废，明清以后定于北京，经历着由西向东的地域流变过程。地方竞渡，北方历史时期也一直存在，但明清以后呈现京津地区运河段、陕西汉水流域、河南一些商镇渡口分布的地域特点。它的地域依赖、经济依赖、组织依赖的特殊性导致其很难在北方广大范围内开展。明清以后直到民国，随着社会经济条件、水文、组织方面的变化，各地呈现不均衡的发展态势，但总体上不容乐观，逐渐趋于消失。

端午插柳风俗类型：河西形成端午插柳风俗区，因当地的社会经济状况和环境影响，人们利用了杨柳的象征意义和辟邪、祈雨抗旱功能，融合了纪念屈原的意义，在经济不景气的生活状况下，人们选择了以插柳的方式度过端午，是干旱这一特殊环境下人们对北方端午基本形态的一种合理改造，从而形成了一种特色的地域风俗。

端午点高山风俗类型：这一类型是古老羌族游牧风俗的遗留，在陇右地区耕牧并重的生活方式下，吸纳了汉族民间社火套路、端午驱邪文化意义等，从而形成一种特殊的民间风俗。它依赖于山地畜牧生活而发生，随着人们生活方式的变化而逐渐发生地域迁移，参与的主体、形式等也因之而改变。

端午射柳风俗类型：该类风俗的形成过程中存在着中原汉族和北方少数民族的融合。它是战争和骑射的产物，地方上参与者主要限于士兵，是军人端午娱乐的风俗。因其发生、发展的主体受限，加上民国以后军事制度的变革，最终湮灭无闻。

北方端午风俗的类型与地域之间存在着很大的关联，风俗与地域的关系主要表现在两个方面：地域的自然条件是产生、发展风俗的基础，地域的人们生活方式、社会经济决定着风俗发展的走向。简单来说，它们之间的关系是什么（类型）、为什么（自然条件决定）和怎样的关系（地域社会条件）及其相互转化问题。但从总体来看，社会制度政策始终是影响风俗发展的重要力量，它突破了地域的界限。

总之，经过研究发现，北方自然环境是端午风俗形态及其类型产生、发展的地理基础，而地域内部人们生活方式、区域经济、地域文化氛围等导致了其基本形态及其类型差异，决定了风俗发展的走向。若从总体来看，国家制度的变革往往是影响风俗发生重大变化的决定性因素，其影响程度远远超出了地域条件对风俗的作用。

目前的端午节是什么样子的？在人们的认识当中，很多的青年人不知道端午节，即使知道，也不知道具体的时间，知道端午节的人对端午节风俗的了解仅停留在吃粽子纪念屈原，有些民俗学者痛心感慨：不要让端午节变成粽子节！[1] 实际上端午节本身所具有的追求健康、讲究卫生、和睦亲友邻里关系等文化意义却无人知晓，当然一些民俗工作者、文化研究者除外。北方地区目前的端午节情况也令人担忧。据笔者的了解，农村里也仅仅是插艾、吃粽子等最为普通的一些风俗事象得到保留；城市里除了在商业利益刺激下，端午节出现粽子热以外，端午其他的很多风俗似乎不为人所知。延续数千年的民族优秀传统节日日渐没落。

自诞生之初经历一千余年的历史沧桑，端午节及其丰富的文化意蕴从古传承至今，代代相传。历史时期端午风俗经历了原有习俗的消亡和新生习俗的产

---

① 乌丙安：《文化记忆与文化反思——抢救端午节原文化形态》，《西北民族研究》2005 年第 3 期。

生，它们之间此消彼长，这与历史时期的社会、自然环境密不可分。尽管从来没有间断过，在传承过程中有增益，也有扬弃，但是传统社会端午节丰富的活动和多样的文化内涵，随着民国政府推行西历纪元、革除旧风俗、旧传统等制度和政策的实施，原来一些有意义的端午风俗大都如大浪淘沙，湮没在历史的长河之中。

自中华人民共和国成立以来，尽管在"文化大革命"期间，我国的传统文化曾被轻视和破坏，但总体上传统文化包括传统节日在内，依然有很深厚的群众基础，政府和民间长期致力于传统节日的传承与保护，并取得了一定的成绩。

2007年12月7日国务院发布决定，将清明节、端午节、中秋节等传统的民俗节日，纳入国家的法定节假日，并从2008年1月1日起执行。这显示了政府对文化传统的认同和尊重，这一举措也深得人心。当前，在全球化浪潮风起云涌的情势下，保持中华文化的传统和特性、保持世界文化和中华文化的多样性，日益成为国家和民族的迫切任务，以法律确立传统节日（包括端午在内）休假制度，既是对传统节日休假制度的继承，也是当前对传统节日的一种创新。2009年，联合国教科文组织保护非物质文化遗产政府间委员会第四次会议，在阿布扎比审议并批准了列入《人类非物质文化遗产代表作名录》的76个项目。中国共有22个项目被列入世界非物质文化遗产。在22项新入选的项目中，端午节赫然在列。

当前在端午节既是国家法定节日又是世界非物质文化遗产的双重身份下，如何过好端午节，发掘历史时期端午风俗中祈求健康、睦邻友好、商业娱乐等功能，对复兴传统节日、开发民俗旅游、活跃市场经济、融洽人际关系、构建和谐社会等都有重要的现实意义。

经过研究，以端午节为例，可以知道传统节日的发展与演变除了很强的地域依赖性之外，很大程度上取决于文化制度和文化政策的导向。在适应风俗发展的环境下，各地的人们不断充实节日活动内容，形成类型多样、文化内涵丰富的端午风俗。明清端午是法定节日，举国共庆，但各地节日风俗习惯不同。如果使传统节日成为一个法定的节日，至少人们会意识到它的存在。发掘其祈求健康功能、商业功能、娱乐功能、睦邻友好功能等，这对复兴传统节日风俗、开发民俗旅游、活跃市场经济、融洽人际关系、构建和谐社会等都有着潜在不可估量的现实意义。

# 参 考 文 献

## 一、古籍类

（一）正史类：

《史记》，北京：中华书局，1959 年。

《汉书》，北京：中华书局，1962 年。

《后汉书》，北京：中华书局，1974 年。

《隋书》，北京：中华书局，1974 年。

《旧唐书》，北京：中华书局，1975 年。

《新唐书》，北京：中华书局，1965 年。

《旧五代史》，北京：中华书局，1977 年。

《辽史》，北京：中华书局，1974 年。

《宋史》，北京：中华书局，1977 年。

《金史》，北京：中华书局，1975 年。

《明史》，北京：中华书局，1974 年。

《清史稿》，北京：中华书局，1974 年。

（二）总志、方志类：

（元）刘应李原编，詹友谅改编，郭声波整理：《大元混一方舆胜览》，成都：四川大学出
版社，2003 年。

（明）李贤等撰：《大明一统志》，西安：三秦出版社，1990年。

（清）白鹤修，史传远纂：（乾隆）《武乡县志》，《中国地方志集成·山西府县志辑》，南京：凤凰出版社，2005年。

（清）陈仪、吴纯修，杨家坤、曹学易纂：《紫阳县志》，道光二十三年刻本。

（清）陈梦雷编纂，蒋廷锡校订：《古今图书集成·方舆汇编》，北京：中华书局，1985年。

（清）方汝翼、贾瑚、周悦让，等修：（光绪）《增修登州府志》，《中国地方志集成·山东府县志辑》，南京：凤凰出版社，2004年。

（清）付星修，郑立功纂：（康熙）《文水县志》，《中国地方志集成·山西府县志辑》，南京：凤凰出版社，2005年。

（清）拉昌阿修，王本志纂：（乾隆）《绛县县志》，《中国地方志集成·山西府县志辑》，南京：凤凰出版社，2005年。

（清）赖昌期总修，潭沄、卢廷棻纂：《阳城县志》，《中国地方志集成·山西府县志辑》，南京：凤凰出版社，2005年。

（清）黎中辅等纂修：（道光）《大同县志》，《中国地方志集成·山西府县志辑》，南京：凤凰出版社，2005年。

（清）凌燽总修，夏应麟等总纂：《巨鹿县志》，《中国方志丛书·河北省》，台北：成文出版社，1976年。

（清）刘於义、沈青崖编纂：（雍正）《敕修陕西通志》，雍正十三年刻本。

（清）卢坤撰：《秦疆治略》（不分卷），道光年间刻本。

（清）马继桢修，吉廷彦编纂：《翼城县志》，《中国方志丛书·山西省》，台北：成文出版社，1969年。

（清）潘锡恩等纂：《重修大清一统志》，上海：商务印书馆，1934年。

（清）任璇等纂修：（康熙）《登州府志》，《地方志民俗资料汇编·华东卷》，康熙三十三年任睿增刻本。

（清）万黎青、周家楣修，张之洞、缪荃孙纂：（光绪）《顺天府志》，《中国地方志集成·北京府县志辑》，上海：上海书店出版社，2002年。

（清）王家坊、葛士达修：《榆社县志》，《中国地方志集成·山西府县志辑》，南京：凤凰出版社，2005年。

（清）王嗣圣纂修，王霭彙撰：（雍正）《朔州志》，《中国方志丛书·山西省》，台北：

成文出版社，1976年。

（清）王养濂修，李开泰等纂：（康熙）《宛平县志》，《中国地方志集成·北京府县志辑》，上海：上海书店出版社，2002年。

（清）王志沂、鲁全撰：《汉南游草》，道光年间刻本。

（清）吴存礼修，陆茂腾纂：（康熙）《通州志》，《中国方志丛书·河北省》，台北：成文出版社，1968年。

（清）吴人寿纂，何衍庆修：《肃州新志》，中国西北文献丛书编委会：《中国西北文献丛书·西北稀见方志文献》，兰州：兰州古籍书店影印，1990年。

（清）萧兴会修，欧阳文学纂：《襄城县志》，乾隆四十二年抄本。

（清）严如煜：《汉中府志·西乡》，民国重刊本。

（清）严如煜：《三省山内风土杂识》，《丛书集成》本。

（清）杨文鼎、王大本等纂修：《滦州志》，《中国方志丛书·河北省》，台北：成文出版社，1969年。

（清）杨修田纂修：《光州志》，《中国方志丛书·河南省》，台北：成文出版社，1976年。

（清）叶世宽、姚学瑛等修：（康熙）《沁州志》，《中国地方志集成·山西府县志辑》，南京：凤凰出版社，2005年。

（清）佚名：《武威县民情风俗》，宣统元年稿本。

（清）尹继英、王堂等纂修：（乾隆）《黄县志》，《中国地方志集成·山东府县志辑》，南京：凤凰出版社，2004年。

（清）张鸣铎修，张廷寀纂：（乾隆）《淄川县志》，《中国地方志集成·山东府县志辑》，南京：凤凰出版社，2004年。

（清）张廷槐纂修：《西乡县志》，道光八年刻本。

（清）张颜笃修，包永昌纂：《洮州厅志》，中国西北文献丛书编委会：《中国西北文献丛书·西北稀见方志文献》，兰州：兰州古籍书店影印，1990年。

（清）朱奎扬等修：《天津县志》，《中国地方志集成·天津府县志辑》，南京：凤凰出版社，2005年。

（清）庄肇奎、郑成中等纂：（乾隆）《乐陵县志》，《中国方志丛书·山东省》，台北：成文出版社，1976年。

（清）（嘉靖）《尉氏县志》，郑州：中州古籍出版社，1993年。

（清）升允、长庚修，安维俊纂：《甘肃新通志》，中国西北文献丛书编委会：《中国西北文献丛书·西北稀见方志文献》，兰州：兰州古籍书店影印，1990 年。

（民）黄容惠修，贾恩绂纂：《南宫县志》，《中国方志丛书·河北省》，台北：成文出版
　　社，1976 年。

白凤文等修，高玉彤等纂：《静海县志》，《中国方志丛书·河北省》，台北：成文出版
　　社，1968 年。

《西北视察记》，中国西北文献丛书编委会：《中国西北文献丛书·西北稀见方志文献》，
　　兰州：兰州古籍书店影印，1990 年。

陈少先、聂雨润、张树枟，等纂：《大荔县志》，民国二十五年铅印本。

郭凤洲、柴守愚修，刘定铎纂：《续修南郑县志》，民国十年刻本。

韩世英修：《重修漳县志》，中国西北文献丛书编委会：《中国西北文献丛书·西北稀见方
　　志文献》，兰州：兰州古籍书店影印，1990 年。

侯鸿鉴：《西北漫游记》，中国西北文献丛书编委会：《中国西北文献丛书·西北稀见方志
　　文献》，兰州：兰州古籍书店影印，1990 年。

李兴焯修，王兆元纂：《平谷县志》，《中国方志丛书·河北省》，台北：成文出版社，
　　1968 年。

凌鸿勋：《陕南杂录》，《中国西北文献丛书·西北民俗文献·西北导游》，兰州：兰州古
　　籍书店影印，1990 年。

刘发坈、李芬纂：《祁县县志》，《中国地方志集成·山西府县志辑》，南京：凤凰出版
　　社，2005 年。

孟述祖：《西北花絮》，中国西北文献丛书编委会：《中国西北文献丛书·西北稀见方志文
　　献》，兰州：兰州古籍书店影印，1990 年。

桑丹桂修，陈国栋纂：《隆德县志》，《中国方志丛书·甘肃省》，台北：成文出版社，
　　1976 年。

萧德馨等修，熊绍龙等纂：《中牟县志》，《中国地方志集成·河南府县志辑》，台北：成
　　文出版社，1968 年。

徐家璘、宋景平等修：《商水县志》，《中国方志丛书·河南省》，台北：成文出版社，
　　1975 年。

薛祥绥：《西乡县志》，民国三十七年石印本。

杨虎城、邵力子修，宋伯鲁、吴廷锡纂：《续修陕西通志稿》，民国二十三年铅印本。

张坪等纂修：《沧县志》，《中国方志丛书·河北省》，台北：成文出版社，1969 年。

朱允明：《甘肃省乡土志稿》，中国西北文献丛书编委会：《中国西北文献丛书·西北稀见方志文献》，兰州：兰州古籍书店影印，1990 年。

朱撰卿、高景祺，等编纂：《淮阳县志》，《中国方志丛书·河南省》，台北：成文出版社，1968 年。

范长江：《中国的西北角》，中国西北文献丛书编委会：《中国西北文献丛书·西北稀见方志文献》，兰州：兰州古籍书店影印，1990 年。

丁世良、赵放主编：《中国地方志民俗资料汇编·华北卷》，北京：北京图书馆出版社，1989 年。

丁世良、赵放主编：《中国地方志民俗资料汇编·西北卷》，北京：北京图书馆出版社，1989 年。

丁世良、赵放主编：《中国地方志民俗资料汇编·中南卷》，北京：北京图书馆出版社，1991 年。

白河县地方志编纂委员会：《白河县志》，西安：陕西人民出版社，1995 年。

胡朴安：《中华全国风俗志》（上下编），石家庄：河北人民出版社，1986 年。

刘晓峰、陈云飞总主编：《中国端午节》（六卷本），桂林：广西师范大学出版社，2013 年。

## （三）杂史及笔记小说类：

（汉）刘歆撰，（晋）葛洪辑：《西京杂记》，《景印文渊阁四库全书》子部小说家类341，第 1035 册，台北：商务印书馆影印，1983 年。

（汉）应劭撰，吴树平校释：《风俗通义校释》，天津：天津人民出版社，1980 年。

（北魏）贾思勰：《齐民要术》（光绪廿二桐庐袁氏渐西村舍刻本）。

（梁）宗懔著，姜彦稚辑校：《荆楚岁时记》，长沙：岳麓书社，1986 年。

（唐）段成式撰，许逸民、许桁点校：《酉阳杂俎》，北京：中华书局，1981 年。

（宋）洪迈：《容斋随笔》，北京：学苑出版社，1999 年。

（宋）李昉等撰：《太平御览》，北京：中华书局，1960 年。

（宋）陆游撰，杨立英校注：《老学庵笔记》，西安：三秦出版社，2003 年。

（宋）孟元老撰，李士彪注：《东京梦华录》，济南：山东友谊出版社，2001 年。

（宋）王溥撰：《唐会要》，北京：中华书局，1955 年。

（元）熊梦祥著，北京图书馆善本组辑：《析津志辑佚》，北京：北京古籍出版社，1983 年。

（明）刘侗、于奕正著，孙小力校注：《帝京景物略》，上海：上海古籍出版社，2001年。

（明）沈德符：《万历野获编》，北京：中华书局，1959年。

（明）谢肇淛：《五杂俎》，北京：中华书局，1959年。

（清）鲍廷博辑：《知不足斋丛书》，北京：中华书局，1999年。

（清）富察敦崇：《燕京岁时记》，北京：北京古籍出版社，1981年。

（清）陈梦雷编纂，蒋廷锡校订：《古今图书集成》，北京：中华书局，成都：巴蜀书社，
　　1986年。

钟肇鹏编：《古籍丛残汇编》，北京：北京图书馆出版社，2001年。

尚秉和著，母庚才、刘瑞玲点校：《历代社会风俗事物考》，北京：中国书店，2000年。

（清）孙希旦撰，沈啸寰、王星贤点校：《礼记集解》，北京：中华书局，1989年。

徐珂编撰：《清稗类钞》，北京：中华书局，1984年。

陈垣校注：《沈刻元典章》（线装书，版本不详）。

（唐）李林甫等撰，陈仲夫点校：《唐六典》，北京：中华书局，1992年。

刘大鹏遗著，乔志强标注：《退想斋日记》，太原：山西人民出版社，1990年。

周光培编：《历代笔记小说集成》，石家庄：河北教育出版社，1995年。

中华书局编辑部点校：《全唐诗》，北京：中华书局，1960年。

## 二、今人论著

### （一）专著：

安德明：《天人之际的非常对话：甘肃天水地区的农事禳灾研究》，北京：中国社会科学出
　　版社，2003年。

陈高华、史卫民：《中国风俗通史·元代卷》，上海：上海文艺出版社，2001年。

陈慧琳主编：《人文地理学》，北京：科学出版社，2007年。

陈久金、卢莲蓉：《中国节庆及其起源》，上海：上海科技教育出版社，1989年。

陈良学：《湖广移民与陕南开发》，西安：三秦出版社，1998年。

陈寅恪：《金明馆丛稿二编》，北京：生活·读书·新知三联书店，2001年。

陈正祥：《中国文化地理》，北京：生活·读书·新知三联书店，1983年。

高丙中：《民俗文化与民俗生活》，北京：中国社会科学出版社，1994年。

高丙中：《民间文化与公民社会》，北京：北京大学出版社，2008年。

高国藩：《敦煌俗文化学》，上海：上海三联书店，1999年。

高洪兴编：《黄石民俗学论集》，上海：上海文艺出版社，1999年。

葛剑雄主编，曹树基著：《中国移民史》，福州：福建人民出版社，1997年。

顾希佳：《社会民俗学》，哈尔滨：黑龙江人民出版社，2003年。

海和平编著：《天水旋鼓》，兰州：甘肃民族出版社，2004年。

韩养民、郭兴文：《中国古代节日风俗》，西安：陕西人民出版社，1987年。

简涛：《立春风俗考》，上海：上海文艺出版社，1998年。

李斌城、李锦绣、张泽咸，等：《隋唐五代社会生活史》，北京：中国社会科学出版社，
　　1998年。

李道和：《岁时民俗与古小说研究》，天津：天津古籍出版社，2004年。

林拓：《文化的地理过程分析：福建文化的地域性考察》，上海：上海书店出版社，2004年。

刘晓峰：《端午》，北京：生活·读书·新知三联书店，2010年。

卢云：《汉晋文化地理》，西安：陕西人民教育出版社，1991年。

罗启荣、阳仁煊编著：《中国传统节日》，北京：科学普及出版社，1986年。

罗杨主编：《端午与屈原——中国端午节俗与屈原文化学术研讨会论文集》，北京：中国社
　　会出版社，2016年。

彭卫、杨振红：《中国风俗通史·秦汉卷》，上海：上海文艺出版社，2002年。

司徒尚纪：《广东文化地理》，广州：广东人民出版社，1993年。

宋德金、史金波：《中国风俗通史·辽金西夏卷》，上海：上海文艺出版社，2001年。

宋颖：《端午节：国家、传统与文化表述》，北京：商务印书馆，2016年。

宋兆麟、李露露：《中国古代节日文化》，北京：文物出版社，1991年。

孙开泰：《邹衍与阴阳五行》，济南：山东文艺出版社，2004年。

王恩涌、赵荣、张小林，等编著：《人文地理学》，北京：高等教育出版社，2000年。

王铭铭、潘忠党主编：《象征与社会：中国民间文化的探讨》，天津：天津人民出版社，
　　1997年。

王文宝、江小蕙编：《江绍原民俗学论集》，上海：上海文艺出版社，1998年。

王永峰主编：《武山史话》，兰州：甘肃文化出版社，2004年。

王永平：《唐代游艺》，西安：西北大学出版社，1995年。

乌丙安：《中国民俗学》（新版），沈阳：辽宁大学出版社，1985年。

吴玉贵：《中国风俗通史·隋唐五代卷》，上海：上海文艺出版社，2001年。

夏日新：《长江流域的岁时节令》，武汉：湖北教育出版社，2004年。

萧放：《〈荆楚岁时记〉研究——兼论传统中国民众生活中的时间观念》，北京：北京师范大学出版社，2000年。

薛麦喜主编：《黄河文化·住行卷》，西安：陕西人民出版社，2001年。

叶春生主编：《区域民俗学》，哈尔滨：黑龙江人民出版社，2004年。

雍际春、吴宏岐：《陇上江南——天水》，西安：三秦出版社，2003年。

张承宗、魏向东：《中国风俗通史·魏晋南北朝卷》，上海：上海文艺出版社，2001年。

张君：《神秘的节俗——传统节日礼俗、禁忌研究》，南宁：广西人民出版社，2004年。

张伟然：《湖北历史文化地理研究》，武汉：湖北教育出版社，2000年。

张晓虹：《文化区域的分异与整合——陕西历史地理文化研究》，上海：上海书店出版社，2004年。

赵世瑜：《狂欢与日常——明清以来的庙会与民间社会》，北京：生活·读书·新知三联书店，2002年。

钟敬文主编：《民俗学概论》，上海：上海文艺出版社，1998年。

钟敬文：《民俗文化学：梗概与兴起》，北京：中华书局，1996年。

周尚意、孔翔、朱竑编著：《文化地理学》，北京：高等教育出版社，2004年。

周振鹤主著：《中国历史文化区域研究》，上海：复旦大学出版社，1997年。

邹逸麟：《中国历史人文地理》，北京：科学出版社，2001年。

[日]守屋美都雄：《中国古岁时记的研究》，东京：帝国书院，昭和三十八年。

[日]水上静夫：《中国古代的植物学之研究》，东京：角川书店，1977年。

（二）论文：

陈良学、邹荣础：《清代前期客民移垦与陕南的开发》，《陕西师大学报（哲学社会科学版）》1988年第1期。

程大力：《"射柳"为生殖崇拜遗俗考》，《体育文史》1994年第5期。

崔玲：《庆阳香包》，《丝绸之路》2004年第8期。

崔岩勤：《契丹射柳仪》，《昭乌达蒙族师专学报（汉文哲学社会科学版）》1994年第1期。

都春屏：《屈原与五月五日——端午的渊源及意义》，《三峡大学学报（人文社会科学版）》2003年第4期。

范红：《端午节起源新考》，《广西民族学院学报（哲学社会科学版）》2003年第3期。

范芝玲：《长岛县端午节俗调查》，《民俗研究》1998 年第 3 期。

方桢、杨津津：《比较我国汉、苗、傣族龙舟竞渡文化之异同》，《北京体育大学学报》
　　2002 年第 1 期。

冯汉镛：《却病延年在节令风俗上的表现》，《文史杂志》1993 年第 6 期。

高丙中：《端午节的源流与意义》，《民间文化论坛》2004 年第 5 期。

戈春源：《端午节起源于伍子胥考》，《苏州科技学院学报（社会科学版）》2004 年第 4 期。

关童：《端午新考》，《杭州师范学院学报（自然科学版）》2003 年第 6 期。

郭康松：《射柳源流考》，《湖北大学学报（哲学社会科学版）》1994 年第 2 期。

郭康松：《射柳源流考》补正，《湖北大学学报（哲学社会科学版）》2001 年第 3 期。

郭康松：《戴柳、插柳风俗考论》，《湖北大学学报（哲学社会科学版）》2002 年第 5 期。

韩丹：《"射柳"与生殖崇拜无关》，《体育文史》1995 年第 4 期。

韩丹：《我国古代东北民族的射柳活动考》，《哈尔滨体育学院学报》2004 年第 1 期。

韩士奇：《台湾端午节风情》，《文史杂志》1992 年第 3 期。

何宏：《少数民族食粽风俗述论》，《黄山学院学报》2005 年第 2 期。

侯顺子：《古老的民间旋鼓运动》，《体育文史》1990 年第 3 期。

黄仕日：《龙舟文化研究的新突破——〈中华龙舟文化研究〉评介》，《贵州民族研究》
　　1991 年第 3 期。

江立中：《龙舟运动发展的三种基本形态》，《湘潭大学社会科学学报》1999 年第 6 期。

蒋方：《唐代端午节庆探释》，《湖北大学学报（哲学社会科学版）》2005 年第 4 期。

李晓东：《端午门户插柳考》，《晋东南师范专科学校学报》2001 年第 1 期。

李心纯：《黄土高原岁时民俗与环境变迁》，载《黄土高原与汉唐文明》，《中国历史地理
　　论丛》1998 年增刊。

梁光桂：《端午竞渡说源》，《体育文史》1991 年第 3 期。

刘秉果：《元代的击球、射柳礼制考》，《体育文史》1991 年第 3 期。

刘德谦：《"端午"始源又一说》，《文史知识》1983 年第 5 期。

刘桂秋：《"斗草"源流》，《寻根》1997 年第 3 期。

刘晓峰：《端午节与东亚地域文化整合——以端午节获批世界非物质文化遗产为中心》，
　　《华中师范大学学报（人文社会科学版）》2011 年第 3 期。

卢敏飞：《毛南族传统节日文化》，《广西民族研究》1994 年第 4 期。

卢志峰、弟亚民：《千古名酿——菖蒲酒》，《中国食品》1984 年第 2 期。

马丽：《端午节与中国菖蒲文化》，《文史杂志》2005 年第 4 期。

梅联华：《从龙虎山民间传说看端午习俗》，《南方文物》2001 年第 3 期。

孟修祥、陈亮军：《端午节文化意义的淘汰与选择》，《荆州师范学院学报》1999 年第 3 期。

倪依克、孙慧：《中国龙舟文化的社会品格》，《成都体育学院学报》1998 年第 3 期。

倪依克：《中国龙舟运动发展的文化研究综述》，《云梦学刊》2001 年第 4 期。

倪依克：《当代中华民族传统体育发展的思考——论中国龙舟运动的现代化》，《体育科学》2004 年第 4 期。

倪依克：《当代中国"龙舟现象"的社会文化学研究》，《成都体育学院学报》2001 年第 6 期。

聂凤乔：《中国的粽子与粽子文化》，《食品与生活》1994 年第 3 期。

宁昶英：《敬柳观念的多元性——谈满族的射柳习俗》，《内蒙古教育学院学报》1993 年第 1—2 期。

曲彦斌：《宝鞍山端午节"克仗斗石"民俗探析——关于东北某地端午节械斗性"克仗斗石"陋俗的田野调查》，《民俗研究》2003 年第 3 期。

饶学刚：《龙舟竞渡：民族精神的史诗——兼论"纪念屈原说"历史的和心理的成因》，《殷都学刊》1996 年第 4 期。

任星：《夏至尝黍端午食粽——农历五月食风》，《食品科技》1982 年第 5 期。

容观琼：《竞渡传风俗——古代越族文化史片断》，《中央民族大学学报（哲学社会科学版）》1981 年第 1 期。

宋亦箫、刘琴：《端午节俗起源新探》，《中原文化研究》2016 年第 2 期。

宋颖：《从"少数民族过端午"模式看文化的涵化与误读》，《云南师范大学学报（哲学社会科学版）》2014 年第 1 期。

苏鑫鸿：《闽台节日民俗及其特征》，《中国社会经济史研究》1989 年第 3 期。

孙其旭：《端午话粽》，《中国食品》1992 年第 6 期。

孙适民：《屈原、端午与龙舟文化》，《邵阳学院学报（社会科学版）》2003 年第 1 期。

孙正国：《互动演化——当代端午民俗的文化思考》，《民俗研究》2003 年第 3 期。

万建中：《龙舟竞渡活动的历史渊源》，《体育文史》1995 年第 3 期。

王承礼：《契丹的瑟瑟仪和射柳》，《民族研究》1988 年第 3 期。

王光炎：《土家"划龙船"》，《体育文化导刊》2003 年第 12 期。

王俊奇：《宋代的"水戏"和"龙舟竞渡"》，《文史杂志》1998 年第 3 期。

王利华：《环境威胁与民俗应对——对端午风俗的重新考察》，《南开学报（哲学社会科学版）》2008 年第 2 期。

王若光、刘旻航：《"飞龙在天"——端午龙舟竞渡习俗考源》，《民俗研究》2013 年第 6 期。

王赛时：《宋代的竞渡》，《成都体育学院学报》1991 年第 4 期。

王赛时：《从古代诗书中看明代龙舟竞渡》，《体育文史》1999 年第 5 期。

王珍仁、孙慧珍：《吐鲁番出土的草编粽子》，《西域研究》1995 年第 1 期。

韦晓康：《龙舟竞渡运动的起源》，《体育文化导刊》2002 年第 1 期。

乌丙安：《文化记忆与文化反思——抢救端午节原文化形态》，《西北民族研究》2005 年第 3 期。

武复兴：《唐代诗人笔下的长安节日风俗（下）——读唐诗札记》，《人文杂志》1983 年第 1 期。

肖芸、宋雪茜：《端午节驱邪避毒的内涵》，《成都教育学院学报》2004 年第 12 期。

萧放：《明清时期的端午节俗》，《文史知识》2004 年第 6 期。

萧放：《北京端午礼俗与城市节日特性》，《华中师范大学学报（人文社会科学版）》2012 年第 1 期。

萧晓阳：《端午考原》，《苏州大学学报（哲学社会科学版）》2005 年第 4 期。

萧正洪：《清代陕南的流民与人口地理分布的变迁》，《中国史研究》1992 年第 3 期。

小艺兵：《抚尘覆斗草　尽日乐嘻嘻——漫话我国古代民间斗草游戏》，《中州古今》1998 年第 3 期。

杨昭：《温州地区农村的岁时民俗》，《民俗研究》1998 年第 4 期。

姚正曙、何根海：《龙舟竞渡的起源探析》，《成都体育学院学报》2000 年第 6 期。

苑洪琪：《清宫端阳粽子》，《中国食品》1997 年第 5 期。

叶春生：《端午节庆的国际语境》，《民间文化论坛》2005 年第 3 期。

叶舟：《传统社会节日民俗的多重内涵：以明清时期云溪竞渡为例》，《民俗研究》2011 年第 1 期。

于省吾：《岁、时起源初考》，《历史研究》1961 年第 4 期。

苑利、顾军：《传统节日遗产保护的价值和原则》，《中国人民大学学报》2007 年第 1 期。

张勃：《"端午"作为节名出现于唐代考》，《青海社会科学》2011 年第 2 期。

张崇琛：《端午节与兰汤沐浴》，《寻根》2003 年第 3 期。

张玲玲：《龙舟比赛与龙舟文化》，《山西师大体育学院学报》2003 年第 4 期。

张启成：《端午探源——兼论重阳》，《贵州文史丛刊》2002 年第 2 期。

张维一：《古代江南的竞渡活动》，《成都体育学院学报》1998 年第 3 期。

张伟然：《湖北历史时期的感觉文化区》，《历史地理》2000 年第 16 期。

张心勤：《端午节非因屈原考》，《齐鲁学刊》1982 年第 1 期。

张翊华：《百越民族与端午习俗》，《东南文化》1991 年第 5 期。

张祖群：《非物质文化遗产的身份认同——基于端午节的源流研究》，《广西社会科学》
2013 年第 9 期。

赵东玉：《端午龙舟竞渡民俗的文化选择》，《华中科技大学学报（社会科学版）》2001 年
第 3 期。

赵家先、邢建玲：《日照端阳节俗调查》，《民俗研究》1998 年第 3 期。

赵杰：《论辽朝击球、射柳之社会本质》，《昭乌达蒙族师专学报（汉文哲学社会科学
版）》1995 年第 4 期。

赵永康：《四川的龙舟竞渡》，《四川师范大学学报（社会科学版）》1988 年第 3 期。

钟扬波：《荆楚端午节　扬幡鼓棹赛龙舟》，《决策与信息》2005 年第 3 期。

周宝珠：《北宋东京的社会风俗与精神文明》，《河南大学学报（社会科学版）》1985 年
第 4 期。

周大鸣、阙岳：《民俗：人类学的视野——以甘肃临潭县端午龙神赛会为研究个案》，《民
俗研究》2007 年第 2 期。

周星：《东亚的端午——以"药物"为中心》，《中原文化研究》2014 年第 5 期。

周振鹤：《秦汉风俗地理区划浅议》，《历史地理》第 13 辑。

朱晓红：《南阳端午节民俗》，《东方艺术》2001 年第 4 期。

庄孔韶：《谷口的端午——福建省闽江端午透视》，《民俗研究》1995 年第 3 期。

# 附录　阴阳五行思想与端午风俗的起源

　　端午节起源研究尽管有多种观点，但很少有从端午节俗反映的内在思想观念角度去探讨的。先秦、秦汉以来，天地阴阳的原始思维和五行思想流行，由于夏季五月季节特点，人们产生了对天象和人事的诸多阴阳关联，衍生五月五日诸多禁忌，为了达到和谐常态生活，便以五色物质的交感式祈禳，来寻求平安。这是端午起源的内在逻辑，其背后包含五行相生相克的和谐观念，蕴含人类学结构主义思维模式。

## 一、端午节起源研究的现状

　　端午节作为中华民族的传统节日，历史悠久，文化内涵丰富。自魏晋《荆楚岁时记》首次载"端午"以来，这一节日已延续1600余年。自2004年韩国江陵端午祭申遗成功，这一传统节日再次引起学术界和国人的重视，研究和保护民族传统节日的论著陡然增多。2009年，湖北秭归县的"屈原故里端午习俗"、黄石市的"西塞神舟会"，湖南汨罗市的"汨罗江畔端午习俗"，江苏苏州市的"苏州端午习俗"等地南方端午习俗，被联合国教科文组织列为《人类非物质文化遗产代表作名录》。然而学术界对端午节俗的起源问题，至今众说纷纭。笔者试图从汉魏之际端午节最初的民俗事象背后所隐含的五行思想来探讨它的起源问题。

　　端午起源问题自民国初开始研究至今有十余种观点，但可以概括为民俗事象说、恐惧心理说和季节转换应对说三种类型。第一类，从各种民俗事象上去探讨端午起源。此类观点众多，有民族祭祀说、水神信仰说、祭祀祖先说、祭天祈年说、纪念屈原说、纪念伍子胥说、南北融合说等。①民族祭祀说。民国时期，闻一多在《端午考》一文中做了很详细的论证，他认为端午起源于吴越民族龙图腾祭祀。① ②水神信仰说。刘晓峰依据日本岁时专著《年中行事抄》材料，将端午的起源和古帝高辛氏传说联系起来，认为端午源于水神信仰。② ③祭祀祖先说。张启成认为，五月五日死去的亡灵与阴魂最容易在此时出现，通过祭祀名人、神仙鬼怪和祖先来化解瘟疫。③ ④祭天祈年说。范红通过对北方端午登山风俗的考证得出该观点。④关童立足于传统的节日系统，从宇宙创生的数理序列来论述端午节的原型意蕴，揭示出端午节的生命原型就是天地交合之时，人们祈求能够借机"男女构精，万物化生"以形成的"成人节"。⑤ ⑤纪念屈原说。普通民众对此说至今依然深信不疑。孟修祥等就此问题做了详细论证⑥，他认为屈原代表了民族整体文化价值的取向，他的精神及作品唤起了民众的集体无意识。⑥纪念伍子胥说。戈春源认为苏州是端午节的重要发源地，赋予端午节纪念意义的首推伍子胥，屈原被重视只是"流"而不是"源"。⑦ ⑦南北融合说。韩养民等指出端午节是北方的五月五日风俗，如系五彩线、食角黍、纪念介子推等风俗和南方的纪念屈原、龙舟竞渡风俗等融合的结果，它的形成在魏晋南北朝时期。⑧萧放以为端午是远古人们对节气的一种应对，是北方仲夏月讳风俗和南方夏至新年古俗结合产生的。⑨

　　第二类，起源于人们的内在恐惧心理，由此产生驱邪避疫风俗。这种说法最早见于江绍原的《端午竞渡本意考》。⑩他认为在魏晋时期把竞渡归于屈原

---

① 该文原载《文学杂志》第 2 卷第 3 期（1947 年），后收入《闻一多全集》，武汉：湖北人民出版社，1993 年，第 31—46 页。

② 刘晓峰：《端午节与水神信仰——保存于日本典籍中有关端午节起源的一则重要史料》，《民俗研究》2007 年第 1 期。

③ 张启成：《端午探源——兼论重阳》，《贵州文史丛刊》2002 年第 2 期。

④ 范红：《端午节起源新考》，《广西民族学院学报（哲学社会科学版）》2003 年第 3 期。

⑤ 关童：《端午新考》，《杭州师范学院学报（自然科学版）》2003 年第 6 期。

⑥ 孟修祥、陈亮军：《端午节文化意义的淘汰与选择》，《荆州师范学院学报》1999 年第 3 期。

⑦ 戈春源：《端午节起源于伍子胥考》，《苏州科技学院学报（社会科学版）》2004 年第 4 期。

⑧ 韩养民、郭兴文：《中国古代节日风俗》，西安：陕西人民出版社，1987 年，第 175 页。

⑨ 萧放：《〈荆楚岁时记〉研究——兼论传统中国民众生活中的时间观念》，北京：北京师范大学出版社，2000 年，第 170—173 页。

⑩ 王文宝、江小蕙编：《江绍原民俗学论集》，上海：上海文艺出版社，1998 年，第 203—229 页。

之前，人们就有将污秽灾乱等集中起来，由纸船送往远处的做法，因而端午是"用一种法术处理公共卫生事业"。乌丙安认为，"端午节的主要内容在古代一些杂记当中为祭屈原，为屈原招魂，但从大量的民俗文献和地方志记述中又看到这个节日主要是避兵鬼、止病瘟的驱邪攘灾节日"①。钟敬文也主张，"究其根源端午节的初始之意当是驱瘟、除邪、止恶气，汉代还是如此"②。还有一种恶日说。张心勤以文献中人们"不举五月子"为例，以及五月、五日等恶日观念及其应对等，认为端午纪念屈原只是一种附会。③

第三类，季节风俗转换应对。①端午起源夏至说。刘德谦提出"有文字可考的端午始源是夏至"，作者认为端午节正是夏季之中，这是端午何以又被称作天中节的原因。④ ②季节适应说。宋兆麟和李露露指出古代人们十分重视"二至"（夏至、冬至），认为端午节就是因适应夏至的季节需要而产生的。⑤赞同这种说法的还有萧晓阳，他认为端午原是岁时节气，并非因人而设节，也和龙图腾无关。⑥ 这种说法被刘晓峰继承，他利用中外广泛的资料，得出了夏至节是端午节重要起源之一。⑦ 王利华对端午节的历史发展阶段及主题等进行了梳理，认为端午风俗是人们适应季节变化和应对环境威胁的产物。⑧

以上各种观点均有一定道理，但是端午节作为一种文化现象，其种种民俗事象是人们思想意识的外在反映，应该从现象之后的思维之源去分析。事象很多，若以此而分析，必将导致多种主张。至于恐惧心理和季节风俗转换应对说，是依据事象而产生的心理反应与行为方式，更没有说服力，有点"事后诸葛亮"的嫌疑。此外，从民俗事象探讨起源，忽视端午起源岁时历法，也是导致多种观点争鸣的症结所在，尤其是端午从起源至发展演变至今，佩戴五色物质这一风俗始终存在的原因何在，一直罕有学者论及。

然而，笔者认为在众多关于端午起源的研究中，何星亮的观点应引起学界

① 乌丙安：《中国民俗学》（新版），沈阳：辽宁大学出版社，1985年，第334页。
② 钟敬文主编：《民俗学概论》，上海：上海文艺出版社，1998年，第142页。
③ 张心勤：《端午节非因屈原考》，《齐鲁学刊》1982年第1期。
④ 刘德谦：《"端午"始源又一说》，《文史知识》1983年第5期。
⑤ 宋兆麟、李露露：《中国古代节日文化·代序》，北京：文物出版社，1991年，第4页。
⑥ 萧晓阳：《端午考原》，《苏州大学学报（哲学社会科学版）》2005年第4期。
⑦ 刘晓峰：《东亚的时间——岁时文化的比较研究》，北京：中华书局，2007年，第148页。
⑧ 王利华：《端午风俗中的人与环境——基于社会生态史的新考察》，《南开学报（哲学社会科学版）》2008年第2期。

的重视。<sup>①</sup> 尽管他的论文是以端午节为例,通过借助传统节日风俗来看古代中国人的和谐理念这一命题,但他受李亦园自然系统、个人系统、人际关系三个层次和谐理论框架的启发,以阴阳对立转换的思维结构为分析工具,以端午节礼俗和传说为主要分析内容,探讨传统节日形成的内在因素,非常值得重视。他认为,端午节的各种风俗和传说都与阴阳五行对立转换思维结构密切相关,在一定程度上已经解释了端午节起源的内在原因,但笔者不同意他认为端午节来源于夏至这一说法。笔者立足于早期端午形态,从风俗发生时间所在的历法为切入点,在何星亮的研究基础上,以人类学的视角分析背后所隐含的阴阳二元结构、五行系统以及与之相关的象征关系,追溯魏晋之际端午节俗的起源。

## 二、五月五日禁忌与风俗——早期端午的事象

端午节是中国古代传统节日,也是目前在广大城市和乡村依旧流行的民俗节日。它一般于夏历五月五日举行。在古代,端午节有许多的名称,如"端五""重午""端阳""天中节""女儿节""当午"等,道教还有自己的称呼"地腊节"。

端午节是旧历五月五日,其源于夏历。夏代以寅为岁首,五月其实为"午月"。许慎在解释"午"字时说,"啎也。五月阴气啎逆阳,冒地而出也"<sup>②</sup>。"午"为象形字,段玉裁注"五月一阴逆阳,冒地而出,故制字以象其形"<sup>③</sup>。据此,可以说五月五日最初来源于"午月午日"。商、周、秦历法各有不同,岁首以此递减,到汉武帝让落下闳等人修订历法,实行《太初历》,以(寅)"正月为岁首,色上黄,数用五"<sup>④</sup>。《太初历》实施后,历代均以建寅之月为岁首,顾颉刚说,"以建寅之月为正月,直到辛亥革命后才改用了阳历(西历——笔者注),这不仅是汉家一代的制度"<sup>⑤</sup>。这句话大体不错,纵观汉代以后的改历,仅个别朝代短暂使用其他形式的历法,民国

① 何星亮:《从传统节日看古代中国人的和谐理念——以端午礼俗为例》,《民族研究》2008 年第 3 期。

② (汉)许慎撰,(清)段玉裁注,许惟贤整理:《说文解字注》,南京:凤凰出版社,2007 年,第 1294 页。

③ (汉)许慎撰,(清)段玉裁注,许惟贤整理:《说文解字注》,南京:凤凰出版社,2007 年,第 1294 页。

④ 《汉书》卷 6《武帝纪》,北京:中华书局,1962 年,第 199 页。

⑤ 顾颉刚撰:《秦汉的方士与儒生》,上海:上海古籍出版社,1988 年,第 13 页。

前《太初历》一直沿用。尽管民国改用西历，民间阴历仍然以正月为岁首，这种历法一直影响到现在，我们的传统节日就是依此历法而确定的。魏晋时期，五月五日被端午取代，端午名称自此始，如晋人周处的《风土记》："仲夏端午，烹鹜角黍。端，始也，谓五月初五日也。"[1] 几乎同时代，《荆楚岁时记》也载："端午……以菰叶裹黍米，为之角黍，取阴阳包裹之象……或云亦为屈原，恐龙夺之，以五彩线缠投水中。"[2]端午节在汉代以后文献中以五月五日称端午，因此端午节的起源应从先秦五月说起，考察魏晋端午风俗对汉代五月五日风俗的继承性。

先秦时期，目前能够见到的《夏小正》这一关于夏代岁时的书，它可能是《大戴礼记》中所收录的唯——本最古老的历法书，《史记·夏本纪》称"孔子正夏时，学者多传《夏小正》云"[3]。夏代关于五月的记载是"蓄兰，为沐浴也"[4]。人们蓄兰沐浴在于除不洁，以求健康，后代诸如唐宋端午依然有兰汤沐浴的风俗。可以说，这是端午节俗的原始形态，可以被看作端午节的原始形态。

商周之时，五月所在的"仲夏之月"是夏季禁忌最多的一个月份。当时北方人对五月的认识是这样的："是月也，日长至，阴阳争，死生分。君子斋戒，处必掩身，毋躁，止声色，毋或进，薄滋味，毋致和，节嗜欲，定心气。百官静事毋刑，以定晏阴之所成。"[5]五月因为在夏至所在的月份，从今天基本的天文学知识来看，太阳逐渐向北回归线直射，所以北半球随着夏至的到来，白昼时间越来越长，这就是"日长至"。"阴阳争"，在于盛极而衰的天象，因自夏至之后太阳逐渐向赤道直射，进入秋分，从季节上来看，转入了秋冬之际。因为"阴阳争"，阴阳两界死生分的观念，人们处处小心谨慎。演变到后来，五月竟被视为不祥的月份。《史记》记载了齐国孟尝君田文五月生，其

---

① 据金武祥辑：《阳羡风土记》，粟香室丛书本，另见萧放：《〈荆楚岁时记〉研究——兼论传统中国民众生活中的时间观念》第170页所引。

② 周光培编：《历代笔记小说集成》第一册《汉魏六朝笔记小说·荆楚岁时记》，石家庄：河北教育出版社，1995年，第853页。

③ 《史记》卷2《夏本纪》，北京：中华书局，1959年，第89页。裴骃对此具体注释，见引书本页注。

④ （清）王聘珍撰，王文锦点校：《大戴礼记解诂》卷2《夏小正》，北京：中华书局，1983年，第39页。

⑤ （清）孙希旦撰，沈啸寰、王星贤点校：《礼记集解》卷16《月令第六之二》，北京：中华书局，1989年，第453页。关于礼记的成书年代，目前已基本被认定为以周王朝为主、秦汉以前的典章等礼仪典籍。

父婴说"五月子者，长与户齐，将不利其父母"。田文据理力争，婴只能"默然"。①其他还有"五月盖屋，令人头秃""五月到官，至免不迁"等说法，都和五月"恶月"的观念有关。

为何当时人们把五月视为"恶月"？这和当时人们对入夏以后自然与生态所产生的各种巨大变化而引起的心理感知密切相关。人们认为五月是"阴阳争，死生分"的一个特殊的月份，在这个月里，阳气达到最盛，但是也是阴气开始萌动的时候，如韩鄂《岁华纪丽》记载："建午，当阳极阴生之际，是养神保寿之辰。"对于这个月万物盛极而衰的现象，人们谨慎行事，产生像"掩身""止声色""毋躁"等诸多禁忌。这是先秦时期端午节所在的五月的禁忌风俗。

虽然如此，先秦时期，人们并没有将五月五日作为一个特殊的重要的节日来对待。从目前的文献来说，人们对五月五日的看重，迟至在汉代才开始凸显，至少是在武帝时期改用《太初历》恢复夏历的做法以后。武帝时期，已经出现了对数字五的重视，"数尚五"，故五月五日尤其重要。西汉时候人们视五月为"恶月"，五月五日的禁忌和禳除风俗日益凸现。王凤五月五日生，他的父亲欲"不举"，其叔父以孟尝君五月生而建功立业，并没有危害父母的故事说服其父亲，王凤才免遭厄运。②东汉以后，像范晔的《后汉书》、应劭的《风俗通义》等都多次提到了五月五日的风俗。当时的风俗是"朱索连荤菜……桃印长六寸，方三寸，五色书文如法，以施门户"③。其余，"故以五月五日朱索、五色印为门户饰，以难止恶气"。当时夏至有很多的风俗与五月五日相同。"夏至著五彩辟兵，题曰'游光'……取新断织系户……五月五日，集五色缯辟兵……青赤白黑以为四方，黄为中央……五月五日续命缕，俗说以益人命……五月五日以五彩丝系臂，名长命缕，一名续命缕，一名辟兵缯，一名五色缕，一名朱索……辟兵及鬼……亦因屈原。"④因纪念屈原也是用五色丝线包扎粽子而祭祀他，屈原这时以水神形象出现，亦是神鬼一类的阴

---

① 《史记》卷75《孟尝君列传》第15，北京：中华书局，1959年，第2352页。

② 王根林、黄益元、曹光甫校点：《汉魏六朝笔记小说大观·西京杂记》，上海：上海古籍出版社，1999年，第91页。

③ 《后汉书·礼仪第四》，北京：中华书局，1974年，第3122页。

④ （汉）应劭撰，吴树平校释：《风俗通义校释·佚文第十四》，天津：天津人民出版社，1980年，第414—415页。

间事物。五月五日，阴阳纷争之时，阴气、鬼等需要镇压，所以在人们看来五色物质很显神灵。魏晋时期出现了"包裹阴阳"角黍（即粽子），以及用"五彩丝线"扎的粽子投入汨罗江纪念屈原的风俗，五月五日有了"端午"这一名称。此后，端午逐渐被固定在夏历的五月五日，这为后来历代所继承，民间还有"当午"之说，即是这天正当午月午日的缘故。这里提到了很多的五色物质，如五色文书、五色缯、五色缕、五彩丝，这里的"五色"，即青赤白黑黄，且带有五方的方位，这明显是受到了五行思想的影响。

从上述的情况我们可以看出，汉魏之时，人们对一年（岁）当中五月及五月五日的认识，已经和阴阳、五行联系起来。受先秦阴阳五行思想的影响，"五"的原始意义，在东汉的许慎看来已经含有五行的说法："五，五行也，从二，象天地，阴阳在天地间交午也。"①段玉裁认为"古之圣人知有水火木金土五者，而后造此字也"②。这一说法正符合许慎的解释。阴阳在天地间交午，正是先秦"阴阳争，死生分"观念的延续。五月五日，前文提到了"午"其本意也是阴气冒地而出的五月，按汉代《太初历》的说法，"五月五日"也可以说是"午月午日"，所以"自汉以来，至五月五日故事独多，盖以此日为阳极之日"③。这些"青赤白黑以为四方，黄为中央"的五色的辟兵缯、续命缕、长命缕、五色书文等，即衍生于五行思想，通过悬挂、佩戴它们，可以躲过这一天的兵灾、鬼、瘟疫等，正如一些学者指出的，这是一种"用染色的朱丝、五彩绢、五彩丝辟除邪祟的法术"④。这些端午节早期民俗事象不过是其外在表象，以往研究多抓住端午事象的某些方面，反而忽略了端午风俗起初的"五月五日"的阴阳时序关系和当时五行思想流行下的"五色物"使用的早期端午风俗雏形，从而也导致众多起源说。

联系上文叙述，端午风俗的最初情形和现在大有不同。端午节开始出现，是带有恐惧和诸多禁忌的，类似西方学者所说的太阳神文化类型，隐含庄严与肃穆。不过这种对诸事禁忌、谨慎过节的局面到唐代以后得到改观，它已成为宴

---

① （汉）许慎撰，（清）段玉裁注，许惟贤整理：《说文解字注》，南京：凤凰出版社，2007 年，第1282 页。

② （汉）许慎撰，（清）段玉裁注，许惟贤整理：《说文解字注》，南京：凤凰出版社，2007 年，第1282 页。

③ 尚秉和：《历代社会风俗事物考》，南京：江苏古籍出版社，2002 年，第 347 页。

④ 胡新生：《中国古代巫术》，北京：人民出版社，2010 年，第 214 页。

饮、娱乐为主的节日。① 当时人们对汉晋端午风俗的禁忌已经成了一种记忆。②

## 三、阴阳、五行思想及其与五月五日风俗关系

阴阳思想在中国起源甚早，春秋战国时候诸子学派中，已经有阴阳家之流，《尚书·洪范》已经记载了水、火、木、金、土及其属性，冯友兰认为该书为战国时代五行家伪作。《管子》中的《五行》《四时》《幼官》等篇已经主张"五行相生说，他们以五行来配四时，春为木、夏为火、秋为金、冬为水，而又在夏秋之间加上季夏为土"③。这些思想秦汉依然在民间流传，汉武帝以后，"罢黜百家，独尊儒术"。董仲舒治《公羊春秋》，"始推阴阳，为儒者尊"。此后战国时期的民间阴阳五行学说在武帝以后取得了官方的认可，而且逐步由上层向民间扩散，浸透在国家和地方生活的各个角落。顾颉刚先生曾说：武帝时期，阴阳五行学说经过经师们的鼓吹，这种空气越来越浓重了，简直笼罩着一切。④ 东汉班固所著《汉书》中《五行志》就占了相当的篇幅，而且在《律历志》等的文献中也不乏"天地""阴阳"等词语，甚至将数字与天地阴阳结合起来，像"天之中数五，地之中数六"⑤。数字已经具有天地阴阳的属性，奇数代表阳，偶数代表阴。五属天属阳，五月五日为阳月阳日重合的时刻，又属于天地交接、阴阳相争的时刻，自然很神秘。就是在这一天的禁忌方面，也与"五"有着千丝万缕的联系。前文提到的"五色缕""五色印"便是很好的例证。故有学者说，"战国以后，五行学说带有更浓厚的主观色彩，五行学说包括五行配物和五行生克基本内容"⑥。木、火、土、金、水分别对应春、夏、仲夏、秋、冬季节，也对应着东、南、中、西、北五方，同时也和青赤黄白黑五方对应。据此，端午节的最初形态中的五色物质和方位匹配关系，和当时阴阳五行学说和数术的流行有很大关系，五色避兵物质就是厌劾

---

① 张勃：《唐代端午节的形态与文化内涵》，刘晓峰主编：《中国端午节·研究卷》，桂林：广西师范大学出版社，2013 年，第 333—370 页。

② （宋）蒲积中编：《岁时杂咏》中提到唐玄宗端午宴群臣诗："事古人留迹，年深缕积长。"（上海：上海古籍出版社，1993 年，第 148 页）

③ 孙开泰：《邹衍与阴阳五行》，济南：山东文艺出版社，2004 年，第 51 页。

④ 顾颉刚撰：《秦汉的方士与儒生》，上海：上海古籍出版社，1998 年，第 83 页。

⑤ 《汉书》卷 21《律历志》，北京：中华书局，1962 年，第 959 页。

⑥ 胡新生：《中国古代巫术》，北京：人民出版社，2010 年，第 25 页。

妖祥的表现。①

这里需要说明，阴阳思想是如何与五行结合在一起的。一般认为，阴阳家派生于儒家，开始阴阳与五行学说是分离的（《尚书·洪范》）。在邹衍那里，原始阴阳五行思想不仅彻底地向神秘主义过渡，而且还上升到世界观的高度。邹衍的阴阳五行思想包括五德终始说的历史观、以小推大的认识论和大小九州的地理观。其中五德终始说又分五行相生和五行相胜两种理论。阴阳五行思想经战国晚期邹衍之辈的整合倡导，至汉家统一天下之时已蔚为大观。汉代阴阳五行学说肇始于陆贾，中经董仲舒，最后由刘向完成。②

在董仲舒那里，他构建了西汉阴阳五行思想的基本框架。"汉兴，承秦灭学之后，景、武之世，董仲舒治《公羊春秋》，始推阴阳，为儒者宗。"③董仲舒在《春秋繁露》中对阴阳五行的大义进行过深入的研究，实现了阴阳与五行更明显、更密切的结合。其《五行相生》有："天地之气，合而为一，分为阴阳，判为四时，列为五行。"④董仲舒发展了阴阳五行思想，他通过阴阳五行把天与人的关系、伦理道德与天的关系更具体化，并在此基础上创造出一套"天人感应"的理论。《天辨在人》有："故春夏之阳，秋冬之阴，不独在天，亦在于人"；《深察名号》亦有："人之诚，有贪有仁。仁贪之气，两在于身。身之名，取诸天。天两有阴阳之施，身亦两有贪仁之性。天有阴阳禁，身有情欲柜。"⑤在他这里，阴阳衍生四时，产生五行，季节的阴阳属性、人的品质与情欲都和阴阳扯上了关系。进而五行与五方，五色，春、夏、仲夏、秋、冬，五方之气等相互对应。从《周易》来看，五月为姤卦，"至姤然后一阴可见"，五阳爻在上，一阴爻在下，故"阴阳争，死生分"。这种不和谐的天象垂象示人，则禁忌生，不能躁动，不能有声色事，这一天唯有静守其身。盖屋动土导致阴气上升，五月为阳，五脏之中心对应五行中的火，所以阴阳不调，影响身体，引发疾病，而令人头秃。故五月五日禁忌最多，因为有代表阴

---

① 关于汉代避兵巫术，马王堆汉墓出土帛画有发现，另可参考李零《中国方术正考》《中国方术续考》。这里是另外一种。

② 王继训：《先秦秦汉阴阳五行思想之探析》，《管子学刊》2003年第1期。

③ 《汉书》卷26《五行志》，北京：中华书局，1962年，第1317页。

④ 袁长江主编：《董仲舒集》，北京：学苑出版社，2003年，第289页。

⑤ 钟兆鹏主编：《春秋繁露校释》（校补本），石家庄：河北人民出版社，2005年，第338页。

的"恶气""鬼"作祟等。①因为"天有阴阳禁，身有情欲柜"的关系，五月五日这一天象因处于阴阳相争之时，对人们不利，被视为不吉利的日子，因此产生很多禁忌，因而有五月五日止恶气、五色物避兵及鬼等的风俗相应而生。

## 四、五色物质的祈禳——阴阳平衡的文化功能

月日有阴阳，并无善恶，这些所谓"恶月""恶日"以及因此而形成的禁忌、祈禳风俗背后到底是什么在起作用，笔者以为可以用人类学的相关理论来阐释。

根据人类学结构主义的观点，事物的项与项之间存在着某种结构关系，现象只是某种组合中的一个，这种思维结构有浅层和深层的二元结构，如外婚制实质是交换妇女、《赠与论》中所体现的供与给关系。②下面，笔者以此来分析阴阳五行思想如何影响人们的朴素思维习惯，并形成了端午最初的风俗。"恶月"的背后隐含非"恶月"，而一年唯独五月、一月唯独五日为"恶"，这背后隐含两者的一种矛盾关系，按照上述天象变化与五行演化，其原因在于五月、五日（午月午日）处于阴阳关系过渡中间时期，相互抵牾，阴阳二元思想结构即是如此。由此，阴阳和天地发生关系，天地和数字、数字又和阴阳产生对应，生与克有某种联系，五行也被纳入其中，人的身体、五脏也与五行有对应，甚至中医理论也衍生出来。依据文化人类学理论所揭示，这就是原始的二元思维模式，而这种朴素的思想中国古代早已有之。面对五月五日的禁忌，人们想出了打破局面的方法，其实就是非"禁忌"意义上的祈禳，既然阴阳不平衡，那就需要有一种方式来补偿，具有五行相生相克属性的五色物质因此具有神奇的法力。人们认为五色物质是相生相克而和谐的，那么家人、门户也有此类物质，也将达到和谐状态，可以和解禁忌，避免灾难瘟疫。这是一种类比的关联，类似于人类学关于巫术使用中的交感巫术。佩戴"五色丝""长命缕"，悬挂"五色印""五色书法桃符"，用五色丝线捆扎粽子等端午最初的民俗事象，即是用这种感染的方式来应对灾难与邪魔，以达到平安，驱走邪恶

---

① （清）陈梦雷编纂，蒋廷锡校订：《古今图书集成·历象汇编·岁功典》（北京：中华书局；成都：巴蜀书社，1986 年）收录了这方面的资料，引书较多，不便一一注明。

② 庄锡昌、孙志民编著：《结构主义》，《文化人类学的理论构架》，杭州：浙江人民出版社，1988 年，第 31 页。

与厉鬼，这就完成了一种安全健康的文化功能。端午节风俗的这种现象只是其中之一，民间关于其他禁忌的这种做法还很多，如江绍原的《发须爪：关于它们的迷信》等对此就有比较详细的阐释。[①] 即使在今天，一些少数民族如侗族依然有将每月奇数日视为吉利的日子，在双数的日子里修筑双数的木楼来维持阴阳平衡的观念的做法。

综上，我们可以推出阴阳五行思想影响下的思维链条：气—阴阳—四时—五月天象的阳盛阴萌—五月五日的阴阳序列的变化抵牾（至阳）；附着在这一思维模式下产生的端午认识与风俗：平常状态—五月禁忌—五月五日诸多禁忌与巫术（避恶气、鬼）—用五色物祈禳、期望的常态。这种思维和认知背后形成的端午风俗，是原始的二元思维结构支配下产生了阴阳不和谐的五月最初的禁忌，因五月五日阴阳抵牾而加剧，之后通过五色物质相生相克的和谐性，佩戴克服禁忌的类似感染巫术以达到阴阳和谐，从而完成了人们期望美好的心理愿望，回到常态平安的生活当中，正是如此才形成了端午风俗的最初形态。直到现在，全国各地端午风俗尽管差异较大，但是佩戴五色丝线制成的端午香包、手链等依然盛行不衰，这仍然是端午原始形态的遗留。随着时间的推移，历代相沿，端午风俗的附加内容也越来越多，唐代以后端午吃粽子、赛龙舟纪念屈原的节日起源说在人们的心里扎下了根，端午节成为一个喜庆的节日，人们早已遗忘了它最初起源的真正原因。

---

① 江绍原：《发须爪：关于它们的迷信》，北京：中华书局，2007年。